文部科学省認定　日本漢字能力検定試験「準一級」対応参考書

連想する・読める・覚える
漢字・二字・四字熟語学習シート

桐島薫子　著

練習問題・模擬テスト付

白帝社

連想する・読める・覚える　漢字・二字・四字熟語学習シート　正誤表及び「注」

頁・行	項目	誤 → 正	
X・4		10 10 → 9＋10	
7	侃	説もる。 → 説もある。	
11	鳳	標準字体 鳳 → 凰	
15	叱	叱 → 叱	注1
18	唖	標準字体 唖 → 啞 許容字体 啞 → 唖	
	啐	●●める → ●める	
21	埴	許容字体 埴 → トル	
22	崎	崎 → 埼	
30	峯	みねうち → みねう（ち）	注2
60	汰・沌	からな成 → から成	
67	瀞	標準字体 瀞 → 瀞	注3
115	貎	一斑《いっぱん》 → 一斑《いっぱん》	
117	蹄	●● ひずめ わな → ●●● ひずめ ●● わな	
121	遡	許容字体 遡 → 溯	注4
122	鄕	ふるという → ふるさという	
129	隙	許容字体 隙 → 隙	
	隼	許容字体 隼 → トル	
130	鞘	さやあて → さやあ（て）	
	韃	許容字体 韃 → 韃	
135	鯖	標準字体 鯖 → 鯖 許容字体 鯖 → 鯖	
200・212・7		雁作 → 贋作	
202・7		威嚇 → 威嚇《いかく》	
204・7		静《せい》粛《じゅく》 → 静《せい》粛《しゅく》	
209・11		（勇） → （湧）	
227・8		じゅうたい → じゅたい	
234・12		悉知《しっち》 → 悉知《しっち》	
268	眉目清秀	きょく → きよく	
269	焚書坑儒	統した → 統一した	
	碧血丹心	前一００年頃 → 前一一００頃	
271	孟母三遷	の似 → の真似	
285・14		諛 → 輭	
311・10		瀬り → 頼り	

注1　「叱」は別字であるが俗に混用する。　注2　「峯」は常用漢字「峰」の同字。

注3　「瀞」は俗字。　注4　「遡」も使用される。

一　編集方針

1、本書は、日本漢字能力検定「準一級」に対応した学習テキストです。「準一級」は常用漢字を中心に、約三〇〇〇字の漢字の音・訓を理解し、文章中で適切に使えることが要求される難関ですが、本書は、配当漢字を、漢字・二字・四字熟語の順に、中国文学・中国語・日本での使用例などと関連させてまとめていますので、体系的に検定合格のための実力を養成することができます。また、中国の歴史・文学・文化にも言及しているので、検定受検者以外の方々にも、漢字や中国古典に親しみながら、ご使用頂けると考えます。

2、漢字一字には情報を伝達しようとした古代の人の計り知れない英知が溶け込んでいます。また、漢字が重なり合ってできた二字熟語には、人間の生活の営み、思想・文化の発展過程が反映しています。そして、四字熟語には、ダイナミックな歴史背景や劇的な人間のドラマが投影されています。例えば準一級の配当漢字「夷」という漢字には「たい(らか)」「たい(らげる)」という訓読みがありますが、これは、この漢字が、ひもの巻き付いた矢の象形で、それで傷つけたいらげる意味を表していた、という漢字の成り立ちからきています。この「夷」に反対の意味の「険」が付いた熟語「夷険」は、土地の平らな所と険しい所、また順境と逆境の意味になります。そして「夷険一節」と四字熟語になると「順境にあるときも逆境にあるときも、決して節操を変えず、節義を守ること」という意味になり、これは中国の北宋の文学者欧陽脩《おうようしゅう》(一〇〇七～一〇七二)が用いた言葉です。彼は、仁宗・英宗・神宗に仕え、王安石《おうあんせき》の新法に反対して引退をした政治家でもありました。激動する政局に生きる中から紡ぎ出された四字熟語からは、現代にもつながる深い感慨を感じ取ることができます。

3、本書では、2のような流れで学んでいけるよう、配当漢字には、「ヒント」を付し漢字の成り立ちの説明を加え配当漢字を使った二字熟語（類義語・対義語学習を含む）を収録、漢字一字の学習が熟語学習につながるよう編集しています。また、四字熟語には、読み・意味の他に、中国文学の知識を含む「四字の分析・解説」を加えています。

4、本書は、平成15年、日本漢字能力検定協会設立による第五回「漢検」研究助成「漢字能力改善・向上に関する研究部門」に採択された実践教育による教材開発と結果分析報告論文（本書原本のテキストを試用し、スピード合格を果たした学習者たちのアンケートを含む）を基に、該当論文に対する講評（論文、講評とも検定協会発行『漢字教育研究』第5号所収）などを参考に、原本テキストに修正を加え、この度、書籍として出版することになったものです。

二 本書の使用方法

1、「日本漢字能力検定試験準一勉強指南」（ⅷページ～ⅹページ）を見て、試験内容の全体と本書の活用方法を把握しましょう。

2、本書は、検定試験の設問内容ごとに学習していくシステムの「学習シート」です。本書全体は目次にあるようにⅠ～Ⅶ部門の内容に分かれ、それぞれの部門には、その収録内容に対応した検定試験の「設問解説」及び本書を利用した「勉強方法」が書いてありますので、それらを参考にしながら進めていきましょう。特に難しいと思われる分野（目次「Ⅴ 対義語・類義語」「Ⅵ 四字熟語」）には、記憶の定着に役立つ練習シート2、3を加えています。

3、「Ⅴ 対義語・類義語篇」「Ⅵ 四字熟語篇」「Ⅶ 故事・諺篇」には、「Ⅰ 準一級配当漢字・熟語篇」で学ぶ漢字や熟語が重複して出てきますので、「Ⅰ」の漢字の成り立ちや訓読みなどを見直しながら学習していくと効果的です。「Ⅰ 準一級漢字・熟語篇」の漢字検索には、本書末に付した「部首索引」（330ページ）をご利用下さい。

4、本書には、計画を立てて勉強できるように部門ごとに学習計画表が付いています。また、全体の進捗状況を把握するために、最後に、「全体計画表」が付いています。自分で目標を立てながら進めていきましょう。

5、本書には、学習の便宜を図るため、巻末に「しおり」が付いていますので切り取って使って下さい。使用方法は、各部門の「勉強方法」に記載してあります。

6、本書と並行して、総合参考書や問題集を使うとより効果的です（ⅹページ参照）。

目次

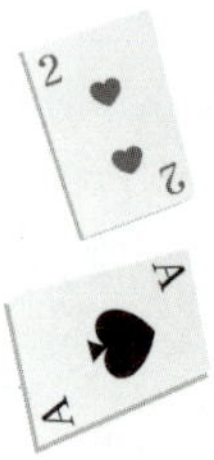

日本漢字能力検定試験「準一級」勉強指南

	1	2	3	4	5
検定試験設問の種類・内容と難易度（★）	漢字の音読み・訓読み ★★★★★ 漢字の音読みや訓読みを「ひらがな」で解答する。	常用漢字表外訓読み ★★ 常用漢字表外読みを解答する。設問の文脈や「送りがな」に注意して解答しよう。	同音の漢字による書き換え ★★ 同音を手がかりとする。	熟語読みと一字訓読み ★★★★★ 熟語の読みと、その語義にふさわしい訓読みを答える。訓読みは、「送りがな」をヒントにしよう。	同音訓漢字の誤字を指摘して、正しい漢字に直す。 ★
部門別勉強が必要な分野	○	○	○	1と同時に勉強	他部門の勉強を通じ実力養成
本書を活用した勉強方法例	①本書「Ⅰ配当漢字・熟語篇」の「勉強方法」を参考に学習を進める。← ②問題集などで実践練習。← ①、②を繰り返す。忘れることを前提に何度も繰り返すことが大切。	①本書「Ⅱ常用漢字表外訓読み篇」の「勉強方法」を参考に学習を進める。← ②問題集などで実践練習。← ①、②を繰り返す。	①本書「Ⅲ同音の漢字による書き換え篇」の「勉強方法」を参考に学習を進める。← ②問題集などで実践練習。← ①、②を繰り返す。	1の勉強方法に同じ。	①他部門の勉強を通じて実力養成。← ②問題集などで実践練習。
学習目安	70日	8日	3日		5日

6	国字の読み 欧米の単位を表した当て字はカタカナで解答する。出題範囲は少ないが、設問には「送りがな」が書かれていないので、読みが複数あるのもは全て答える。	★	○	①本書「Ⅳ国字篇」の「勉強方法」を参考に学習を進める。← ②問題集などで実践練習。← ①、②を繰り返す。	半日
7	対義語と類義語 対義語や類義語の熟語の読みが選択肢として与えられ、それを漢字に直す。	★★	○	①本書「Ⅴ類義語・対義語篇」の「勉強方法」を参考に学習を進める。← ②問題集などで実践練習。← ①、②を繰り返す。	14日
8	四字熟語 四字のうち二字の読みが与えられ、それを漢字に直す。近年は意味を選択肢の中から選ばせる設問もある。	★★★★★	○	①本書「Ⅵ四字熟語篇」の「勉強方法」を参考に学習を進める。← ②問題集などで実践練習。← ①、②を繰り返す。	14日
9	故事成語・諺 一部漢字の読みが与えられ、それを漢字に直す。	★★	○	①本書「Ⅶ故事成語・諺篇」の「勉強方法」を参考に学習を進める。← ②問題集などで実践練習。← ①、②を繰り返す。	4日
10	文章中の書き取りと読み 小説から多く出題される。	★★★★	他部門の勉強を通じ実力養成	他部門の勉強を通じて実力を養成し、問題集などで実践練習をする。	5日

【勉強パターン例】（難易度の高いものと低いものを組み合わせて攻略しましょう。）

一ヶ月目　…1（4を含む）＋2＋7

二ヶ月目　…1（4を含む）＋2＋7＋8＋9

三ヶ月目　…1（4を含む）＋2＋7＋8＋ｃ10．10＋3＋5＋6。繰り返し間違う漢字・熟語・四字熟語を書き出しておきましょう。

直前　…模擬試験で仕上げると同時に、間違えやすいものを中心に検定試験の開始直前まで何度も繰り返すことが重要です。

【本書と並行して用いると理解が深まる総合的参考書】

①『漢文　まとめと要点』　森野繁夫・佐藤利行著　白帝社

②『漢字の学習』山本昭・森野繁夫・佐藤利行著　白帝社

③『漢字必携　一級』　日本漢字能力検定協会

【本書で養成した実力を試すのに有効な問題集と検定試験の全体把握・総合模試に有効なホームページ】

①完全征服「準一級」日本漢字能力検定協会

②検定協会ホームページ（http: //www.kanken.or.jp/）（過去問題が紹介されている）

【本書で参照した漢和辞典・国語辞典・ことわざ辞典】

①『漢検　漢字辞典』日本漢字能力検定協会

②『漢検　四字熟語辞典』日本漢字能力検定協会

③『漢語大詞典』　漢語大詞典出版社

④『漢語大字典』　四川辞書出版社、湖北辞書出版社

⑤『大漢和辞典』　大修館書店

⑥『漢語林』大修館書店

⑦『字統』平凡社

⑧『全訳漢辞海』　三省堂

⑨『広辞苑』岩波書店

⑩『新字源』角川書店

⑪『故事ことわざ辞典』　三省堂

⑫『故事ことわざ15000辞典』　むさし書房

⑬『故事・俗信　ことわざ大辞典』　小学館

Ⅰ 準一級配当漢字・熟語篇

一、設問解説

1、「1　漢字の音読み・訓読み」問題（第ⅷ頁、「勉強指南」参照）では、漢字の訓読みや熟語の音読みが出題されます。

問題例　（1）川を遡行する。（傍線部の音読みをひらがなで記す。答　そこう）

（2）鱈は北の海にすんでいる。（傍線部の訓読みをひらがなで記す。答　たら）

2、「4　熟語読みと一字訓読み」問題（第ⅷ頁、「勉強指南」参照）では、熟語の読みと、その語義にふさわしい訓読が出題されます。

問題例　灌漑　…　灌ぐ（答　かんがい　…　そそ）

二、勉強方法

1、本書は、問題形式になっています。付属の「しおり」で「漢字の訓読み・ヒント」部分を隠し、「訓読みテスト」（●部分）を見ていきましょう。「ヒント」は、漢字の成り立ちと訓読みを関連させ、記憶の定着に役立てましょう。

2、1が済んだ部分は、付属の「しおり」で「熟語の読み例」を隠し、「熟語例」の漢字を確認しましょう。熟語の訓読みの※印以下は意味を載せていますので参考にして下さい（問題形式のため、熟語例に含む漢字の読みは、できるかぎりひらがなで書いています）。対義語・類義語の説明は、本書「Ⅴ」（第一九七～二四三頁）でも役立ちます。

3、2が済んだ部分は、「熟語例」（漢字の部分）を「しおり」で隠し、「熟語の読み例」を見ながらノートなどを用意して書き取りの練習をしましょう。

4、1～3を、三の学習計画表に従って進め、検定受検までに、全体を2回以上繰り返すことを目標にしよう。

注　①本書中の「ヒント」は、漢字の成り立ちをヒントに訓読みを理解するための参考資料です。漢字の成り立ちについては諸説あるものもありますが、本書はその研究を目的とするものではないので、配当された訓読み学習の参考となるものを、場合によっては、諸説を「1」「2」のように併記して紹介しています。

②部首は原則として『康熙字典』に準拠しています。

③標準字体は漢検で問題及び標準解答に掲載している字体、許容字体は検定の解答に書いても正解となる字体です。

④字体の違いではなく、次の（例）のように、デザインの違う漢字も正解とされる場合があり、該当のものには、検定協会発行『漢字必携一級』に＊印で示されていますので、本書も許容字体欄に＊印で示しています。

（例）倶（標準）→倶・喰（標準）→喰・廟（標準）→廟・恢（標準）→恢・灼（標準）→灼・牙（標準）→牙など。
デザインの差異についての詳細は、平成12年国語審議会答申『表外漢字字体表』（文部科学省ホムページ
http://www.mext.go.jp/b_menu/shingi/12/kokugo/toushin/001218.htm）を参照下さい。

三、配当漢字・熟語篇学習計画表　（「勉強方法」1～3の1回目の学習の目安：一日6ページ20日）

ページ数	1回目	2回目	3回目	4回目	5回目
	月　日	月　日	月　日	月　日	月　日
	月　日				
	月　日	月　日			
	月　日				
	月　日	月　日	月　日		
	月　日				
	月　日	月　日		月　日	
	月　日				
	月　日	月　日	月　日		
	月　日				
	月　日	月　日			月　日
	月　日				
	月　日	月　日	月　日		
	月　日				
	月　日	月　日		月　日	
	月　日				
	月　日	月　日	月　日		
	月　日				
	月　日	月　日			
	月　日				

部首	標準字体	許容字体	訓読みテスト	漢字の訓読み・ヒント	音読み	熟語例	熟語の読み例 ※印は意味を表す
一 いち	丑		●●	うし	チュウ	丑寅	うしとら
	丞		●●ける	たす(ける)	ショウ ジョウ	丞尉 丞史 丞相	じょうい ※副長官 じょうし ※長官を助ける下役 しょうじょう・じょうしょう ※宰相
				ヒント この漢字は、穴の中に落ちた人を左右からたすけあげるさまを表す。			
丨 ぼう たてぼう	串		●●●く ●れる ●●	つらぬ(く) な(れる) くし	セン カン	串貫 串殺 串狎 串戯 親串	せんかん ※つらぬき通すこと せんさつ ※くし刺しにして、ころすこと かんこう ※なれ合いになること かんぎ ※歌舞伎の戯れ・にわか しんかん ※血族
				ヒント この漢字は、二つの貝に一本のひもを連ねた形で、「貫」と同じ意味。「慣」とも通用し、なれ親しむ意にも用いる。			
丿 の はらいぼう	乃		● ●●●ち ●●●	の すなわ(ち) なんじ	ダイ ナイ	乃公 乃父 乃至	だいこう ※自分のこと だいふ ※なんじの男親 ないし
	之		●● ●の ● ●く	これ こ(の) の ゆ(く)	シ		
	乍		●●●ち ●●ら	たちま(ち) なが(ら)	サ		
				ヒント この漢字は、甲骨文によれば「ヒ(刀)」で、レ形に切る意味を表す象形で、作の原字。さっと切るの意味から、たちまちの意味を表す。日本では上代において「つつ」と訓じたことから「ながら」の訓も生じた。			

部首	漢字		訓	音	熟語	読み・意味
	乎	● ● ● ●●	か や を かな	コ	断乎	だんこ（＝固）
乙 おつ おし	也	●● ● ● ●●	なり や か また	ヤ		
	乞	●う	こ（う）	キツ コツ	乞骸 乞巧 乞身 乞食 雨乞	きつがい ※仕官中に辞職を願うこと きっこう きっしん ※辞職 こつじき あまごい
二 に	云	●う	い（う）	ウン	云云	うんぬん
	互	●●る	わた（る）	コウ	亙古 聯亙	こうこ ※昔から今まで れんこう ※連なりわたること
	亘	●●る	わた（る）	コウ セン		
	些	●●●か ●●し	いささ（か） すこ（し）	サ	些細 些事 些少	ささい ※対義語は「重大」・類義語は「軽微」「微小」 さじ ※つまらないこと さしょう ※対義語は「膨大」
亠 なべぶた	亥	●	い	ガイ	亥月	がいげつ ※陰暦十月の別名。北斗星の斗柄が十月に「い」の方角を指すことから

ヒント　この漢字は、「此」と「二」から成り、いささか、二つばかりの、すこしの意味を表す。

	亦	亨	亮	仇	什	仔	伊
部首	けいさんかんむり			イ 人 にんべん ひとやね			
	●●	●●る ●る	●●らか ●●	●●● ●● ●●●●	●●	●える ●●か ●	●● ●● ●●
訓	また	とお(る) に(る)	あき(らか) すけ	かたき あだ つれあい	とお	た(える) こま(か) こ	かれ これ ただ
ヒント		ヒント1 この漢字は、祖先神を祭った場所の象形で、たてまつる、神意にかなって物事がうまくとおるの意味を表す。 ヒント2 この漢字は、煮炊きする器の象形。		ヒント この漢字は、「人」と音符「九(逑に通じ、もとめる相手の意)」から成る。	ヒント この漢字は、「人」と音符「十」から成り、十人を一組とする意味。	ヒント この漢字は、「人」と音符「子(シ)」から成る。字形は、生まれた子を負う形。	
音	エキ	キョウ コウ ホウ	リョウ	キュウ	ジュウ	シ	イ
熟語		亨運 亨通 亨熟	亮闇 亮月 亮察 亮然 亮抜	仇敵	什器	仔肩 仔細 仔牛	伊吾 伊達
読み		こううん ※順調なめぐりあわせ こうつう ※物事が順当にいくこと ほうじゅく ※充分にること・よく考えること	りょうあん ※天子が父母の喪に服す期間 りょうげつ りょうさつ ※思いやること りょうぜん ※朗らかなさま りょうばつ ※心明らかで才能があること	きゅうてき ※対義語は「恩人」	じゅうき ※日用品・家財・類義語は「家具」	しけん ※任務に堪え頑張るさま しさい こうし	いご ※はっきりしない言葉 だて

漢字		読み	訓読み	音読み	熟語	熟語の読み
伎		●● / ●●●	わざ たくみ	ギ キ	伎楽 伎工 歌舞伎	ぎがく ぎこう かぶき
伍		●● / ●●つ	くみ いつ(つ)	ゴ	落伍 隊伍	らくご たいご
伽		●●	とぎ	カ ガ キャ	伽藍 伽羅 御伽噺 頻伽	がらん ※仏道を修行する所 きゃら ※香木 おとぎばなし びんが ※極楽浄土の鳥
佃		●●●す / ●●● / ●り	たがや(す) つくだ か(り)	テン デン	佃煮 佃客 佃漁 佃戸 佃作	つくだに でんかく ※小作人 でんぎょ ※鳥獣と魚を捕ること でんこ ※小作人 でんさく ※耕すこと
佑		●●ける / ●●け	たす(ける) たす(け)	ウ ユウ	佑助 佑命 天佑	ゆうじょ ※たすけること ゆうめい ※天のたすけ てんゆう
伶		●●しい / ●●●●	さか(しい) わざおぎ	レイ	伶人 伶俐 伶丁	れいじん ※楽官・俳優 れいり ※賢しいこと・対義語は「暗愚」「愚鈍」「魯鈍」 れいてい ※一人ぼっちのさま
侃		●●い	つよ(い)	カン	侃侃 侃直	かんかん ※強い性格でのびのびしているさま かんちょく ※強く正しいこと

ヒント1 この漢字は、「㐰」と「巛（水が流れて止まない意）」から成り、いつまでも正しいの意味を表す。

ヒント2 この漢字は、「人」と「口」と「彡（美しい意）」から成り、言葉が和らいで美しいの意味を表し、転じて、つよいの意味に用いる、との説もある。

7

漢字	異体字	訓	訓読み	音読み	用例	用例の読み
佼		●●●しい	うつく(しい)	コウ	佼人 佼童	こうじん ※美しいひと こうどう ※美少年・すばしこい子供
俄		●●(か) ●●●	にわ(か) にわか	ガ	俄雨 俄頃 俄然	にわかあめ がけい ※しばらくの間・類義語は「暫時《ざんじ》」 がぜん ※対義語は「悠長」・類義語は「突如」
俠	侠	●●●●● ●●●	おとこだて きゃん	キョウ	俠客	きょうきゃく
侶		●●	とも	リョ	伴侶 僧侶	はんりょ そうりょ
俣		●●	また		二俣	ふたまた
倭		●●●	やまと	イ・ワ	倭人	わじん ※昔、中国が用いた日本の呼称
俺		●● ●●	おれ われ	エン		
倶	＊	●●に	とも(に)	ク・グ	倶楽部	くらぶ
倦	倦	●む ●きる ●●む ●●れる	う(む) あ(きる) あぐ(む) つか(れる)	ケン	倦厭 倦臥 倦怠 倦疲 倦労	けんえん ※あきて嫌になること けんが ※疲れて横になること けんたい ※対義語は「没頭」・類義語は「退屈」 けんぴ けんろう

ヒント（佼）　この漢字は、「人」と音符「交」から成る。「交」は「姣（うつくしい）」に通じる。「姣」は女性が足組して媚態を示す意味。

ヒント（倦）　この漢字は、「人」と音符「巻（人が膝を曲げたさまから、つかれるの意）」から成る。

漢字	異体字	訓（送り）	訓読み	音読み	熟語	読み
倖		●●●い ●●●う	さいわ(い) へつら(う)	コウ	倖臣 倖免 薄倖	こうしん ※お気に入りの家来 こうめん ※さいわいにまぬかれること はっこう
偓		●●わる	かか(わる)	アク	偓促	あくそく・あくせく
偲		●●ぶ	しの(ぶ)	シ		
僅	僅	●●かに ●●か	わず(かに) わず(か)	キン	僅差 僅少	きんさ きんしょう ※対義語は「莫大」
傭		●●う	やと(う)	ヨウ	傭耕 傭兵 雇傭	ようこう ※人にやとわれて、たがやすこと ようへい こよう
僑		●●る ●●●●●	やど(る) かりずまい	キョウ	僑寓 僑人 華僑	きょうぐう ※仮住まい きょうじん ※他郷に宿るひと かきょう
僻		●●●る ●●む ●●●●	かたよ(る) ひが(む) ひめがき ※姫垣・女墻	ヘキ ヘイ	僻耳 僻言 僻地 僻見 僻遠	ひがみみ ※聞き違えること ひがごと ※道理や事実と違ったことば へきち へきけん ※かたよった考え方 へきえん
儘		●●●●く ●●	ことごと(く) まま	ジン	儘教 我儘 気儘	じんきょう ※なんとでもなれ・まかせること わがまま きまま

ヒント　この漢字は、「人」と音符「喬（高い）」から成る。「喬」は呪飾として屋上に施した表木で、神がしばらくやどる所で、後に、人事にも用いた。

部首	漢字	異体字	練習	訓読み	音読み	用例	用例の読み
	儲	儲	●● / ●●ける / ●●●える	そえ / もう(ける) / たくわ(える)	チョ	儲君 / 儲水 / 儲蓄 / 金儲け	ちょくん ※皇太子 / ちょすい / ちょちく / かねもう(け)
儿 ひとあし にんにょう	允		●●● / ●●す / ●●●	まこと / ゆる(す) / じょう ※官名	イン	允恭 / 允許 / 允可	いんきょう ※真面目で丁寧なこと / いんきょ ※角が立たないようにゆるすこと / いんか ※許すこと
	兇		●●い / ●●れる	わる(い) / おそ(れる)	キョウ	兇悪 / 兇器	きょうあく / きょうき
	兎	＊兔兎	●●●	うさぎ	ト	兎角 / 脱兎	とかく / だっと ※逃げたうさぎ・行動が素早いことのたとえ
	兜		●●●	かぶと	トウ / ト	兜巾 / 兜率天 / 鉄兜	ときん / とそつてん / てつかぶと
八 はち ハ は	其		●の / ●●	そ(の) / それ	キ		
冖 わかんむり ひらかんむり	冥	＊	●●い	くら(い)	メイ / ミョウ	冥土 / 冥途 / 冥福 / 冥加 / 冥利	めいど / めいど / めいふく / みょうが ※目に見えない神仏の加護 / みょうり ※知らぬうちに被る利益・類義語は「果報」

ヒント この漢字は、「人」と音符「諸（貯に通じ、蓄える意）」から成る。跡継ぎに備えておく太子の意味を表す。

ヒント この漢字は、頭のひいでた人を象る。また後ろ手に縛られた人を象るとの説もある。

ヒント この漢字は、音符「冖（覆う）」と「日（もとは口で、場所を示す）」と「六（もと廾で両手の意）」から成り、ある場所に両手でおおいをかけるの意味から、くらいの意味を表す。

部首	漢字		訓読み	訓読み(答)	音読み	熟語	読み
冫 にすい	冴	*	●える	さ(える)	ゴ	冴陰	ごいん ※暗く晴れ晴れしない気が固くこおるさま
	冶		●る ●ける ●●かしい	い(る)＝鋳る と(ける) なまめ(かしい)	ヤ	冶金 冶遊 陶冶	やきん ※金属を精錬加工すること やゆう ※芸妓遊び とうや ※金属をいること・自覚を強化すること
				ヒント この漢字は、「冫(氷の結晶に象る)」と音符「台(やわらかくするの意)」から成り、氷がとけてやわらかくなる、とけるの意味を表す。			
	凋	*	●●む	しぼ(む)	チョウ	凋落 凋残	ちょうらく ※草木がしぼむこと・落ちぶれること ちょうざん ※しぼみそこなわれること
				ヒント この漢字は、「冫」と音符「周(弔に通じ、いたましいの意)」から成り、寒さで草木がいたましいさまになる、しぼむの意味を表す。			
	凄		●●む ●●い ●●まじい ●●い	すご(む) すご(い) すさ(まじい) さむ(い)	セイ	凄惨 凄日 凄絶	せいさん せいじつ ※肌寒い秋のひ せいぜつ
	凌		●●ぐ	しの(ぐ)	リョウ	凌駕 凌乱	りょうが ※類義語は「圧倒」 りょうらん ※入りみだれる
几 つくえ	凧		●●	たこ			
	凪		●● ●ぐ	なぎ な(ぐ)		朝凪 夕凪	あさなぎ ゆうなぎ
	鳳		●●●●	おおとり	オウ コウ	鳳凰	ほうおう

部首	漢字	異体	問題	訓読み	音読み	熟語	読み
	凱		●●●● ●●●らぐ	かちどき やわ(らぐ)	カイ ガイ	凱歌 凱旋 凱風 凱沢	がいか がいせん がいふう ※初夏に吹くかぜ（恩沢のたとえ） がいたく ※平和の恩恵・和やかに楽しむこと
凵 うけばこ かんがまえ	函	凾	●れる ●● ●●●	い(れる) はこ よろい ※甲に通じる	カン	函数 投函	かん(＝関)すう とうかん
刀 かたな 刂 りっとう	剃		●る	そ(る)	テイ	剃髪	ていはつ
	剥	剝	●ぐ ●げる ●がれる ●く ●る	は(ぐ) は(げる) は(がれる) む(く) と(る)	ハク ホク	剥製 剥奪 剥離 落剥	はくせい はくだつ ※対義語は「付与」「授与」 はくり ※対義語は「付着」「接着」 らくはく
	劃		●かつ ●●る	わ(かつ) くぎ(る)	カク	劃期的 劃然 劃定	かっきてき かくぜん ※はっきり区切りがついているさま かくてい
	劉		●●す ●●ねる	ころ(す) つら(ねる)	リュウ	劉覧	りゅうらん ※あまねく見ること
力 ちから	劫		●●●かす ●●める	おびや(かす) かす(める)	キョウ コウ ゴウ	劫殺 劫迫 劫火 劫奪 永劫	きょうさつ ※脅かしころすこと きょうはく ごうか ※世界の終末に起こるという大火 ごうだつ えいごう ※限りなく長い年月・対義語は「瞬間」

ヒント　この漢字は、「几（祭りに使う机）」と音符「豈（戦いに勝った時の喜びの音楽）」から成り、戦に勝ち祭り喜ぶ意味。

ヒント　この漢字は、「釗（切る）」と音符「卯（二つに引き裂く意）」から成る。

ヒント　この漢字は、力と、退ける意と音を示す「去」から成り、力づくで退ける、おびやかすの意味を表す。

12

部首	漢字	送り仮名	訓読み	音読み	熟語	読み・意味
	勃	●●かに ●●こる	にわ(かに) お(こる)	ホツ ボツ	勃興 勃然 勃発 勃興 鬱勃	ぼっこう ※対義語は「没落」 ぼつぜん ※急に起こりたつさま・むっとするさま ぼっぱつ ぼっこう ※類義語は「台頭《たいとう》」 うつぼつ ※何かしようとする気が溢れているさま・草木が茂るさま
勹 つつみがまえ	勾	●がる ●●える	ま(がる) とら(える)	コウ	勾玉 勾引 勾配 勾留	まがたま こういん ※捉えてひき連れること・被告を裁判所へ連れていくこと こうばい ※傾斜の度合い・類義語は「傾斜」 こうりゅう ※捕らえとどめること・対義語は「保釈」
	勿	●●れ	なか(れ)	モチ ブツ	勿論 勿体ない 勿勿	もちろん もったい(ない) ぶつぶつ ※慌ただしいさま
	匂	●●う ●●い	にお(う) にお(い)			
ヒ ひ	匙	●●	さじ	シ	薬匙	やくし ※さじ
匚 はこがまえ	匡	●●す ●●う	ただ(す) すく(う)	キョウ	匡正 匡弼 靖匡	きょうせい ※ただすこと きょうひつ ※ただし助けること せいきょう ※天下を安んじ治めること
	匪	●●●● ●●ず	わるもの あら(ず)	ヒ	匪石 匪賊 匪他	ひせき ※確固とした心 ひぞく ※世間を害する悪者・対義語は「義賊」 ひた ※他人ではないこと・兄弟

ヒント1 この漢字は、「勹(人の勾曲するさま)」と「ム(骨の屈折を表す)」とから成る。

ヒント2 この漢字は、鍵の引っかかっているさま、との説もある。

十 じゅう	廿		●●●●	にじゅう	ジュウ		
卜 と うらない	卜		●●●う ●●●い	うらな(う) うらな(い)	ホク ボク	卜者 卜占	ぼくしゃ ぼくせん
	卦		●●●う ●●●い	うらな(う) うらな(い)	カ ケ	卦辞 卦兆 有卦 八卦	かじ ※六十四卦の説明 かちょう ※占いに表れたしるし うけ ※陰陽道で、干支で吉事が七年続くという幸運の年まわり はっけ・はっか
卩 ふしづくり 㔾 わりふ	叩		●●く ●●く ●●える	たた(く) はた(く) ひか(える)	コウ	叩首 叩鉦 叩頭	こうしゅ こうしょう こうとう
	卯		●	う	ボウ	卯月	うづき・ぼうげつ ※中国では陰暦二月、日本では陰暦四月
	卿	*卿	●● ●●	きみ くげ	ケイ キョウ	卿相 卿輩	けいしょう ※天子を補佐する大臣 けいはい ※多くの仲間
厂 がんだれ	厭		●●える ●●う ●きる ●●	おさ(える) いと(う) あ(きる) いや	エン オン ヨウ	厭悪 厭世 厭離 厭勝	えんお ※嫌がって憎むこと えんせい おんり ※世を棄てること ようしょう ※呪いで人を伏すること
	厩	*厩廏廐	●●●	うまや	キュウ	厩舎 厩肥	きゅうしゃ きゅうひ

ヒント（叩）　この漢字は、「卩(人のひざまずく形)」と音符「口(たたいた時の擬声語)」から成り、ひざまずき頭を地に打ちあて礼をするの意味を表す。

ヒント（厭）　この漢字は、「厂(禍害を圧服するため祭祀儀礼を行う崖下などの聖所)」と音符「猒(神が満足する)」から成る。

部首	漢字	旧字体	送り仮名	訓読み	音読み	熟語	熟語の読み
	厨	廚	●●● ●●	くりや はこ	チュウ ズ	厨房 厨子	ちゅうぼう ずし
又 また	叉	*	●● ●す ●●●く ●●●く	また さ(す) こまね(く) こまぬ(く)	サ シャ	三叉路 音叉 夜叉	さんさろ おんさ ※U字型の音高を知るための道具 やしゃ ※インドの鬼神
				ヒント この漢字は、手の指の間に物をはさんだ形に象り、はさみとる、さすまた(江戸時代に犯人逮捕に用いた道具)の意味を表す。			
	叛	叛	●●く ●●れる	そむ(く) はな(れる)	ハン ホン	叛乱 叛逆 謀叛 離叛	はんらん はんぎゃく むほん りはん
	叡		●●い	かしこ(い)	エイ	叡才 叡智	えいさい えいち
	叢		●●●● ●●(がる)	くさむら むら(がる)	ソウ	叢生 叢雲 叢雨	そうせい ※群がりはえること むらくも むらさめ
口 くち くちへん	叶		●●う	かな(う)	キョウ	叶和	きょうわ ※仲良くすること
				ヒント この漢字は、「口」と「十(多い)」から成り、多くの人の言葉が調和する意味。			
	只		●●	ただ	シ	只今 只管	ただいま しかん ※ひたすら
	叱	叱	●●る	しか(る)	シチ シツ	叱責 叱正	しっせき しっせい ※しかりただすこと

吃	吊	吋	吾	呑	吠	吻	呆
				吞			
●●る ●う ●う	●る ●●す	●●●	●● ●が	●む	●える	●●●● ●●●●	●●れる ●●か
ども(る) く(う) す(う) ヒント この漢字は、「口」と音符「乞(乙に通じ、ジクザクしてスムーズに進まない)」から成り、どもるの意味を表す。くらうの意味は、「喫」と音が通用することから。	つ(る) つる(す)	インチ	われ わ(が)	の(む)	ほ(える)	くちさき くちびる	あき(れる) おろ(か)
キツ	チョウ	スン トウ	ゴ	トン ドン	ハイ バイ	フン	ホウ ボウ タイ
吃音 吃驚 吃水	吊橋		吾家 吾人	呑舟 併呑	吠日 吠声 犬吠	吻合 口吻	呆気 呆然 痴呆
きつおん ※どもり きっきょう・びっくり きっすい	ちょうきょう		ごか ※自分の住居 ごじん ※われわれ	どんしゅう ※ふねを飲み込むほど大きい魚 へいどん	はいじつ ※珍しいひ(めったに太陽の出ない蜀の犬は太陽を見るとほえるという故事から) はいせい けんばい	ふんごう ※上下の唇が合うように、物事がぴったり合うこと こうふん ※話しぶり	あっけ ぼうぜん ちほう

呂	呪	咳	咽	哉	哨	唄	哩
	咒				哨		
	●●う ●●い ●●●う ●●●い	●● ●く ●●●● ●●●く	●● ●●ぶ ●む	●● ● ●	●●●	●●	●●●
	のろ(う) のろ(い) まじな(う) まじな(い)	せき せ(く) しわぶき しわぶ(く)	のど むせ(ぶ) の(む)	かな や か	みはり	うた	マイル
リョ ロ	ジュ シュウ	カイ ガイ	イン エツ エン	サイ	ショウ	バイ	リ
呂律 律呂 語呂	呪術 呪縛 呪文	咳唾 咳気 労咳	咽喉 咽頭 咽塞 咽下	善哉 快哉	哨兵 歩哨	唄音 長唄	
ろれつ りつりょ ※音階・音楽の調子 ごろ	じゅじゅつ じゅばく じゅもん	がいだ がいき ろうがい ※肺結核	いんこう いんとう えっそく えんか・えんげ	ぜんざい・よきかな かいさい	しょうへい ※見張りの軍人 ほしょう ※軍隊で部隊の警護や監視をする軍人	ばいおん ※読経の声 ながうた	

ヒント この漢字は、「口」と音符「肖(細かい、小さくする意)」から成り、口をすぼめる意味を表す。また、入り口を小さくして敵の侵入をみはる意味も表す。

漢字	異体字	訓	訓読み	音読み	熟語	熟語の読み
啄		●●●む	ついば(む)	タク トク	啄木 啐啄	たくぼく・きつつき そったく ※逃したらまたとないよい時機
唖	啞	●● ●●う	ああ わら(う)	ア アク	唖咽 唖然 唖謎 唖唖 笑唖	あえつ ※しゃくり泣きすること あぜん ※呆れてものが言えないさま あめい ※解き難いなぞ あくあく ※笑い声・鳥の声・子供の声 しょうあ ※わらい声
啐		●●める ●●●●	な(める) なきごえ	サイ ソツ	啐酒	さいしゅ ※さけをすすること
唾		●● ●●●	つば つばき	ダ タ	唾液 唾棄 唾罵	だえき だき ※つばきを吐きすてるように侮辱すること だば ※ひどくののしること
喬		●●い ●●る	たか(い) おご(る)	キョウ	喬木	きょうぼく ※高い樹・対義語は「灌木《かんぼく》」
喧		●●●●しい ●●●しい	かまびす(しい) やかま(しい)	ケン	喧騒 喧伝 赫喧	けんそう けんでん かくけん ※光明の盛大なさま
喉		●●	のど	コウ	喉元 喉頭 咽喉科	のどもと こうとう いんこうか

ヒント1 この漢字は、「夭(まがる)」と、「高」から成り、たかくて湾曲したさまを表す。

ヒント2 この漢字は、高い所に心霊のある意味もあり、そこから神威を仮りて、おごるの意味を表す、との説もある。

漢字	異体字	送り仮名	訓読み	音読み	熟語	読み・意味
喋		●●る ●む	しゃべ(る) ふ(む)	チョウ	喋血 喋喋 喋盟	ちょうけつ ※ちを踏むこと(流血のおびただしいこと) ちょうちょう ※多くしゃべる・対義語「黙黙」、類義語「饒舌」 ちょうめい ※血をすすり誓うこと
喰	＊	●●らう ●う	く(らう) く(う)	ショク		
嘉		●い ●●する	よ(い) よみ(する)	カ	嘉慶 嘉例 嘉納	かけい ※めでたいこと かれい かのう ※他人の献上物などをよろこんで受け入れること
嘗		●める ●●て ●●●みる	な(める) かつ(て) こころ(みる)	ショウ ジョウ	嘗胆 嘗祭 嘗試	しょうたん ※苦いきもをなめ復讐を忘れないこと(春秋時代の夫差と勾践の故事) しょうさい ※秋のまつり しょうし ※こころみること
嘩	＊	●●●●しい	かまびす(しい)	カ	喧嘩	けんか ※類義語は「紛争」
嘘	噓	●く ●く ●●●●く ●●	ふ(く) は(く) すすりな(く) うそ	キョ	嘘言	きょげん
噌	噌	●●●●しい	かまびす(しい)	ソウ ソ	味噌	みそ

ヒント1 この漢字は、「口」と「枼(木の葉の意)」から成り、淀みなくしゃべるの意味を表す。

ヒント2 この漢字は、「蹀(踏む)」の仮借としても用いられている。

噂	嘶	噸	嚙	嚢	圃	坐	圭
					口 くにがまえ	土 つち つちへん どへん	
*噂			噛	嚢			
●●●	●●●	●●	●む ●●る	●●●	●● ●●●	●●る ●●●ら ●●●に ●●す ●●す ●●●す	●● ●●●つ
うわさ	はなし	トン	か(む) かじ(る)	ふくろ	はた はたけ	すわ(る) いなが(ら) そぞろ(に) いま(す) おわ(す) ましま(す)	たま かどだ(つ)
ソン			ゴウ	ノウ ドウ	ホ	ザ	ケイ
噂議 噂沓				嚢中	庭圃 田圃	坐作 坐視 坐礁 坐像	圭角
そんぎ ※集まってあれこれ言うこと そんとう ※大勢で話し合うこと・類義語は「巷説《こうせつ》」「評判」				のうちゅう	ていほ でんぽ ※たはた	ざさ ※立ち振る舞い ざし ※そばで見るだけ・類義語は「傍観《ぼうかん》」 ざしょう ※対義語は「離礁」 ざぞう	けいかく ※言動がかどだち人と折り合わないこと・対義語は「円満」

ヒント この漢字は、「口」と音符「甫（稲の苗を植える、植えてあるはたけ）」から成る。

ヒント この漢字は、封建された地位を証拠づけるための、上部が円形、下部は四方形の玉を象ったもの。「土」を重ねたさまから構成される。

坤		●● ●●●●●	つち ひつじざる	コン	坤元 坤徳	こんげん ※大地 こんとく ※地のとく・皇后のとく
坦		●●ら	たい(ら)	タン	坦懐 坦途 平坦	たんかい ※心の平らなさま たんと ※平らな道 へいたん ※対義語は「険《けん》阻《そ》(岨)」
尭		●●い	たか(い)	ギョウ	尭尭 尭舜	ぎょうぎょう ※極めて高いさま ぎょうしゅん ※中国古代の二人の聖天子
垢		●● ●●れる ●●れる ●●	あか よご(れる) けが(れる) はじ	コウ ク	垢汚 垢脂 垢面 歯垢 手垢 無垢	こうお こうし ※汗やあぶらの汚れ こうめん しこう てあか むく
埴	埴	●●	はに	ショク	埴輪 埴土	はにわ しょくど ※ねんど質を五割以上含んだつち
堆		●●●●い	うずたか(い)	タイ ツイ	堆積 堆肥 堆朱	たいせき ※対義語は「流出」 たいひ ついしゅ ※しゅ色の漆を塗り模様を彫った器
埠		●● ●●●	つか はとば	フ	埠頭	ふとう
埜		●	の＝「野」の古字	ヤ		

ヒント　この漢字は、「堯」で「垚(土をたかく盛ること)」と「兀(高くて上が平らの意)」から成る。

崎		●●	さき	キ		
堰		●● ●●● ●く	せき いせき せ(く)	エン	堰塞 堤堰	えんそく ていえん
堵	堵	●●	かき	ト	堵列 安堵	とれつ ※垣根のように並び立つこと あんど
堺		●●●	さかい	カイ		
塙		●●● ●●い	かた(い) はなわ ※山のさし出た所	カク コウ	塙保己一	はなわほきいち
塞		●●ぐ ●く ●ちる ●●●	ふさ(ぐ) せ(く) み(ちる) とりで	ソク サイ	塞淵 閉塞 要塞	そくえん ※充実して深遠なこと へいそく ようさい
塡	填	●●ぐ ●●がる ●●める ●●まる ●める	ふさ(ぐ) ふさ(がる) うず(める) うず(まる) は(める)	テン	塡塞 補塡 充塡 装塡	てんそく ほてん じゅうてん そうてん

ヒント（堰） この漢字は、「土」と音符「匽（箱形に区切られた囲いの中に隠れ枕などをあててやすらぐ婦人の象形から、止めるの意）」から成り、水の流れをせきとめること。

ヒント（塡） この漢字は、「土」と音符「真（つめる、ふさぐ意）」から成る。

	塘	塘	●●●	つつみ	トウ	池塘 提塘	ちとう ていとう ※類義語は「土手《どて》」
	塵		●●	ちり	ジン	塵紙 塵芥 砂塵	ちりがみ じんかい さじん
	壕		●●	ほり	ゴウ	壕舎 塹壕	ごうしゃ ※地下に掘った住居用の穴 ざんごう ※城の周りのほり
士 さむらい	壬		●●●● ●●●る	みずのえ おもね(る)	ジン ニン	壬申 壬人	じんしん・みずのえさる じんじん ※節操なくおもねるひと
	壺	壷	●●	つぼ	コ	壺中天 茶壺	こちゅう(の)てん ※別世界 ちゃつぼ
夕 た ゆうべ	夙		●●に ●●い ●●●	つと(に) はや(い) まだき	シュク	夙起 夙志 夙暮 夙夜	しゅくき ※朝早くおきること しゅくし ※早くからのこころざし しゅくぼ ※朝と晩 しゅくや ※朝早くから夜おそくまで
大 だい	夷		●●らか ●●らげる ●●す ●●●●る ●●る ●●● ●●●	たい(らか) たい(らげる) ころ(す) うずくま(る) おご(る) えびす えみし	イ	夷険 夷坦 夷殺 夷俗	いけん ※平らな土地とけわしい土地・順境と逆境 いたん ※穏やかで平らなこと いさつ ※平らげ滅ぼすこと いぞく

ヒント（夙） この漢字は、「夕(月)」と「丮(手にとるの意)」から成り、夜明け前、朝はやくから仕事をするの意味を表す。

ヒント1（夷） この漢字は、ひもの巻き付いた矢や、それで傷つけたいらげる意味を表す。また、「尸(東方のえびす)」と通用し、えびすの意味も含む。

ヒント2（夷） 夷人のうずくまる姿勢を写す、との説もある。

女 おんな おんなへん

漢字		問題	訓読み	音読み	熟語	読み	ヒント
奄		●●う / ●●がる / ●●●ち	おお(う) / ふさ(がる) / たちま(ち)	エン	奄忽 / 奄息 / 奄有	えんこつ ※気付かぬうちに / えんそく ※休むこと / えんゆう ※おおって自分のものにすること	ヒント この漢字は、「大(余る意)」と「申(展びる意)」から成り、おおうの意味を表す。
奈		●●ぞ / ●●●	なん(ぞ) / いかん	ダイ / ナ / ナイ	奈何 / 奈落	いかん / ならく ※類義語は「地獄」	
套	*	●●ねる / ●●い	かさ(ねる) / おお(い)	トウ	套印 / 常套 / 外套 / 圏套	とういん ※重ね刷り / じょうとう ※対義語は「斬新《ざんしん》」 / がいとう / けんとう ※人を包み込む罠・縄張り	ヒント この漢字は、「大」と「長(長髪のこと)」とから成り、長く大きい意味を表し、転じて、おおい、かさねるの意味を表す。
爽		●●らか / ●●やか / ●●う	あき(らか) / さわ(やか) / たが(う)	ソウ	爽快 / 爽約	そうかい / そうやく ※約束を違えること	ヒント1 この漢字は、「大(人の正面形)」と「㸚(婦人の死葬時の邪霊を防ぐための入れ墨文様)」から成る。金文は、変(たがう)の意味に用いている。 ヒント2 人が美しいたもとの衣をつけて舞うさまを表し、美しい、あきらかの意味を表す。
妓		●●●● / ●●●● / ●	わざおぎ / あそびめ / こ	ギ	芸妓	げいぎ	
妖		●●しい / ●●●かしい / ●●い	あや(しい) / なまめ(かしい) / わざわ(い)	ヨウ	妖怪	ようかい	

漢字		訓読み	音読み	熟語	熟語の読み
姑	●●●●● ●●●● ●●● ●●く	しゅうとめ しゅうと おんな しばら(く)	コ	姑且 姑息	こしょ ※とりあえず・しばらく こそく ※一時の間に合わせ
妾	●●●●● ●●● ●●●	めしつかい めかけ わらわ	ショウ	妾御 妾婦 臣妾	しょうぎょ しょうふ しんしょう
姐	●● ●●● ●●	あね あねご ねえ	ソ シャ	姐御	あねご
妬	●●む ●●む ●く	ねた(む) そね(む) や(く)	ト	妬情 嫉妬	とじょう しっと
娃	●●●しい	うつく(しい)	ア アイ	宮娃 村娃	きゅうあい そんあい
姦	●●●● ●●● ●●●しい	よこしま みだら かしま(しい)	カン	姦淫 姦通	かんいん ※類義語は「不倫」 かんつう
姪	●●	めい	テツ	姪孫 甥姪	てっそん ※おいの子供・兄弟姉妹のまご せいてつ
姥	●● ●●	うば ばば	ボ モ	姥桜 姥捨山	うばざくら うばすてやま
姶	●●●い	みめよ(い)	オウ		

漢字		訓	訓読み	音読み	語例	語例の読み
娩	*	●む ●●●しい	う(む) うつく(しい)	ベン	分娩	ぶんべん
娼		●●●●	あそびめ	ショウ	娼婦	しょうふ
妻		●●ぐ ●●がれる	つな(ぐ) つな(がれる)	ル ロウ	妻絡 妻宿	るらく ※纏いからまること ろうしゅく ※星座の名
媛		●●	ひめ	エン	愛媛 才媛	えひめ さいえん
嫉		●●む ●●む ●●む	ねた(む) そね(む) にく(む)	シツ	嫉妬	しっと
嬉		●●しむ ●●しい ●●ぶ	たの(しむ) うれ(しい) あそ(ぶ)	キ	嬉嬉	きき ※笑いさざめくさま
嬰		●●る ●れる ●●●	めぐ(る) ふ(れる) あかご	エイ	嬰城 嬰鱗 嬰児 退嬰	えいじょう ※しろをめぐらし守ること えいりん ※君主の機嫌を損ねること えいじ たいえい ※対義語は「進取」・類義語は「消極」
嬬		●● ●●い	つま よわ(い)	ジュ	嬬人	じゅじん ※妻

ヒント この漢字は、「女」と「賏(首飾り)」とから成る。女の首飾りの意から、まとう、めぐらすの意味を表す。新生の女子の首飾りとして、あかごの意味も表す。

ヒント この漢字は、「女」と音符「需(雨乞いする身分の低い巫祝)」から成る。日本ではこの字を妻の意に用いた。

部首	漢字	訓読み(問題)	訓読み	音読み	熟語	熟語の読み
子 こ こへん	孟	●●め	はじ(め)	モウ ボウ マン	孟夏 孟宗竹	もうか ※なつのはじめ もうそうだけ
宀 うかんむり	宏	●●い ●●きい	ひろ(い) おお(きい)	コウ	宏富 宏猷 宏図	こうふ ※立派で内容豊かなこと こうゆう ※大きな謀 こうと ※大規模な計画
	宋			ソウ	宋儒	そうじゅ ※宋代の性理学者
	宍	●●	しし ※肉の俗字	ニク ジク		
	宛	●●●も ●●●ら ●● ●てる ●●	あたか(も) さなが(ら) あて あ(てる) ずつ	エン	宛延 宛然 宛名 三つ宛	えんえん ※うねうねと長く続くこと えんぜん ※そっくりそのままに あてな みっ(つ)ずつ
	宕	●●●●● ●●●●	ほしいまま ほらあな	トウ	宕子 宕冥	とうし ※気ままなことをする者 とうめい ※暗くて果てがないこと・愚人
	宥	●●す ●●める	ゆる(す) なだ(める)	ユウ	宥恕 宥和	ゆうじょ ※ゆるすこと・類義語は「容赦」 ゆうわ ※相手を刺激しないように、なだめること

孟 ヒント1 この漢字は、「子」と「皿」から成り、生まれた子に産湯をつかわしている形。生まれてはじめての儀礼であることから、はじめの意味となる。

孟 ヒント2 音符「皿」が「萌」に通じることから、めばえ、はじめの意味、とする説もある。

宥 ヒント この漢字は、「宀」と音符「有(ゆるい)」から成り、ゆとり、ゆるすの意味を表す。

漢字	部首	訓読み（問題）	訓読み	音読み	熟語	熟語の読み	ヒント
寅		●●●む ●●	つつし(む) とら	イン	寅畏 寅敬 寅月	いんい ※慎みおそれること いんけい ※慎んで居住まいを正すこと いんげつ ※陰暦正月の異名	ヒント この漢字は、「矢」と「両手」に象り、矢柄をまっすぐのばす、ただす意味を表す。十二支名「とら」の用法は仮借。
寓		●せる ●●る ●●●●● ●●●ける	よ(せる) やど(る) かりずまい かこつ(ける)	グ グウ	寓意 寓話 仮寓	ぐうい ※別件に託けて気持ちを述べること ぐうわ かぐう ※かり住まい	ヒント1 この漢字は、「宀(廟屋の形)」と音符「禺(神像の木偶)」から成り、一時やどるの意味を表す。 ヒント2 この漢字は、音符「禺」を猿に似たなまけものの類とし、決まった住居がなく木の枝にぶら下がり眠ることから、かりずまいの意味を表す、とする説もある。
寵		●●む ●●み ●●●しむ	めぐ(む) めぐ(み) いつく(しむ)	チョウ	寵愛 寵児 恩寵	ちょうあい ちょうじ ※類義語は「花形《はながた》」 おんちょう	
尖	小《しょう》	●●る ●●●い ●●	とが(る) するど(い) さき＝先	セン	尖鋭 尖端 尖塔 尖兵	せんえい せんたん せんとう せんぺい	ヒント この漢字は、「大」の字の上に「小」の字を置き、先端がとがるの意味を表す。
尤	尢《だいのまげあし》	●●める ●●●も ●●れる	とが(める) もっと(も) すぐ(れる)	ユウ	尤最 尤悔 尤物	ゆうさい ※もっとも優れていること ゆうかい ※後でくいること ゆうぶつ ※目立って優れたもの	ヒント この漢字は、手の一端に、これを抑えひねる意を示す一線を加え、異変としてとがめだてるの意味を表す。

尸 しかばね かばね						
尻		●●	しり	コウ	尻坐 尻餅	こうざ ※うずくまること しりもち
屍		●●●● ●●●	しかばね かばね	シ	死屍	しし
屑	屑	●●●●●い ●●	いさぎよ(い)＝潔 くず	セツ	屑雨 屑意 不屑 紙屑 糸屑	せつう ※小糠あめ せつい ※気にかけること ふせつ ※あくせくしないこと・気にかけないこと かみくず いとくず
ヒント この漢字は、「尸（人体の意）」と「肖（小さいの意）」から成り、肉体をこなごなにする、こせこせする、心をくだく、小さいくずの意味を表す。						
屢	屡	●●●●	しばしば	ル	屢屢 屢次	しばしば ※対義語は「偶偶《たまたま》」 るじ ※しばしば
ヒント この漢字は、「尸」と音符「婁」から成る。「婁」は女性の髪を高く巻きあげて重ねた形で、高く重ねるの意味がある。						
山 やま やまへん						
岡		●●	おか	コウ	岡陵	こうりょう
岨		●● ●●●つ	そば そばだ(つ)	ソ	岨道 岨峻 険岨	そばみち そしゅん ※山が重なりそばだつさま けんそ ※対義語は「平坦」
ヒント この漢字は、「山」と音符「且（積み重なる意）」から成り、上に地の積もった岩山を表す。						
岱				タイ	岱華 岱駕	たいか ※山名 たいが ※大きく立派な乗物

漢字	異体字	送り仮名	訓読み	音読み	用例	読み
峨	峩	●●しい	けわ(しい)	ガ	峨峨 峨冠	がが ※山が高く険しいさま がかん ※かんむりを高々とかぶること
峻		●●い ●●しい ●●きい ●●しい	たか(い) けわ(しい) おお(きい) きび(しい)	シュン	峻拒 峻険 峻徳 峻別	しゅんきょ ※きっぱり断ること・対義語は「快諾《かいだく》」 しゅんけん しゅんとく ※大きなとく しゅんべつ ※きびしい区別・対義語は「混同」
峯		●● ●●	みね やま	ホウ	峰打ち 連峰	みねうち れんぽう
崖	崕	●● ●●●つ	がけ かどだ(つ)	ガイ	断崖 懸崖	だんがい けんがい ※切り立ったがけ
嵐		●● ●●●	もや あらし	ラン	嵐気	らんき ※水蒸気の多い山の大気
嵩		●● ●●む ●●い	かさ かさ(む) たか(い)＝崇	シュウ スウ	嵩高	すうこう
嵯	嵳	●●しい	けわ(しい)	サ	嵯峨	さが ※高く突っ立って険しいさま
嶋		●●	しま	トウ		

ヒント（峨）この漢字は、「山」と音符「我(ぎざぎざした斧)」で、けわしい山の意味を表す。

ヒント（峻）この漢字は、「山」と音符「陵(丘陵が高い)」から成り、山がけわしい意味を表す。

ヒント（嵐）この漢字は、「山」と音符「風」から成り、山の風の意。日本では激しい風雨の意味に用いる。

	嶺		●●	みね	リョウ レイ	嶺雲	れいうん	
	巌		●●しい ●● ●●● ●●	けわ(しい) いわ いわお がけ	ガン	巌窟 巌石	がんくつ がんせき	
己 おのれ	巳		●	み	シ	上巳	じょうし ※陰暦三月の最初の「み」の日	
	巴		●●●● ●●●	うずまき ともえ	ハ	巴蜀 巴調	はしょく ※四川省の一地方 はちょう ※四川省の一地方の詠の調子・自作の詩歌を謙遜した語	ヒント この漢字は、蛇の象形。へび、うずまきの意味を表す。
	巷	巷	●●●	ちまた	コウ	巷間 巷説	こうかん ※街の中 こうせつ ※世間の噂	
	巽		●●● ●●る	たつみ ゆず(る)	ソン	巽位 巽言 巽与之言	そんい ※南東の方角 そんげん そんよのげん ※遠慮して調子をあわせること	ヒント この漢字は、「巺(二人が拝跪する姿勢)」と「丌(神殿前の舞台)」から成り、物をきちんと供えるの意味を表す。また、「遜(ソン)」に通じ、ゆずるの意味も表す。
巾 はば はばへん きんべん	巾		●●● ●●●●● ●●	ふきん かぶりもの きれ	キン	巾着 雑巾 頭巾	きんちゃく ぞうきん ずきん	
	匝	帀	●●る	めぐ(る)	ソウ	匝旬	そうじゅん ※十日間一回り	ヒント この漢字は、行くの意を表す「之」を逆さまにして、進まない意を味を示し、同じ所や時をめぐる意味を表す。

广 まだれ

帖	幌	幡	庄	庇	庚	庖
	*					庖
●●●● ●れる ●●める	●●	●● ●●● ●●●●る	●●● ●●●●	●●● ●●う	●●● ●●	●●●
かきもの た(れる) やす(める)	ほろ	はた のぼり ひるがえ(る)	いなか むらざと	ひさし かば(う)	かのえ とし	くりや
チョウ ジョウ	コウ	ハン マン ホン	ショウ ソウ	ヒ	コウ	ホウ
帖耳 帖息 帖簿 書帖	幌子	幡旗 八幡	庄園 庄司 庄屋 村庄	庇護	庚申	庖厨 庖丁
ちょうじ ※みみを垂れ、哀れみを請うこと ちょうそく ※安堵すること ちょう(=帳)ぼ しょちょう	こうし ※商店の看板	はんき はちまん・やはた・やわた	しょうえん しょうじ しょうや そんしょう	ひご	こうしん・かのえさる	ほうちゅう ほうちょう

ヒント（帖）この漢字は、「布」と音符「占（牒に通じる）」から成り、薄くて平たいの意を表し、ものをかきつける布、寝室前のとばりの意味などを表す。

ヒント（庇）この漢字は、「广（屋根の象形）」と音符「比（並び親しむ意）」から成り、かばうの意味を表す。日本では、「ひさし」と読み名詞に用いる。

部首	漢字	旧字体	練習	訓読み	音読み	熟語	読み
	庵		●●●	いおり	アン	草庵	そうあん
	廓		●●い ●●げる ●●しい ●●●	ひろ(い) ひろ(げる) むな(しい) くるわ	カク	廓然 廓澄 遊廓	かくぜん ※ガランとしてひろいこと・心がひろい かくちょう ゆうかく
	廠	廠	●●● ●●● ●●●●	かりや うまや しごとば	ショウ	廠舎 工廠 馬廠	しょうしゃ こうしょう ※軍事工場 ばしょう ※牧場
	廟	*	●●● ●●●● ●●●●●● ●●●	たまや みたまや おもてごてん やしろ	ビョウ	廟堂 祖廟 寝廟	びょうどう そびょう しんびょう ※王の住む正面の御殿
廾 にじゅうあし こまぬき	弄	*	●●●●ぶ ●●●る ●●る ●●う ●●●れる ●●●る	もてあそ(ぶ) いじく(る) いじ(る) いら(う) ※いじる意 たわむ(れる) あなど(る)	ロウ	弄花 弄筆 愚弄 翻弄	ろうか ※はなをいじること ろうひつ ※たわむれに書くこと ぐろう ほんろう
廴 えんにょう いんにょう	廻	*	●●す ●●る ●●る ●●らす	まわ(す) まわ(る) めぐ(る) めぐ(らす)	カイ エ	廻船 廻転 廻避 廻覧 廻向	かいせん かいてん かいひ かいらん えこう

ヒント（廟） この漢字は、「广(屋根の象形)」と「朝(朝礼を行う場所)」から成る。後、祭政が分離して、宗廟の意味となる。

ヒント（弄） この漢字は、「玉」と「廾」から成り、両手で玉をもてあそぶの意味を表す。

弓 ゆみ ゆみへん

漢字	訓（送り）	訓	音	熟語	読み
弘	●●い ●●める	ひろ(い) ひろ(める)	コウ グ	弘遠 弘大 弘法大師 弘誓 弘願	こうえん こうだい こうぼうだいし ぐぜい ※広大な願掛け ぐがん
弗	●● ●	ドル ず	フツ ホツ	弗箱 弗弗	ドルばこ ふつふつ ※風が激しいさま・不賛成
弛	●●む ●●む ●●む	たる(む) ゆる(む) たゆ(む)	シ チ	弛緩	しかん ※対義語は「緊張」
弥	●●める ●●しい ●●る ●●●し ●●●● ●● ●●●う	おさ(める) ひさ(しい) わた(る) あまね(し) いよいよ いや つくろ(う)	ビ ミ	弥高し 弥栄 弥久 弥月 弥甥 弥縫 弥撒 沙弥	いよいよたか(し) いやさか びきゅう ※長引くこと びげつ ※つきを重ねること びせい ※遠縁のおい びほう ※失敗などをぬいつくろうこと ミサ ※キリスト教の式典 しゃみ
弼	●●ける ●●け ●●●	たす(ける) たす(け) すけ	ヒツ	弼成 弼匡 輔弼	ひっせい ※たすけ正すこと ひっきょう ※たすけて成就させること ほひつ ※補佐
彊	●●い ●●める ●いる	つよ(い) つと(める) し(いる)	キョウ	彊大 彊要	きょうだい きょうよう

ヒント　この漢字は、もと「彌」。「爾（女性の入れ墨）」と呪具として儀礼に用いられた「弓」から成り、長命、ひさしいの意味を表す。

34

部首	漢字	異体字	訓読み（問題）	訓読み	音読み	熟語	熟語の読み
彡 さんづくり	彦		●●	ひこ	ゲン	彦星 彦士	ひこぼし げんし ※才徳の優れた男
彡 さんづくり	彪		●● ●●●	あや まだら	ヒュウ ヒョウ	彪蔚 彪乎 彪列	ひょううつ ※あや模様が立派なさま ひょうこ ※鮮やかに目立つさま ひょうれつ ※鮮やかに目立つこと
彡 さんづくり	彬		●●らか ●●わる	あき(らか) そな(わる)	ヒン	彬彬	ひんぴん ※内面と外形が並び揃うさま
彳 ぎょうにん	徽	徽	●い ●●●	よ(い) しるし	キ	徽言 徽章	きげん ※立派なことば きしょう ※旗印
心 こころ／忄 りっしんべん／㣺 したごころ	忽		●●●せ ●●●ち	ゆるが(せ) たちま(ち)	コツ	忽然 忽如 忽略 粗忽	こつぜん こつじょ こつりゃく ※疎かにすること そこつ ※類義語は「軽率」
心 こころ／忄 りっしんべん／㣺 したごころ	怨		●●む ●●み	うら(む) うら(み)	エン オン	怨仇 怨恨 怨敵 怨念	えんきゅう えんこん おんてき おんねん
心 こころ／忄 りっしんべん／㣺 したごころ	怯		●●える ●じる ●●む	おび(える) お(じる) ひる(む)	キョウ コウ	怯弱 怯言 怯惰 卑怯	きょうじゃく ※類義語は「憶病」 きょうげん きょうだ ひきょう

ヒント（彪）　この漢字は、「虎」と「彡(いろどりの意)」から成り、虎の皮の文様を表す。

漢字		問題	訓読み	音読み	熟語	熟語の読み	ヒント
怜		●●い	さと(い)	レイ	怜質 怜悧	れいしつ れいり=伶俐	ヒント この漢字は、「忄(心)」と「令(神官が神のお告げに聞き入る形、さといこと)」から成る。
恢	*	●●きい ●●い	おお(きい) ひろ(い)	カイ	恢偉 恢恢 恢廓 恢然	かいい ※大きくて目立つ かいかい ※大きくて広い かいかく ※度量があること かいぜん ※大きいさま	ヒント この漢字は、「忄(心)」と「灰(広く大きい意)」から成る。
恰		●●●も	あたか(も)	カツ コウ	恰好 恰幅	かっこう かっぷく ※類義語は「体軀《たいく》」	
恕		●●●●る ●●る	おもいや(る) ゆる(す)	ショ ジョ	寛恕	かんじょ	ヒント1 この漢字は、「心」と音符「如(しなやかな女性の意)」から成り、しなやかな心、おもいやり、ゆるすの意味を表す。 ヒント2 音符「如」を、巫女が神意をうかがう意とし、そこから心をはかるの意味、とする説もある。 ヒント3 音符「如」を、ゆるやかの意とし、相手をゆるす、おもいやる意味、とする説もある。
悉		●●す ●●●●く ●●●に	つく(す) ことごと(く) つぶさ(に)	シツ	悉皆 知悉	しっかい ※全てことごとく・対義語は「抽出《ちゅうしゅつ》」 ちしつ ※精通すること・熟知・類義語は「通暁《つうぎょう》」	ヒント この漢字は、「心」と音符「釆(獣の爪)」から成り、爪で他の獣の心臓を取るさまから、ことごとく、つくすの意味を表す。
悌		●●らぐ	やわ(らぐ)	ダイ テイ	悌友	ていゆう ※兄に従順で、友に親しく接すること	ヒント この漢字は、「忄(心)」と音符「弟」から成り、弟の兄に対する心、従うの意味を表す。

漢字	異体字	訓(伏字)	訓	音	熟語	読み
惟		●●う ●● ●●	おも(う) これ＝維 ただ＝唯	イ ユイ	惟新 思惟 惟一	いしん しい ゆいいつ
惚		●れる ●●ける ●ける ●●ける	ほ(れる) ほう(ける) ぼ(ける) とぼ(ける)	コツ ヒント　この漢字は、「忄(心)」と音符「忽(放心状態の意)」から成る。	恍惚 一目惚れ	こうこつ ひとめぼ(れ)
惣		●●て	すべ(て)＝総	ソウ	惣菜 惣官	そうざい そうかん
惇		●●い ●●●	あつ(い) まこと	ジュン トン	惇雅 惇篤 惇朴 惇恵	じゅんが じゅんとく じゅんぼく ※重みがあって、飾り気がない人柄 とんけい
悶		●●える	もだ(える)	モン	悶絶	もんぜつ
惹		●く ●●く	ひ(く) まね(く)	ジャク ジャ	若禍 惹起	じゃくか ※対義語は「招福」 じゃっき ※類義語は「勃発」
愈	愈	●●●● ●●える ●やす	いよいよ い(える) い(やす)＝癒	ユ	愈明 愈愈	ゆめい ※いよいよあきらかなこと ゆゆ ※憂えるさま・益々
慧		●●い ●●●い	さと(い) かしこ(い)	ケイ エ	慧眼 慧悟 慧性 慧遠 智慧	けいがん けいご ※智恵があること けいせい えおん ちえ

慾		●●する	ほっ(する)	ヨク	慾情	よくじょう
憧		●●●れる	あこが(れる)	ショウ ドウ	憧憬	しょうけい
憐	*	●●れむ ●●れみ	あわ(れむ) あわ(れみ)	レン	可憐	かれん
戊	戈 ほこづくり ほこがまえ	●●●●	つちのえ	ボ ボウ	戊夜 戊辰	ぼや ※今の午前四時及びその前後二時間 ぼしん
戎		●●● ●●● ●●きい ●●い ●●●●	えびす いくさ おお(きい) おお(い) つわもの	ジュウ	戎衣 戎夷 戎事 戎馬 戎功	じゅうい ※類義語は「軍服」 じゅうい ※えびす じゅうじ ※戦争 じゅうば ※戦に使ううま じゅうこう ※大きな手柄
或		●る ●●いは	あ(る) ある(いは)	ワク	或問	わくもん ※問に答える文章形式
戚		●●● ●●む ●●える	みうち いた(む) うれ(える)	セキ	戚戚 戚然 哀戚 休戚 親戚	せきせき ※憂い恐れるさま せきぜん ※憂い悲しむさま あいせき きゅうせき ※喜びと憂い しんせき
戟		●●	ほこ	ケキ ゲキ	戟手 刺戟 剣戟	げきしゅ ※手を上げ殴りかかるさま しげき けんげき

ヒント この漢字は、「戈(ほこ)」と、「十(甲の意)」から成り、戦争の重装備を表す。

手 て 扌 てへん

漢字	送り仮名	訓読み	音読み	用例	用例の読み
戴	●●●く	いただ(く)	タイ	戴冠式 頂戴	たいかんしき ちょうだい
托	●す ●く ●●む	お(す) お(く) ※掌に載せる たの(む)	タク	托出 托鉢 依托 茶托 一蓮托生	たくしゅつ たくはつ いたく ちゃたく ※ちゃわんを載せる台 いちれんたくしょう
扮	●●●う ●●る	よそお(う) かざ(る)	ハン フン	扮飾 扮装	ふんしょく ふんそう
按	●●える ●●●える ●●べる	おさ(える) かんが(える) しら(べる)	アン	按験 按罪 按察 按摩 按問 按針	あんけん ※取り調べ証拠立てること あんざい あんさつ あんま あんもん あんじん ※水先案内
拳	●●●	こぶし	ケン ゲン	拳法 拳固 拳骨	けんぽう げんこ げんこつ
拶 ＊	●●る	せま(る)	サツ	挨拶 拶指	あいさつ ※大勢が前に出ようと押し合う意、後に社交的儀礼のこと さっし ※拷問の一つ

扮 ヒント この漢字は、「扌(手)」と音符「分」から成る。この「分」は「賁」に通じ、かざるの意味を表す。また、「分」は「粉」にも通じ、白粉でよそおうの意味も表す。

按 ヒント この漢字は、「扌(手)」と音符「安(安静・安寧の意)」から成り、動かないように安定させる意味を表す。

拶 ヒント この漢字は、「扌(手)」と「𡿺(残骨の象形)」から成る。用語例として唐代に、せまるの意味に用いている。

漢字		送りがな	訓読み	音読み	熟語	熟語の読み
拭		●●う ●く	ぬぐ(う) ふ(く)	ショク シキ	払拭 拭目 浄拭	ふっしょく ※対義語は「掩蔽《えんぺい》」 しょくもく ※めをぬぐって注意して見ること じょうしょく
挨		●す ●●く	お(す) ひら(く)	アイ	挨次 挨罵	あいじ ※順々に あいば ※なじられる(唐宋以後の俗語・中国語は「挨」は受け身の意味)
ヒント	この漢字は、「扌(手)」と「矣(強く撲って後ろからおし退ける意)」から成る。					
挫		●●く ●●ける	くじ(く) くじ(ける)	ザ	挫折 捻挫	ざせつ ※対義語は「貫徹《かんてつ》」「完遂《かんすい》」 ねんざ
捉		●る ●らえる ●●●える	と(る) と(らえる) つかま(える)	ソク	捕捉	ほそく
挺	*	●く ●●んでる	ぬ(く) ぬき(んでる)	テイ チョウ	挺身 一挺	ていしん ※人より前に出ること いっちょう (=丁)
ヒント	この漢字は、「扌(手)」と、音符「廷(壬は、人がつま先立っているさま)」から成る。					
捌		●●く ●●ける ●ける ●かす	さば(く) さば(ける) は(ける) は(かす)	ハチ		
ヒント	この漢字は、「扌(手)」と、音符「別(分けるの意)」から成る。					
挽	*	●く	ひ(く)	バン	挽歌 挽回 挽車	ばんか ※棺をひく人がうたう葬式のうた ばんかい ※対義語は「失墜《しっつい》」 ばんしゃ
捗	捗	●●●る	はかど(る)	チョク	進捗	しんちょく

漢字	異体字	訓	訓読み	音読み	熟語	読み・意味
掩		●●う ●●う ●●●ち	おお(う) かば(う) たちま(ち)	エン	掩蓋 掩撃 掩護 掩蔽	えんがい ※覆い隠すこと えんげき ※敵を不意に襲うこと えんご ※覆い守ること えんぺい ※対義語は「払拭《ふっしょく》」
掬		●●う ●●ぶ	すく(う) むす(ぶ)	キク	掬水 掬飲	きくすい ※みずを両手ですくうこと きくいん ※すくいとって、のむこと
捲	捲	●く ●●る ●●る ●●む	ま(く) まく(る) めく(る) いさ(む)	ケン	捲握 捲土 席捲	けんあく ※しっかりにぎること けんど せっけん
捷		●つ ●●い	か(つ) はや(い)	ショウ	捷径 捷報 戦捷 敏捷	しょうけい ※近道、手早い方法 しょうほう ※勝った知らせ せんしょう びんしょう
捺		●す	お(す)	ダツ ナツ	捺印 捺染	なついん なっせん ※模様を型で押しつけた切れ地
捻		●●る ●●る ●●る	ひね(る) ねじ(る) よじ(る)	デン ネン	捻挫 捻出	ねんざ ねんしゅつ ※類義語は「算段」
捧		●●げる ●●える	ささ(げる) かか(える)	ホウ	捧持 捧腹 捧心	ほうじ ※恭しく両手でささげもつこと ほうふく ※はらをかかえて大笑いすること ほうしん ※悲しむこと

ヒント この漢字は、「手」と音符「菊(両手ですくう意)」から成る。

掠		●●める ●●る ●●れる ●●う ●●●つ	かす(める) かす(る) かす(れる) さら(う) むちう(つ)	リャク リョウ	掠殺 掠奪 掠美 掠笞	りゃくさつ りゃくだつ りゃくび ※人の手柄や名声をさっと奪うこと りょうち ※むち打って責めること
ヒント この漢字は、「扌(手)」と音符「京」から成り、「略」に通じ、かすめとるの意味を表す。						
揃	*	●●う ●●●える ●●い	そろ(う) そろ(える) そろ(い)	セン	一揃い 揃平	ひとそろ(い) せんへ(べ)い ※切りたいらげること
ヒント この漢字は、「扌(手)」と音符「前(剪の原字で足指の爪を切る意)」から成る。						
揖		●●る ●●●●る ●●まる	ゆず(る) へりくだ(る) あつ(まる)＝集・輯	ユウ シュウ	揖譲 揖遜 揖拝	ゆうじょう ※へりくだること ゆうそん ※へりくだること ゆうはい
ヒント この漢字は、「扌(手)」と音符「咠(寄せ集める意)」から成り、両手を組み合わせてする会釈、ゆずるの意味を表す。						
掻	掻	●く	か(く)	ソウ	掻首 掻頭 掻把(爬)	そうしゅ ※頭をかく、落ち着かないさま そうとう ※髪を撫でること そうは ※かくこと
摑	掴	●●む	つか(む)	カク	摑裂	かくれつ ※さき破ること
摺	摺	●●む ●● ●る ●●く	たた(む) ひだ す(る) くじ(く)	ショウ ロウ	摺畳 摺本 摺脇 摺歯	しょうじょう ※折りたたむこと しょうほん ※折り手本 ろうきょう ※わきの骨を引っぱって、くじき折ること ろうし ※はをくじくこと
ヒント1 この漢字は、「扌(手)」と音符「習(鳥が羽を重ね合わせる意)」から成り、おりたたむの意味を表す。 ヒント2 この漢字の「習」は、祝祷の器の上を羽でこすることで、「摺」は折りたたむ、しわのあるものをいう、との説もある。						

漢字	異体字	送り	訓読み	音読み	熟語	熟語の読み
摸		●●る ●●する	さぐ(る) うつ(す)	モ バク ボ	摸索 摸写 摸造	もさく もしゃ もぞう
撰	撰	●●ぶ	えら(ぶ)	セン サン	勅撰 杜撰	ちょくせん ずさん ※やり方がぞんざいなこと(宋の杜黙が格式に外れた詩を作った故事から)
撒		●く	ま(く)	サツ サン	撒水 撒布	さんすい・さっすい ※みずをまくこと さんぷ ※ふりまくこと
撞		●く	つ(く)	トウ ドウ シュ	撞入 撞着 撞球	とう(どう)にゅう ※勢いよく突き進むこと どうちゃく ※類義語は「矛盾」 どうきゅう ※ビリアード
撚		●●る ●る ●り	ひね(る) よ(る) よ(り)	デン ネン	撚糸 紙撚	ねんし ※よりをかけた糸・対義語は「単糸」 こより
播		●く ●く ●●●う	ま(く) し(く) さすら(う)	ハ ハン	播殖(植) 播種 伝播	はしょく ※種をまいてうえること はしゅ でんぱ
撫	*	●でる	な(でる)	ブ フ	撫育 慰撫 愛撫	ぶいく いぶ ※対義語は「威嚇《いかく》」 あいぶ
擢	擢	●く ●んでる	ぬ(く) ぬき(んでる)	タク テキ	抜擢	ばってき

ヒント（撞） この漢字は、「扌(手)」と音符「童」から成り、手でドンとつくの意味を表す。「童」はドンとつきあてる擬声語。

ヒント（撚） この漢字は、もと「扌(手)」と、音符「然(燃える意)」から成り、炎が渦巻くように手でひねるの意味を表す。

漢字	部首	異体字	訓(送り)	訓読み	音読み	熟語	熟語の読み・意味	ヒント
擾			●らす ●●れる ●●●わしい ●●ぐ	な(らす) みだ(れる) わずら(わしい) さわ(ぐ)	ジョウ	擾化 擾乱 擾擾 騒擾	じょうか ※ならして感化すること じょうらん ※みだれ騒ぐこと・対義語は「平安」 じょうじょう ※みだれるさま そうじょう	ヒント1 この漢字は、「扌(手)」と音符「憂(夒で、心をいためる意)」から成り、心をいためみだすの意味を表す。 ヒント2 音符「夒」は、手足を回して踊る形を表す、との説もある。
攪		撹	●●す ●ぜる	みだ(す) ま(ぜる)	カク コウ	攪乱	かくらん・こうらん	ヒント この漢字は、「扌(手)」と「覺(交わりみだれる意)」から成り、かきみだすの意味を表す。
孜	攵 のぶん 攴 ぼくづくり		●●める	つと(める)	シ	孜孜	しし ※つとめ励むさま・類義語は「鋭意《えいい》」	
敦			●● ●●●ぶ	あつ(い) とうと(ぶ)	トン	敦厚 敦尚 敦害	とんこう ※人情があついこと とんしょう ※真心を込めて尊ぶこと とんがい ※大きなひがい	ヒント この漢字は、「攵(攴)」と音符「享(𦎧で、羊肉を煮るための厚手の土鍋の意)」から成り、あついの意味を表す。また、「屯」に通じて群がるや、集中的に打つなどの意味も表す。
斑	文 ぶん ぶんにょう		●●● ● ●●	まだら ふ ぶち	ハン	斑点	はんてん	
斐			●●	あや	ヒ	斐然 甲斐	ひぜん ※あやがあって美しいさま かい	
斌			●●●しい	うるわ(しい)	ヒン	斌斌	ひんぴん ※外見も内面もよいさま	ヒント この漢字は、「文(模様の意)」と「武(猛々しい意)」から成り、文化と武事との調和がとれているの意味を表す。

部首	漢字		問題	訓読み	音読み	熟語	読み・意味
斗 とます	斡		●●る ●●●●る	めぐ(る) つかさど(る)	アツ カン	斡運 斡旋 斡維	あつうん ※めぐり行くこと あっせん ※めぐる・めぐらせること かんい ※めぐるものをつなぐ中枢
斤 おのづくり きん	斧	*	●●	おの	フ	斧斤 斧正	ふきん ※おのと、まさかり ふせい ※文章の推敲を願うへりくだった表現
	斬		●る	き(る)	サン ザン	斬新 斬髪	ざんしん ※対義語は「陳腐《ちんぷ》」「常套《じょうとう》」 ざんぱつ
	斯		●の ●れ ●く ●かる	こ(の) こ(れ) か(く) か(かる)	シ	斯界 斯道	しかい ※この道 しどう ※その社会
方 ほう ほうへん かたへん	於		●いて ●ける	お(いて) お(ける)	オ	於菟	おと ※虎のこと(春秋時代楚国の方言)
日 ひ ひへん にちへん	旦		●●●	あした	タン ダン	旦旦 元旦	たんたん ※毎朝・誠意があるさま がんたん ※年の初めの朝
	旭		●●●	あさひ	キョク	旭光	きょくこう
	旺		●●ん	さか(ん)	オウ	旺盛	おうせい ※類義語は「軒昂《けんこう》」

ヒント1 この漢字は、「斗(ひしゃく)」と「斡(柄)」から成り、めぐるの意味を表す。

ヒント2 この漢字は、天体の運旋や、車の車輪の軸、とする説もある。

ヒント この漢字は、「日(太陽)」と「一(地平線を表す)」とからなり、太陽が地平線から昇る早朝の意味を表す。

漢字	送り仮名	訓読み	音読み	熟語	読み
昂	●●●る ●がる ●●い	たかぶ(る) あ(がる) たか(い)	コウ ゴウ	昂昂 昂騰 昂揚 激昂 軒昂	こうこう ※頭を高くもたげるさま こうとう こうよう ※対義語は「消沈」 げきこう けんこう ※類義語は「旺盛《おうせい》」
					ヒント この漢字は、「日」と音符「卬(仰ぐ意)」から成り、日がたかくあがること、激しくたかぶった状態を表す。
昏	●れ ●●い ●●む	く(れ) くら(い) くら(む)	コン	昏暁 昏睡 昏倒 昏迷 昏冥 昏夜 黄昏	こんぎょう ※夕暮れと夜明け こんすい こんとう こんめい こんめい こんや こうこん・たそがれ ※対義語は「払暁《ふつぎょう》」
					ヒント この漢字は、甲骨文では足下に日が沈んださまにより、ひぐれ、くらいの意味を表す。
昌	●●ん ●●●しい ●●れる	さか(ん) うつく(しい) みだ(れる)	ショウ	昌狂 繁昌	しょうきょう ※乱れくるうこと はんじょう(＝盛)
					ヒント この漢字は、「日」を重ねて、光が明らかに輝く、さかんの意味を表す。
昧	●●い	くら(い)	バイ マイ	蒙昧 三昧 檮昧	もうまい ※対義語は「該博《がいはく》」・類義語は「無知」 ざんまい とうまい ※物事にくらいさま・無知なさま
					ヒント この漢字は、「日」と音符「未(微に通じ、はっきり見えない意)」から成り夜あけの意味を表す。
晃	●●らか ●●る	あき(らか) ひか(る)	コウ	晃朗 光晃	こうろう ※明らかなさま こうこう

漢字	異体字	訓読み（問）	訓読み	音読み	熟語	熟語の読み	ヒント
晋		●●む	すす(む)	シン	晋書	しんじょ ※本の名	この漢字は、二本の矢を下向きに入れ物にさした象形。音形上は「進」に通じる。
晒		●●す	さら(す)	サイ	晒書	さいしょ ※本の虫干しをすること	
晦	晦	●●● ●●●● ●●い ●●ます	みそか つごもり くら(い) くら(ます)	カイ	晦朔 晦渋 晦冥 大晦日	かいさく ※つごもりと、ついたち かいじゅう ※対義語は「明快」・類義語は「難解」 かいめい ※暗いこと おおみそか	この漢字は、「日」と音符「毎(暗いの意)」から成り、日がくらいの意味をする。
智		●● ●●い	ちえ さと(い)	チ	智慧 智徳	ちえ ちとく	
暢		●びる ●●る ●べる	の(る) とお(る) の(べる)	チョウ	暢達	ちょうたつ	ヒント1 この漢字は、「申(伸びる)」と音符「昜(のびやかにあがる意)」から成り、さまたげる物がなくのびる意味を表す。 ヒント2 音符「昜」に陽光、またその光がのびのびしている意味を表す、との説もある。
曙		●●●●	あけぼの	ショ	曙霞 曙光	しょか ※朝焼け・明け方のかすみ しょこう	
曝		●●す ●●ける ●●●える	さら(す) さら(ける) さらば(える) ※古語、痩せ衰える意	バク ホク	曝書 曝露	ばくしょ ※本の虫干しをすること ばくろ	

	日 ひらび いわく			月 つき つきへん		木 き きへん	
漢字	曳	沓	曾	朋	朔	杏	杖
			曽				*
	●く	●●なる ●●●る ●●	●●なる ●す ●●て ●●●ち	●● ●●●	●●●● ●●	●●●	●●
訓	ひ(く)	かさ(なる) むさぼ(る) くつ	かさ(なる) ま(す) かつ(て) すなわ(ち)	とも なかま	ついたち きた	あんず	つえ
音	エイ	トウ	ソ ゾ ソウ ゾウ	ホウ	サク	キョウ アン	ジョウ
語	曳航	沓合 沓貪 雑沓	曾祖父 曾益	朋輩 朋友	朔日 朔方 朔北	杏子 杏花 杏林	杖家 杖刑 錫杖
読み	えいこう	とうごう ※重なりあうこと とうたん ※利益をむさぼること ざっとう(＝踏)	そうそふ ぞうえき ※上に重ねてまし増やすこと	ほうはい ほうゆう ※類義語は「仲間」	さくじつ ※陰暦で月のついたち さくほう ※きた側 さくほく ※きたの方角	あんず きょうか きょうりん ※医者の美称(三国時代の名医董奉《とうほう》が治療代としてあんずを植えさせた故事から)	じょうか ※五十歳の称・家でつえをつく年齢 じょうけい しゃくじょう

ヒント（沓） この漢字は、「水(流れる意)」と「曰(言うの意)」から成り、すらすらしゃべる、かさなりあうの意味を表す。「くつ」は国訓。

ヒント（曾） この漢字は、蒸気を発するための器具に重ねた甑(こしき)から蒸気が出ている象形から、かさねるの意味を表す。借りて、すなわち、かつての意味も表す。

48

杜		●じる ●●ぐ ●●●● ●●	と(じる) ふさ(ぐ) やまなし ※果樹名 もり	ト ズ	杜絶 杜口 杜氏	とぜつ ※塞がりたえること とこう ※くちを塞ぐこと・くちを閉じること とじ・とうじ ※酒をつくる職人
杓	＊	●●● ●●●う	ひしゃく しゃく(う)	シャク ヒョウ	杓子 斗杓	しゃくし としゃく
李		●●● ●●める	すもも おさ(める)＝理	リ	李径 行李	りけい ※すももの花咲く道 こうり ※使者・旅人・旅の荷物
杢		●●	もく			
杭		●●る ●●	わた(る)＝航 くい	コウ	天杭	てんこう ※天の河
杵		●●	きね	ショ	杵柄 杵声 杵臼之交	きねづか しょせい しょきゅうのまじわり ※貴賤の区別なき交わりのこと(臼ひきをしていた公孫穆が学才を認められ主人と友人になった故事から)
枕		●●●	まくら	シン チン	枕頭	ちんとう
枇		●● ●●	さじ くし	ヒ ビ	枇杷	びわ

ヒント1 この漢字は、「木」と音符「土」から成り、ふさぐの意味を表す。

ヒント2 この漢字は、「土」と通じる。また、「社」にも通じ、日本の「もり」の訓は「社」の義と近い、とする説がある。

漢字	異体字	訓	訓読み	音読み	熟語	熟語の読み
杷		●●●	さらい ※土をならす農具	ハ		
柑		●●● ●●●	みかん こうじ	カン	蜜柑 金柑	みかん きんかん
柴		●● ●●り ●●ぐ	しば まつ(り) ※柴を燃やして天帝を祭る ふさ(ぐ)	サイ	柴漬け 柴戸 柴扉 柴望 柴門	しばづ(け) さいこ さいひ さいぼう ※しばを焚いて天帝を祭り山川を望んで祀ること さいもん ※もんを塞ぐこと
柵	＊	●●● ●●●● ●●●	やらい ※竹・木の囲い しがらみ とりで	サク		
柿		●●	かき	シ	渋柿 熟柿	しぶがき じゅくし
柘		●●●● ●●	やまぐわ つげ	シャ	柘植 柘黄	つげ しゃこう ※やまぐわで染めた天子や貴族の服
柊	柊	●●●●	ひいらぎ	シュウ	柊葉	しゅうよう
柁		●●	かじ＝舵	ダ タ	操柁室	そうだしつ

ヒント　この漢字は、「木」と、「巴(土にくっつく意)」から成り、土をならす農具を表す。

漢字	●	訓読み	音読み	熟語	熟語の読み
柏	●●●	かしわ	ハク ビャク	柏手 柏酒	かしわで はくしゅ ※邪気払いのため元旦に飲むかしわの葉を浸したさけ
柚	●●	ゆず	ユ ユウ	柚子	ゆず
栂	●● ●●	とが ※木の名 つが			
栃	●●	とち ※木の名			
柾	●● ●●●	まさ ※木の名 まさき		柾目	まさめ ※縦に真っ直ぐのもくめがあるもの
桓			カン	桓桓 桓武天皇	かんかん ※元気溢れるさま かんむてんのう
桔			キツ ケツ	桔梗	ききょう・けつこう
桂	●●●	かつら	ケイ	月桂冠	げっけいかん
桁	●●	けた	コウ	井桁 衣桁	いげた ※「井」の字に組んだものや模様 いこう ※着物を掛けておく家具
栴			セン	栴檀	せんだん
桐	●● ●●	きり ※木の名、琴の材料 こと	トウ ドウ	桐梓 桐花 梧桐	とうし ※きりと、あずさ・良材のこと どうか ごどう・ごとう

漢字	問題	訓読み	音読み	熟語	熟語の読み
栗	●● ●●●く ●●しい	くり おのの(く)=慄 きび(しい)	リツ リ	栗鼠 栗子 栗栗 栗烈 戦栗 団栗	りす りつし ※くりの実 りつりつ ※恐れ慎むさま・多いこと りつれつ ※寒さ厳しいさま せんりつ どんぐり
栖	●●む ●●●	す(む) すみか	サイ セイ	栖息	せいそく
梧	●●●●	あおぎり	ゴ	梧陰	ごいん ※あおぎりのかげ
梗 *	●●●がる ●●●ね ●● ●●い ●●い	ふさ(がる) おおむ(ね) でく かた(い)=硬 つよ(い)	コウ キョウ	梗概 梗渋 梗正 生梗 心筋梗塞	こうがい ※あらまし・類義語「粗筋《あらすじ》」 こうじゅう ※ふさがって滞ること・ぎこちないこと こうせい ※強くてただしいこと せいこう(=硬) しんきんこうそく
梱	●● ●●● ●●●	こり こうり しきみ ※門の仕切り	コン	梱包	こんぽう
梓	●●● ●●● ●●●	あずさ はんぎ ※昔、版木として使われた だいく=大工	シ	梓弓 梓匠 上梓 桐梓	あずさゆみ ししょう ※大工・建具師 じょうし ※図書の出版(あずさを版木として用いたことから) とうし

ヒント　この漢字は、「木」と音符「更(固いの意)」から成る。

漢字		訓読み	音読み	熟語	熟語の読み
梢	●●● ●●	こずえ かじ＝柁	ショウ	梢梢 梢子 樹梢 末梢	しょうしょう ※小さいこと・風が木に当たる音 しょうし ※船頭 じゅしょう まっしょう ※対義語は「中枢」
		ヒント この漢字は、「木」と音符「肖（細かい意）」から成り、木の小さくなる所を表す。			
梯	●●●	はしご	タイ テイ		
桶	●●	おけ	トウ	湯桶読み	ゆとうよ（み）
梶	●● ●●●	かじ こずえ	ビ	梶棒	かじぼう
		ヒント この漢字は、「木」と音符「尾（しっぽ）」から成り、木のこずえの意味を表す。日本では、船尾につけて船の進行方向を定める装置（楫）の意味に用いた。			
梨	●●	なし	リ	梨子地 梨花	なしじ ※蒔絵の一種 りか
梁	●● ●●●● ●● ●●	はり うつばり ※柱に渡す横木 はし ＝橋 やな	リョウ	橋梁 脊梁 棟梁	きょうりょう ※かけはし せきりょう とうりょう ※類義語は「親方」
椅	●●●●	こしかけ	イ	椅子	いす
棲	●む ●●●	す（む） すみか	セイ	棲息 群棲 同棲 幽棲	せいそく ぐんせい どうせい ゆうせい ※類義語は「閑居《かんきょ》」

椎		●● ●● ●●● ●つ ●●か	しい つち＝槌 せぼね う(つ) おろ(か)	スイ ツイ	椎撃 椎鑿 椎殺 椎破 頸椎	ついげき ※打ち叩くこと ついさく ※つちと、のみ・大工道具 ついさつ ※つちで打ちころすこと ついは ※打ちやぶること けいつい
棉		●●	わた	メン	木棉	もめん
椋		●●	むく	リョウ	椋鳥 椋木	むくどり りょうぼく
椀		●●	はち	ワン	茶椀	ちゃわん
椙		●●	すぎ			
椛		●●●	もみじ			
楳		●●	うめ＝梅	バイ	楳雨	ばいう
楢	＊楢	●●	なら	シュウ ユウ		
楯		●●	たて	ジュン	後楯 鉄楯	うしろだて てつじゅん

ヒント この漢字は、「木」と音符「隹」から成る。「隹」は「堆」に通じ、うずたかいの意味。厚みのある木槌の意味も表す。

漢字	訓読み	音読み	熟語	熟語の読み
楚	いばら しもと ※刑罰の具 むち すわえ ※刑罰の具	ソ	楚腰 四面楚歌	そよう ※女性の細いこし（楚国の王が好んだ故事から） しめんそか ※（項羽が劉邦に破れた際の故事から）
椿	つばき	チン	椿事 椿寿	ちんじ ※不意のできこと・類義語は「希有《けう》」 ちんじゅ ※長寿（大椿という木が八千年を春秋の期間とする故事から）
楠	くすのき	ナン	大楠公	だいなんこう ※楠木正成を指す
楓	かえで	フウ	楓林	ふうりん
楊	やなぎ	ヨウ	楊枝	ようじ
椴	とど とどまつ	タン ダン	椴松	とどまつ
榎	えのき ※木の名	カ		
榛	はしばみ ※木の名 はり ※木の名 くさむら	シン	榛草	しんそう
槍	やり	ソウ	槍手 槍玉	やりて ※やりを使う兵士 やりだま
槌（槌）	つち う(つ)	ツイ	槌砕 鉄槌	ついさい ※つちで打ちくだくこと てっつい

ヒント　この漢字は、「林（群がる木）」と「疋（刺激が強いの意）」から成り、群生するいばらの意味を表す。

槙		●●	まき ※木の名	シン テン		
樺		●●	かば	カ		
榊	榊	●●●	さかき ※木の名			
槻		●●	つき ※木の名	キ		
樟		●● ●●●●	くす くすのき	ショウ	樟脳	しょうのう
樗		●●●	おうち ※木の名	チョ	樗散 樗材	ちょさん ※役に立たない無能の人やもの ちょざい ※役に立たぬもの・自分を謙遜していう語
樋	樋	● ●●	ひ とい	トウ	樋代 雨樋	ひしろ ※神座に置く器 あまどい
樫		●●	かし			
橘		●●●●	たちばな	キツ	柑橘類	かんきつるい
樵		●●● ●る ●●る	きこり こ(る) きこ(る)	ショウ ゾウ	樵歌	しょうか
橡		●● ●●● ●●●●	とち=栃 くぬぎ ※木の名 つるばみ ※くぬぎの古名	ショウ		

樽	＊樽	●●	たる	ソン		
楕	橢	●●●●●	こばんがた	ダ	楕円 科楕	だえん かだ ※樹木が枯れかけ葉が茂らないさま
檜	桧	●●● ●	ひのき ひ	カイ	檜扇 檜皮葺	ひおうぎ ひわだぶき
橿		●●	かし	キョウ	橿橿	きょうきょう ※盛んなさま
檎				キン ゴ	林檎	りんご
檀		●●●	まゆみ ※木の名・弓の材料	タン ダン	檀家 檀那 黒檀	だんか だんな こくたん
檮	梼	●●●● ●●か	きりかぶ おろ(か)	トウ	檮昧	とうまい ※無知なさま
櫛	＊櫛	●● ●●●●る	くし くしけず(る)	シツ	櫛比 冠櫛	しっぴ ※くしのように隙間なく並ぶこと かんしつ
櫓		●●●● ●●●	おおだて ※大型の盾 やぐら	ロ	櫓棹	ろとう ※船のろと、さお
麓		●●●	ふもと	ロク	山麓	さんろく

欠 あくび かける	欣		●●ぶ	よろこ(ぶ)	キン ゴン	欣快 欣喜 欣然 欣服 欣躍 欣求	きんかい きんき ※類義語は「愉悦《ゆえつ》」 きんぜん きんぷく きんやく ごんぐ
	欽		●●●む ●●●う	つつし(む) うやま(う)	キン	欽若 欽順 欽崇 欽定 欽慕	きんじゃく ※畏まって従うこと きんじゅん きんすう ※敬い尊ぶこと きんてい きんぼ
	歎	歎	●●える ●●く	たた(える) なげ(く)	タン	歎賞 歎息 讃歎	たんしょう たんそく さんたん
止 とめる とめへん	此		●の ●● ●く ●●	こ(の) これ か(く) ここ	シ	此岸 此君	しがん しくん ※竹の異称(晋代の王徽之《おうきし》が竹を指し、「何ぞ一日も此の君無かるべけんや!」と言った故事から)
	歪		●●む ●●●む ●●●む ●●●	ゆが(む) いが(む) ひず(む) いびつ	ワイ	歪曲	わいきょく

ヒント この漢字は、「欠(あくび)」と音符「金(包み覆う意)」から成り、あくびを抑える、つつしむの意味を表す。

部首	漢字	異体字	書き取り	訓読み	音読み	熟語	熟語の読み
歹 かばね いちたへん がつへん	殆		●●●ど ●●うい ●●●●	ほとん(ど) あや(うい) ほとほと	タイ	危殆	きたい ※非常にあやういこと
殳 るまた	毅		●●い ●●し	つよ(い) たけ(し)	キ	毅然 剛毅	きぜん ごうき
比 ならびひ くらべる	毘	毗	●●ける	たす(ける)	ヒ ビ	毘佐 毘沙門	ひさ ※傍で助けること びしゃもん
水 みず 氵 さんずい 氺 したみず	汀		●●● ●●●	みぎわ なぎさ	テイ	汀曲 汀洲 汀渚	ていきょく ていしゅう ていしょ
	氾		●●がる ●●れる	ひろ(がる) あふ(れる)	ハン	氾濫	はんらん
	汝		●●●	なんじ	ジョ		
	汐		●● ●●●	しお うしお	セキ	潮汐	ちょうせき

ヒント（殆） この漢字は、「歹(死体の象形)」と「台(始、胎に通じ、きざしの意)」から成り、危険が迫ってあやうい、転じて、あやうく~だ、ほとんど~だの意味を表す。

ヒント（毘） この漢字は、「田(囟、通気口の象形)」と音符「比(頻に通じ、皺を寄せる意)」から成り、しわのある通気口の形をした人体のへその意味を表す。また、「比」は、人が二人並ぶさまで、したしむ意があり、たすけるの意味を表す。

汎	*	●●い ●●れる ●かぶ	ひろ(い) あふ(れる) う(かぶ)	ハン フウ ホウ	汎愛 汎舟 汎濫 汎論	はんあい ※広くあいすること はんしゅう ※ふねを浮かべること はん(=氾)らん はんろん ※ひろく全体にわたって言い争うこと・類義語は「総説」	ヒント この漢字は、「水」と「凡(風の意)」から成り、風のように浮いて、ひろがる意味を表す。
汲	*	●む ●く	く(む) ひ(く)	キュウ	汲引 汲古	きゅういん ※水をくみ上げること・人を登用すること きゅうこ ※井戸の水をくみ上げるように、昔のことを調べること	ヒント この漢字は、「水」と音符「及(吸に通ず)」から成り、水をひき込む意味を表す。
沙		●●● ●● ●●げる	みぎわ すな よな(げる)	サ シャ	沙草 沙汰 沙鳥 沙門	さそう ※砂地のくさ さた ※類義語は「音信」 さちょう しゃもん	
汰		●●げる ●●る ●●る	よな(げる) にご(る) おご(る)	タ タイ	汰侈 淘汰 沙汰	たし ※身分不相応におごること とうた さた	ヒント1 この漢字は、「水」と「太」からなる成る。「太」は「泰」と同一字で水に浸かってゆったりしている人のさまから、おごる、うるおうの意味を表す。 ヒント2 この漢字は、もと「汏」で「水」と音符「大、または太(選ぶ意)」からなる成り、水にかけてより分ける、よなげるの意味を表す。また「太」に通じて、おごる意味を表す、とする説もあります。
沌		●●がる	ふさ(がる)	トン	混沌	こんとん	ヒント この漢字は、もと「水」と音符「屯(群がり集まる意)」からなる成り、群がり集まる、水が入りまじるの意味を表す。

漢字	訓読み(問題)	訓読み	音読み	熟語	熟語の読み
沃	●●ぐ ●える	そそ(ぐ) こ(える)	オク ヨク	沃灌 沃饒 沃壌 沃土 沃野 膏沃 肥沃	よっかん ※そそぎ洗うこと よくじょう よくじょう よくど よくや こうよく ひよく
沫	●● ●●● ●●●	あわ しぶき よだれ	マツ	沫雪 飛沫 水沫	あわゆき ※溶け易いゆき ひまつ すいまつ
洩	●びる ●れる	の(びる) も(れる)	セツ エイ	洩漏 洩洩	せつろう ※もらすこと えいえい ※心がのびのびしていること
洲	● ●●	す しま	ス シュウ	洲島 白洲 中洲 大八洲	しゅうとう ※川の中にある小さなしま しらす なかす おおやしま ※日本国の古称
洛	●●● ●●なる	みやこ つら(なる)	ラク	洛花 洛誦 洛中 洛陽	らくか ※牡丹の別名(洛は洛陽のこと) らくしょう ※何度も文書を読むこと らくちゅう らくよう ※中国の周・後漢・西晋などで都となった地

ヒント（沫） この漢字は、「水」と音符「末(木の先の意)」から成り、水の先端、しぶきを表す。

ヒント（洛） この漢字は、「水」と音符「各」から成る。

漢字	異体字	送り仮名	訓読み	音読み	熟語	熟語の読み
浩		●●きい ●●い ●●い ●●る	おお(きい) おお(い) ひろ(い) おご(る)	コウ	浩恩 浩然 浩繁 浩倨	こうおん こうぜん ※心が広くゆったりしているさま こうはん ※多くてごったがえすさま こうきょ ※傲り尊大ぶること
浬		●●● ●●●	かいり ノット	リ		
涌		●く	わ(く)	ヨウ ユウ	涌泉	ようせん ※わき出るいずみ・対義語は「枯渇《こかつ》」
淫	淫	●●る ●●れる ●●●●● ●●● ●●す ●●きい ●●●●	ふけ(る) あふ(れる) ほしいまま みだら みだ(す) おお(きい) ながあめ	イン	淫威 淫雨 淫刑 淫水 淫溺 淫靡 淫婦 淫乱	いんい ※大きな勢力のこと いんう ※長あめ いんけい ※罰することを乱用すること いんすい ※溢れるみず いんでき ※物事にふけっておぼれること いんび いんぷ ※対義語は「貞女」 いんらん
淵	渕	●● ●●い ●●●●い	ふち ふか(い) おくぶか(い)	エン	淵叢 深淵	えんそう しんえん

ヒント1 （浩）この漢字は、「水」と音符「告(好に通じ、好ましい意)」から成り、心が満たされるような豊かな水の意味を表す。

ヒント2 （浩）この漢字は、「沆(水の広大なさま)」と同じで、果て知れぬ水の勢いの意味を表す、とする説もある。

ヒント （淫）この漢字は、「水」と音符「𢀜(爪＋壬で、手を差し出し進み求めるさまから、はなはだしい意)」から成り、ながあめ、ふけるの意味を表す。

漢字	読み	訓読み	音読み	熟語	熟語の読み
淳	●●い ●●●	あつ(い) すなお	ジュン	淳厚 淳風 淳朴	じゅんこう ※人情が手あついこと じゅんぷう ※対義語は「弊習《へいしゅう》」 じゅんぼく
渚	●●● ●●●	なぎさ みぎわ	ショ	渚煙	しょえん ※なぎさのもや
淀	●● ●●む	よど よど(む)	テン デン	淀水	てんすい ※よど川
淘	●●げる	よな(げる)	トウ	淘汰	とうた
淋	●●ぐ ●●●る ●●しい ●●●●●	そそ(ぐ) したた(る) さび(しい) りんびょう	リン	淋雨 淋汗	りんう ※しとしと降り続くながあめ りんかん ※あせを流すこと・風呂
渥	●●い ●●●い ●い	あつ(い) うるお(い) こ(い)	アク	渥恩 渥然 渥丹 渥美 渥露 優渥	あくおん あくぜん ※赤くつやのあるさま あくたん ※濃くて光沢がある赤 あくび ※とてもうつくしいこと あくろ ※たくさん降りたつゆ ゆうあく ※懇ろなさま

ヒント（淋）　この漢字は、「水」と音符「林(立に通じる)」とから成り、水が垂直に立つ物を伝って垂れる、したたるの意味を表す。

ヒント（渥）　この漢字は、「水」と音符「屋(部屋)」とから成り、くつろげる部屋のようなうるおいの意味を表す。

漢字		書き取り	訓読み	音読み	熟語	熟語の読み
渠	*	●● ●●きい ●●● ●● ●●ぞ	みぞ おお(きい) かしら かれ なん(ぞ)	キョ	渠渠 渠帥 渠輩 暗渠 溝渠 何渠	きょきょ ※大きく深いさま きょすい ※賊の頭 きょはい ※彼ら あんきょ ※地下に作った水路 こうきょ なんぞ
湘				ショウ	湘水	しょうすい ※河の名
湊		●●● ●●まる	みなと あつ(まる)	ソウ	湊合 湊泊	そうごう ※あつまること そうはく ※船がみなとに碇を降ろしてとまること
湛		●●える ●●い ●●む ●●い ●●る	たた(える) あつ(い) しず(む) ふか(い) ふけ(る)	タン チン	湛恩 湛静 湛然 湛溺 湛冥 湛楽 清湛	たんおん ※厚い情け たんせい ※奥深くしずかなこと たんぜん ※水のたたえるさま たんでき ※沈みおぼれること たんめい ※奥深いこと たんらく ※たのしみに耽ること せいたん ※水が深々とたたえられているさま・態度が慎重なさま
湧		●く	わ(く)=涌	ヨウ ユウ	湧泉	ようせん

ヒント（渠）　この漢字は、「水」と音符「榘(定規の意)」から成り、定規を当てて人工的に造ったみぞの意味を表す。借りて、代名詞・助詞にも用いる。

ヒント（湊）　この漢字は、「水」と音符「奏(集まる意)」から成り、水路のあつまる所、みなとの意を表す。

ヒント（湛）　この漢字は、「水」と、音符「甚(沈に通じ、しずむ、ふかいの意)」から成り、水をふかくたたえるの意味を表す。

漢字	異体字	送り仮名	訓読み	音読み	熟語	熟語の読み
溢	溢	●●れる ●ぎる ●●る ●ちる ●●れる	あふ(れる) す(ぎる) おご(る) み(ちる) こぼ(れる)	イツ	溢喜 溢決 溢水 溢誉 横溢 充溢 脳溢血	いつき ※あふれるよろこび・この上ないよろこび いっけつ ※あふれて切り崩れること いっすい ※あふれるみず いつよ ※ほめ過ぎること おういつ じゅういつ ※類義語は「盈満《えいまん》」 のういっけつ
溺	溺	●●れる ●●● ●●●	おぼ(れる) ゆばり＝小便 いばり	デキ ニョウ ジョウ	溺愛 溺器 耽溺	できあい にょうき ※尿瓶 たんでき
溜		●●●る ●まる ●める ●●	したた(る) た(まる) た(める) ため	リュウ	溜息 溜池 溜飲 溜水 溜滴 軒溜	ためいき ためいけ りゅういん りゅうすい りゅうてき けんりゅう ※のきからしたたり落ちる雨垂れ
漑	*	●●ぐ ●●ぐ	そそ(ぐ) すす(ぐ)	カイ ガイ	漑濯 灌漑	がいたく かんがい
漕		●●ぶ ●ぐ	はこ(ぶ) こ(ぐ)	ソウ	漕運 漕艇	そううん ※船で物をはこぶこと そうてい ※ボートをこぐこと
漣	漣	●●●●	さざなみ	レン	漣如 漣漣	れんじょ ※涙が連なり流れるさま れんれん ※涙が連なり流れるさま

漢字	異体字	読み（空欄）	訓読み	音読み	熟語	熟語の読み
漉		●●す ●●●らせる ●く	こ(す) したた(らせる) す(く)＝抄く	ロク	漉酒 漉漉	ろくしゅ ※さけをこすこと ろくろく ※汗や血が滴るさま
潰		●●える ●●れる ●●れる ●●し	つい(える) つぶ(れる) みだ(れる) つぶ(し)	カイ	潰滅 潰瘍 潰乱	かいめつ かいよう かい(＝壊)らん ※壊れみだれること
澗	㵎	●● ●●●●	たに たにみず	カン ケン	澗渓 澗水	かんけい ※谷川 かんすい ※谷川のみず
潑	＊溌	●●ぐ ●ねる	そそ(ぐ) は(ねる)	ハツ	潑剌	はつらつ
澱		●● ●●む ●●	おり よど(む) よど	テン デン	澱淤 澱粉 沈澱	でんお ※かす でんぷん ちんでん
濠	＊	●●	ほり	ゴウ	濠州	ごうしゅう ※オーストラリア

ヒント（漉）　この漢字は、「水」と音符「鹿（彔に通じ、水を汲み上げる意）」から成り、水をくみつくすの意味を表す。

ヒント（潰）　この漢字は、「水」と音符「貴（毀に通じ、つぶれる意）」から成り、堤防がくずれて水が漏れるの意味から、ついえるの意味を表す。

濡		●●●う ●れる ●●●●る ●●える	うるお(う) ぬ(れる) とどこお(る) こら(える)	ジュ	濡潤 濡染 濡滞 濡忍	じゅじゅん じゅせん ※潤いそまること じゅたい ※ぐずつく・とどこおること じゅにん ※侮辱をこらえしのぶこと
濤	涛	●●	なみ	トウ	怒濤 波濤 松濤	どとう はとう しょうとう ※まつ風の音を波音にたとえた
瀆	涜	●● ●●す ●●●る	みぞ けが(す) あなど(る)	トク	瀆告 瀆職 瀆慢 汚瀆 溝瀆 冒瀆	とくこく ※くどく言うこと とくしょく ※汚職・類義語は「背任《はいにん》」 とくまん ※親しみ過ぎてかえってあなどること おとく こうとく ※みぞ ぼうとく
瀦	潴	●●●●● ●●まる	みずたまり た(まる)	チョ	瀦水 瀦溜	ちょすい ちょりゅう
瀕	濒	●●● ●●る ●う	みぎわ せま(る) そ(う)	ヒン	瀕海 瀕死	ひんかい ※水際に接したうみの岸 ひんし ※今にもしにそうなこと・類義語は「危篤《きとく》」
瀞	瀞	●●	とろ ※河水が深く流れが静かな所	ジョウ セイ		

ヒント　この漢字は、「水」と音符「需(しなやか、やわらかの意)」から成り、水を含む、ぬれてしなやかの意味を表す。

ヒント　この漢字は、「水」と音符「賣(不快の意)」から成り、どぶ、けがすの意味を表す。

火 ひ ひへん 灬 れんが れっか

漢字	異体字	訓(問題)	訓	音	熟語	読み
灌	潅	●●ぐ	そそ(ぐ)	カン	灌漑 灌木	かんがい かんぼく ※低い樹
灘	灘	●●● ●●	はやせ なだ	ダン タン	灘声 急灘 玄界灘	だんせい きゅうだん げんかいなだ
灸		●●●	やいと	キュウ	灸治 針灸	きゅうじ はりきゅう
灼	*	●く ●●らか ●●●● ●●●	や(く) あき(らか) あらたか やいと	シャク	灼然 灼熱 赫灼 焚灼	しゃくぜん しゃくねつ かくしゃく ※光り輝くさま ふんしゃく
烏		●●● ●●い ●●●んぞ ●●ぞ	からす くろ(い) いずく(んぞ) なん(ぞ)	ウ オ	烏合 烏竜茶 烏有 烏鷺	うごう ※規律も無く集まること ウーロンチャ うゆう(いずくんぞあらん) うろ ※からすと、さぎの色から黒と白・囲碁のこと
烹		●る	に(る)	ホウ	烹調 割烹	ほうちょう かっぽう ※類義語は「料理」
焔	焰	●える ●●●	も(える) ほのお	エン	焔上 火焔	えんじょう かえん
焚		●く ●く	や(く) た(く)	フン	焚書 焚滅	ふんしょ ふんめつ

ヒント この漢字は、カラスの形に象る。カラスは、体が黒く、目がどこにあるかわからないので、鳥の字の目にあたる部分の一画を省いた、との説がある。

漢字	異体字	書き取り	訓読み	音読み	熟語	読み
煎	*	●る ●る ●●じる ●●る	い(る) に(る) せん(じる) せま(る)	セン	煎督 煎迫 煎餅 煎薬 煎和	せんとく ※ひどくせき立てること・類義語は「催促《さいそく》」 せんぱく せんべい せんやく せんわ ※水分がなくなるまでにて、味を調合すること
煤		●● ●●ける	すす すす(ける)	バイ	煤煙 墨煤	ばいえん ぼくばい
煉	煉	●る	ね(る)	レン	煉瓦 煉獄	れんが れんごく
煽	煽	●●る ●●てる ●●る ●●り	あお(る) おだ(てる) おこ(る) あお(り)	セン	煽動 煽惑	せんどう ※対義語は「阻止《そし》」 せんわく
熊		●●	くま	ユウ	熊掌 熊胆	ゆうしょう ゆうたん
熔	鎔	●●● ●かす ●ける ●る	いがた=鋳型 と(かす) と(ける) い(る)	ヨウ	熔解 熔鋳 熔範	ようかい ようちゅう ようはん ※金属を溶かし型に入れること
燕		●●● ●●●● ●●●ぐ	つばめ さかもり=宴 くつろ(ぐ)	エン	燕楽 燕居 燕娯 燕雀	えんがく ※酒盛りしてたのしむこと えんきょ ※くつろぎ休むこと えんご ※くつろぎ楽しむこと えんじゃく ※つばめとすずめ・小人物

ヒント この漢字は、鎔の俗字。鎔は、「金」と音符「容(物を取り入れるの意)」から成り、金属をとかし流し入れるいがたの意味を表す。また、転じて、とかすの意味を表す。

			爪 つめ	父 ちち	爻 まじわる	片 かた かたへん		牙 きば きばへん
燐	燦	燭	爪	爺	爾	牌	牒	牙
*				*		*		*
	●●らか ●●やか ●●く	●●●●	●●	●● ●●●	●●● ●の	●●	●●	●● ● ●●●●
	あき(らか) あざ(やか) きらめ(く)	ともしび	つめ	じじ おやじ	なんじ そ(の)	ふだ	ふだ	きば は さいとり ※鳥を捕るための刺捕竿
リン	サン	ショク ソク	ソウ	ヤ	ジ ニ	ハイ	チョウ ジョウ	ガ ゲ
燐火 燐酸 燐寸	燦燦 燦然 明燦	燭台 華燭 蠟燭	爪牙	親爺 好好爺 阿爺	率爾 爾後	位牌	通牒	牙城 象牙 毒牙 爪牙
りんか りんさん マッチ	さんさん ※鮮やかに輝くさま さんぜん ※鮮やかに輝くさま めいさん	しょくだい かしょく ろうそく	そうが ※獣のつめと、きば・手先	おやじ こうこうや あや ※父を親しんで言う言葉	そつじ ※にわかなさま・軽々しいさま じご ※そのご	いはい	つうちょう ※公のことを書面で知らせること	がじょう ※主将のいるしろ ぞうげ どくが そうが

牛 うし　牛 うしへん

漢字	印	訓（問題）	訓	音	熟語	読み
牝	＊	●● ●	め めす	ヒン	牝馬 牝牡	ひんば ひんぼ
牟		●く ●●●る ●●●	な(く) むさぼ(る) かぶと	ボウ ム	牟子 牟食 牟利 牟尼 侵牟	ぼうし ※瞳 ぼうしょく ※貪りたべること ぼうり ※益を得ようと貪ること むに ※釈尊の称・聖人 しんぼう ※おかし貪る
牡		●● ●	お おす	ボ ボウ	牡馬 牡丹 種牡馬	おすうま ぼたん しゅぼば
牢		●●●● ●●●● ●●● ●●い ●●しい	いけにえ ごちそう ひとや＝獄 かた(い) さび(しい)	ロウ	牢記 牢固 牢獄 牢守 牢騒 堅牢	ろうき ※しっかり覚えること ろうこ ※しっかりして丈夫なこと ろうごく ろうしゅ ※かたくまもること ろうそう ※不平を感じ心が塞がること けんろう
牽		●く ●●なる	ひ(く) つら(なる)	ケン	牽引 牽強 牽制 牽連	けんいん けんきょう ※こじつけ・類義語は「附会《ふかい》」 けんせい けんれん

牟
ヒント1　この漢字は、「牛」と「ム(牛のなき声、息)」から成り、牛のなき声の擬声語。
ヒント2　この漢字は、鼻箝を牽かれていくの牛の象形で、その時のなき声の擬声語との説もある。

牢
ヒント　この漢字は、「牛」と音符「宀」から成り、牛を囲いに入れたさま、そこで養ったいけにえを表す。また、獣畜を入れる所で構造もしっかり作られたことから、かたいの意味も表す。

牽
ヒント　この漢字は、「牛」と「冖(つな)」と音符「玄(弦)」とから成り、張ったつな、牛をひく綱の意味を表す。

犬 いぬ
犭 けものへん

漢字	異体		訓	音	熟語	読み
犀		●●い ●●●い	かた(い) するど(い)	サイ セイ	犀角 犀利 金木犀	さいかく さいり ※堅く鋭いこと きんもくせい
狐	狐	●●●	きつね	コ	狐狸 野狐	こり ※きつねと、たぬき やこ
狗		●●	いぬ	ク コウ	天狗	てんぐ
狙		●● ●●う	さる ねら(う)	ソ	狙公 狙撃 狙候	そこう ※猿を養う者 そげき ※対義語は「乱射」 そこう ※ねらいうかがうこと
狛		●●●● ●●	こまいぬ こま	ハク	狛犬	こまいぬ
狸		●●● ●●	たぬき ねこ	リ	狸寝入 狸奴 狸穴	たぬきねいり りど ※猫の別名 まみあな
狼		●●●● ●●れる	おおかみ みだ(れる)	ロウ	狼煙 狼藉	のろし ※おおかみの糞を焼いてけむりを出した ろうぜき ※おおかみが寝乱した草のさまから
狽			※狼の一種。狼は前足二本が長く後ろ足二本が短い。狽はその反対。	バイ	狼狽	ろうばい ※慌てること(狽は狼と一緒に行動し離れると倒れるので、あわてる意味に用いる)・対義語は「泰然《たいぜん》」
猪		● ●●●●	い いのしし	チョ	猪首 猪口才 猪突猛進	いくび ちょこざい ※なまいきなこと ちょとつもうしん

王（玉が偏になるときの形）
おうへん
たまへん

漢字	*	送り仮名	訓読み	音読み	熟語	熟語の読み
猷	*猷	●●る ●●●●● ●●	はか(る) はかりごと みち	ユウ	猷念 遠猷 聖猷	ゆうねん ※謀り思うこと えんゆう せいゆう ※天子の謀
獅		●●	しし		獅子	しし
玖				キュウ ク	玖珠	くず
玩		●●●●ぶ ●●わう	もてあそ(ぶ) あじ(わう)	ガン	玩詠 玩具 玩読 玩味 玩弄 愛玩	がんえい がんぐ がんどく がんみ ※類義語は「鑑賞」 がんろう あいがん
珂				カ	珂月 玉珂	かげつ ※玉のように美しいつき ぎょくか ※たまの飾り
珊	*			サン	珊瑚 珊珊	さんご さんさん ※衣擦れの音・鈴や雨だれの音
玲				レイ	玲瓏	れいろう ※宝玉が触れ合って鳴る音
珪		●●	たま	ケイ	珪砂 珪石	けいさ けいせき
琉				リュウ ル	琉球 琉璃	りゅうきゅう るり ※玉の名・ガラスの古称

ヒント　この漢字は、犬と音符「酉（酓で神に供えるべき酒）」とから成り、神に供えるいけにえと、酒を前に神前ではかりごとをするの意味に用いる。

瓜《うり》

琢	瑛	琵	琶	琳	瑚	瑞	瑳	瑠	璃	瓜	瓢
										瓜	瓢
●●く						●●● ●●●い ●●	●●く			●●	●●● ●●●
みが(く)						しるし めでた(い) みず	みが(く)			うり	ふくべ ※ひょうたん ひさご
タク	エイ	ビ	ハ	リン	ゴ コ	ズイ	サ	ル	リ	カ	ヒョウ
琢磨 琢句	玉瑛	琵琶		琳宇	珊瑚	瑞穂国 瑞雲 瑞気 瑞兆	切瑳	瑠璃	瑠璃	西瓜	瓢塚 瓢簞
たくま たっく ※詩文を推敲すること	ぎょくえい ※水晶などの透明なたま	びわ		りんう ※清らかな玉で飾った宮殿、道観(道教の寺院)	さんご	みずほのくに ずいうん ずいき ずいちょう ※めでたいこと	せっさ ※骨や玉などを刻み磨くことから学問や道徳に努め励むこと	るり	るり	すいか	ひさごづか ※前方後円墳 ひょうたん

瓦 かわら		甘 かん あまい	生 うまれる	用 もちいる	田 た たへん	
瓦	甑	甜	甥	甫	畏	畠
	＊甑		＊			
●●● ●●●● ●●●	●●●	●●い ●●い	●●	●●め ●●きい	●●れる ●●い ●●まる	●● ●●●
かわら かわらけ ※土器、瓦笥 グラム	こしき	あま(い) うま(い)	おい	はじ(め) おお(きい)	おそ(れる) かしこ(い) かしこ(まる)	はた はたけ
ガ	ソウ	テン	ショウ セイ	ホ フ	イ	
瓦解 瓦全 鬼瓦	釜甑 炊甑	甜言 甜菜	甥姪 外甥	甫田 年甫	畏敬 畏縮 畏粛 畏友	
がかい ※一部の崩れが全体に及ぶこと・対義語は「構築」 がぜん ※何もせず徒に危険でない状態を保つこと・対義語は「玉砕《ぎょくさい》」 おにがわら	ふそう すいそう ※飯をたくこしき	てんげん てんさい ※枸杞(くこ)の新芽	せいてつ がいせい	ほでん ※大きなたんぼ ねんぽ ※としの初め	いけい いしゅく いしゅく いゆう ※尊敬しているともだち	

甫　ヒント　この漢字は、田に苗を一面に植える意味から、おおきい、おおいの意味を表す。

畏　ヒント　この漢字は、「鬼」と「卜(むちの象形)」から成り、怪しい物が鞭を持つさまから、おそれるの意味を表す。また、「甶(鬼の頭)」と「虎」の省略から成り、おそろしいの意味を表す、との説もある。

	畦	畢	畷	畿	疋	疏
旧字体		＊				疏
読み練習	●●、●●	●わる、●●●●く	●●●	●●●	●●、●●	●●す、●●る、●●い、●●む、●●●か、●●い、●●ら、●●
訓読み	うね あぜ	お(わる) ことごと(く)	なわて ※田んぼのあぜ道	みやこ	あし ひき	とお(す) とお(る) うと(い) うと(む) おろそ(か) あら(い) まば(ら) ふみ
音読み	ケイ	ヒツ	テツ	キ	ショ ソ ヒツ	ショ ソ
用例	畦道 畦丁 畦畝	畢業 畢生 畢命 畢力	畷道	畿内 近畿	疋夫	疏悪 疏外 疏水 疏灯 疏略
用例の読み	あぜみち けいてい けいほ	ひつぎょう ひっせい ※命が終わるまでの間 ひつめい ※いのちが終わること ひつりょく ※ちからをことごとく尽くすこと	なわてみち	きない きんき	ひっぷ	そあく ※荒くてわるいこと そがい そすい ※みずを通じさせること そとう そりゃく ※おろそかなこと

ヒント この漢字は、「田」と音符「叕(つづる意)」とから成り、糸をつなげたような田んぼのあぜ道の意味を表す。（畷）

ヒント この漢字は、足の象形。（疋）

ヒント この漢字は、「㐬(流れる意)」と音符「疋(足の意)」から成り、二筋に分かれて流れがつうじる意から、とおるの意味を表す。転じて、空間ができ距離が遠くなるの意味を表す。（疏）

疋《ひき》

部首	漢字	異体字		訓	音	熟語	読み・意味
疒 やまいだれ	疹		●●●	はしか	シン	湿疹 発疹 麻疹	しっしん はっしん・ほっしん はしか・ましん
	痕		●●	あと	コン	痕跡 血痕	こんせき けっこん
	痔		●●●●	しもがさ	ジ	痔疾	じしつ
	癌				ガン	胃癌	いがん
	痩	＊瘦	●せる ●●ける ●●い	や(せる) こ(ける) ほそ(い)	シュウ ソウ	痩軀 痩身	そうく ※類義語は「細身《ほそみ》」 そうしん ※対義語は「肥満」
白 しろ	皐	皋	●●● ●●	さつき さわ	コウ	皐月 皐皐	こうげつ ※さつきの別名 こうこう ※頑固で道理を知らないさま
皿 さら	盃		●●●●	さかずき	ハイ	返盃	へんぱい
	盈		●ちる ●●る	み(ちる) あま(る)	エイ	盈月 盈盈 盈虚 盈満	えいげつ ※全面が輝いてまるく見えるつき えいえい ※水が一杯に満ちるさま えいきょ ※満ちることと、空しいこと えいまん ※類義語は「充溢《じゅういつ》」
目 め めへん	眉		●● ●● ●●●り	まゆ ふち としよ(り)	ビ ミ	眉月 眉寿 眉間 焦眉 白眉	びげつ ※みかづき びじゅ ※老人 みけん しょうび ※火がまゆをこがす程に危険が迫ること はくび ※同類中で最も優れた人物（三国時代、眉にしろい毛があった馬良が兄弟の中で最も優秀だった故事から）

部首	漢字	異体字	送り仮名	訓読み	音読み	用例	用例の読み
	睦		●●ぶ ●●み ●●まじい	むつ(ぶ) むつ(み) むつ(まじい)	ボク モク	和睦 親睦	わぼく しんぼく ※対義語は「抗争」
	瞳		●●● ●●い	ひとみ くら(い)	トウ ドウ	瞳孔 昏瞳	どうこう こんどう
	瞥	瞥	●る	み(る)	ベツ	瞥見 一瞥	べっけん ※ちらっとみること いちべつ
	瞭		●●らか	あき(らか)	リョウ	瞭然 明瞭	りょうぜん めいりょう ※類義語は「判然《はんぜん》」
矢 や やへん	矧		●ぐ	は(ぐ) ※竹に羽を付け矢を作ること	シン		
	矩		●●●● ●●	さしがね のり	ク	矩形 規矩	くけい ※長方形 きく ※コンパスと、さしがね
石 いし いしへん	砦		●●●	とりで	サイ	城砦	じょうさい
	砥		● ●●● ●ぐ ●●く	と といし と(ぐ) みが(く)	シ	砥石 砥柱 砥磨 砥礪	といし しちゅう ※山の名・激流でも不動なことから乱世で信念を曲げない意 しま ※といしでみがくこと しれい ※といで、みがくこと
	砧		●●●	きぬた ※布打ち用の木や石	チン	砧声	ちんせい
	硯		●●●	すずり	ケン ゲン	硯北	けんぼく ※手紙に書く敬意を表す言葉
	硲		●●●	はざま			

漢字	許容字体	訓（伏せ字）	訓読み	音読み	熟語	熟語の読み
碍		●●●げる ●●える	さまた(げる) ささ(える)	ガイ ゲ	碍滞 碍子 障碍 阻碍 無碍	がいたい ※遮られとどこおること がいし ※電線の電気の流れを遮る電柱に取り付ける装置 しょうがい そがい むげ
碓		●●	うす	タイ		
碇		●●●	いかり	テイ	碇泊	てい(=停)はく
碗	盌	●●●	こばち	ワン		
碧		●●● ●●	みどり あお	ヘキ	碧眼 紺碧	へきがん こんぺき
碩		●●きい	おお(きい)	セキ	碩学	せきがく ※立派な研究者・類義語は「巨匠《きょしょう》」
磐		●● ●●●まる	いわ わだか(まる)	ハン バン	磐城 磐牙 磐桓 磐石 落磐	いわき ばんが ※互いに結びつくこと ばんかん ※ぐずぐずしているさま ばんじゃく らくばん
磯		●●	いそ	キ	磯巾着 石磯	いそぎんちゃく せっき ※いしの多いいそ
礪	砺	●●● ●●ぐ ●●く	あらと ※粗い砥石 と(ぐ) みが(く)	レイ	礪戈 礪行 礪石	れいか ※戦争の準備 れいこう ※おこないをみがくこと れいせき ※といし

ヒント この漢字は、「玉」と「石」と「白（輝く意）」から成り、あおい石、玉のような石の意味を表す。

	礦	砿	●●●●	あらがね ※精錬してない金属	コウ	礦石 礦脈	こうせき こうみゃく
示 ネ しめすへん	祁	祁	●●きい ●●いに ●●んに	おお(きい) おお(いに) さか(んに)	キ	祁寒 祁山	きかん ※大いにさむいこと きざん ※やまの名
	祇	祇	●●●●●	くにつかみ	ギ	祇園 地祇	ぎおん ちぎ ※地の神・対義語は「天神」
	祐		●●け ●●ける	たす(け) たす(ける)	ユウ	祐助 祐筆	ゆうじょ ゆうひつ ※秘書
	禄		●●●い ●●	さいわ(い) ふち＝扶持	ロク	俸禄 貫禄 福禄	ほうろく ※職務に応じた米や銭 かんろく ふくろく ※幸い
	禎		●●●い	さいわ(い)	テイ	禎祥 禎瑞 嘉禎	ていしょう ※めでたいしるし ていずい ※めでたいしるし かてい
	禦		●●ぐ ●●い	ふせ(ぐ) つよ(い)	ギョ	禦冦 防禦	ぎょこう ※外敵の侵入を防ぐこと ぼうぎょ(＝御)
	禱	祷	●●る ●●る	いの(る) まつ(る)	トウ	祈禱 黙禱	きとう もくとう
	禰	祢	●●●● ●●●●	みたまや かたしろ	デイ ネ	禰廟 禰宜	でいびょう ※父のみたまや ねぎ ※神職の位
内 じゅう	禽	*	●● ●●える ●●●り	とり とら(える) いけど(り)	キン	禽獲 禽獣 家禽 猛禽	きんかく ※とりこにすること きんじゅう かきん ※対義語は「野鳥」 もうきん

禾 のぎ のぎへん

漢字	旧字・異体字	読み（問題）	訓読み	音読み	用例	用例の読み
禾		●● ●●	いね のぎ	カ	禾篇 禾穎 禾穀 禾黍 禾本科	のぎへん かえい ※稲の穂 かこく ※稲 かしょ ※稲と、きび かほんか ※稲種の旧称
禿		●● ●げる ●びる ●●●	はげ は(げる) ち(びる) かむろ ※童子の髪型	トク	禿頭 禿髪 禿筆	とくとう とくはつ とくひつ ※先のすり切れたふで・自分の文を謙遜していう語
秤	枰	●●●	はかり	ショウ ビン	秤量 天秤	しょうりょう ※はかること てんびん
秦		●●	はた	シン		
稀		●● ●●ら ●●い	まれ まば(ら) うす(い)	キ ケ	稀薄 稀代 希有 古希	きはく ※対義語は「濃厚」 きだい けう こき
稔		●●る ●● ●む	みの(る) とし ※稲が一回みのる期間 つ(む)	ジン ニン ネン	稔聞 稔年 稔歳 豊稔	じんぶん ※充分きき慣れていること じんねん ※穀物がよくみのったとし じんさい ※穀物がよくみのったとし ほうじん
稗	*	●● ●●かい	ひえ こま(かい)	ハイ	稗田 稗史 稗官	ひえだ はいし ※小説・伝説・対義語は「正史《せいし》」 はいかん ※民間の物語を集めた役人

ヒント　この漢字は、「禾」と「念(時間をかけてある重さの物を保つ、ふくらむ意)」から成り、いねがみのるの意味を表す。（稔）

ヒント　この漢字は、「禾」と音符「卑(いやしい、小さい意)」から成る。（稗）

稜	稽	穎	穆	穰	龝
	稽	頴			穐
●● ●●●い	●●める ●●●●る ●●●える	●●● ●●れる	●●らぐ	●●か ●●る	●● ●●
かど いきお(い)	とど(める) とどこお(る) かんが(える)	ほさき すぐ(れる)	やわ(らぐ)	ゆた(か) みの(る)	あき ※秋の古字 とき
リョウ ロウ	ケイ	エイ	ボク モク	ジョウ	シュウ
稜線 稜稜	稽古 稽留 稽首 滑稽	穎異 穎才 穎脱 穎敏 秀穎	穆然 穆親 清穆	豊穰 瑞穰	龝芳
りょうせん ※峰から峰へ続く山のせん りょうりょう ※角張って正しいさま	けいこ ※古を考える・学問や学習をすること けいりゅう ※とどまること けいしゅ ※頭が地につくまで拝すること・手紙の終わりに書く語 こっけい ※対義語は「謹厳《きんげん》」・類義語は「笑止《しょうし》」	えいい ※賢く優れていること えいさい えいだつ ※才気が現れること（嚢中の錐の穂先が抜き出ることから） えいびん しゅうえい	ぼくぜん ※和らぎ慎むさま ぼくしん ※和らぎしたしむこと せいぼく	ほうじょう ずいじょう	しゅうほう ※秋の花

ヒント　稜：この漢字は、「禾」と音符「夌（岡の意）」から成り、岡のように二つの面が交わってできる線、かどの意味を表す。

ヒント　稽：この漢字は、「禾」と「尤（とがめる意）」と「旨（行き着く意）」から成り、穀物の生長が行き着くところまで行って、とどまるの意味を表す。また、考えを行きつく所までめぐらせるの意味も表す。

穴 あな あなかんむり

漢字	異体字	読み（伏せ字）	訓読み	音読み	熟語	熟語の読み・意味	ヒント
穿	＊	●●つ ●く ●●●く ●●る ●●●る	うが(つ) は(く) つらぬ(く) ほじ(る) ほじく(る)	セン	穿孔 穿鑿 貫穿	せんこう ※穴を空けること せんさく ※穴をうがつこと かんせん	この漢字は、「穴」と「牙(きば)」から成り、牙で穴をほる、うがつの意味を表す。
窄		●●い ●●まる ●●む ●●む	せま(い) せば(まる) すぼ(む) つぼ(む)	サク	窄袖 窄小 狭窄	さくしゅう ※筒そで さくしょう ※狭くちいさいこと きょうさく ※対義語は「広漠《こうばく》」	この漢字は、「穴」と音符「乍(作るの意)」から成り、穴をつくる、せまい、の意味を表す。
窟		●●● ●●●●	いわや ほらあな	クツ	巣窟 岩窟	そうくつ ※悪者の隠れ家 がんくつ	
窪		●● ●●む	くぼ くぼ(む)	ワ ア	窪地 窪隆	わち ※くぼんだとち わりゅう ※くぼみと出っ張り・盛衰	
窺		●●●う ●●く	うかが(う) のぞ(く)	キ	窺管 窺見 窺測 窺知	きかん ※くだからのぞくように見識の狭いこと きけん ※うかがいみること きそく ※うかがいはかること きち	この漢字は、「穴」と音符「規(はかるの意)」から成り、穴の中をはかる、のぞきみるの意味を表す。
竈	＊竃	●●● ●●●●	かまど へっつい	ソウ			

部首	立（たつ・たつへん）			罒（あみがしら・あみめ・よこめ）		竹（たけ・たけかんむり）			
漢字	竪	竣	靖	罫	罵	竺	竿	笈	笥
	豎							*	
	●つ ●● ●●● ●●●	●わる	●●い ●●んじる		●●●る	●●い	●● ●●	●●	● ●●
訓読み	た（つ） たて こども こもの	お（わる）	やす（い） やす（んじる）		ののし（る）	あつ（い）	さお ふだ	おい ※旅の道具を入れて背負う箱	け ※食物の器 はこ
音読み	ジュ	シュン	セイ	ケイ	バ	トク ジク	カン	キュウ	シ ス
熟語	竪子 竪儒 竪立	竣工	靖国	罫線	罵倒	竺学 天竺	竿頭 竿牘	笈摺 書笈	笥子 笥篋 箪笥
読み	じゅし ※こども じゅじゅ ※くだらぬ学者 じゅりつ ※真っ直ぐたつこと	しゅんこう ※工事が完成すること・類義語は「落成」	やすくに	けいせん	ばとう ※対義語は「絶賛（讃）」	じくがく ※仏教についての知識 てんじく	かんとう ※さおの先 かんとく ※手紙	おいずり ※おいばこを背負った際、すれるのを防ぐ薄衣 しょきゅう ※書物を入れ背負う箱	けこ ※食物を盛る器 しきょう ※箱 たんす

ヒント　この漢字は、竪の俗字。豎は、「臤（しっかりする意）」と音符「豆（高坏を表す）」とから成り、しっかりたてるの意味を表す。また、高坏は頭部が大きいので、形が似たこどもの意味にも用いる。

漢字			訓	音	熟語	読み
笠		●●	かさ	リュウ	花笠 蓑笠 円笠	はながさ さりゅう ※みのと、かさ・風雪を防ぐ物 えんりゅう ※まるいかさ
笹		●●	ささ			
筈		●●●●●	やはず はず	カツ		
筑	*			チク ツク	筑紫 筑前 筑波	ちくし ちくぜん つくば
筏		●●●	いかだ	ハツ バツ	舟筏	しゅうばつ ※ふねと、いかだ
箕		●●●●●	み ちりとり	キ	箕山 箕箒	きざん ※中国古代伝説上の隠者許由《きょゆう》が棲んだ所 きそう ※ちりとりと、ほうき
箔		●●●●●●●	すだれ のべがね	ハク	金箔	きんぱく
箭	*	●	や ※矢	セン	箭羽 箭眼 箭筒	せんう せんがん ※矢を射るための小さな窓 せんとう
箸	箸	●●	はし	チョ	象箸	ぞうちょ

篇	箆	篠	箪	簸	簾
*	箆	篠	箪		簾
●● ●● ●●	●● ●●●● ●●●● ●	●●	●●● ●● ●●●	●る ●る	● ●●●
ふだ ふみ まき	へら すきぐし かんざし の	しの	わりご はこ ひさご	ひ(る) ※箕で穀物屑を除くこと あお(る)	す すだれ
ヘン	ヘイ	ショウ	タン	ハ	レン
篇什 篇題 篇目 短篇 掌篇	箆棒 竹箆 竹箆し	篠笹 細篠 乱篠	箪笥 瓢箪	簸却 簸揚 簸弄	御簾 暖簾
へんじゅう ※詩・詩歌集(什は十の意。『詩経』の雅と頌が十首を一巻としたことから) へんだい へんもく たんぺん しょうへん ※極めて短い作品	べらぼう ちくへい しっぺがえ(し)	しのざさ さいじょう らんしょう	たんす ひょうたん	はきゃく はよう ※箕であおり、穀物の糠や籾殻を除去すること はろう ※煽《おだ》て弄ぶこと	みす のれん

ヒント　この漢字は、「箕」と「皮(波に通じる)」から成り、波のように箕を振るって米糠などを除去するの意味を表す。

米 こめ こめへん

漢字	異体字		訓読み	音読み	熟語	熟語の読み
籠	＊篭	●● ●める ●もる	かご こ(める) こ(もる)	ル ロウ	籠手 籠居 籠城 籠絡 鳥籠	こて ※鎧の付属具 ろうきょ ろうじょう ろうらく ※類義語は「懐柔《かいじゅう》」 とりかご
粁		●●●●●●	キロメートル			
粂		●●	くめ			
籾	＊籾	●●	もみ		種籾	たねもみ
粍		●●●●●●	ミリメートル			
粕	＊	●●	かす	ハク	粕漬け 糟粕	かすづ(け) そうはく
粥		●● ●●ぐ	かゆ ひさ(ぐ) ※売る	シュク イク	粥売 粥粥 芋粥 豆粥	いくばい ※売ること いくいく ※媚びを売り敬うさま いもがゆ・うしゅく とうしゅく
粟		●● ●● ●●	もみ あわ ふち	ショク ソク ゾク	粟散 粟膚	ぞくさん ※小さい物を散らしたさま ぞくふ ※鳥肌

ヒント この漢字は、「弜(湯気の象形)」と「米」から成り、かゆの意味を表す。「鬻」の省略形で、売る、商うの意味も表す。

糸 いと いとへん

糊	粳	糠	糟	糞	紘	紗	紐	絃	紬
							*		
●● ●●●ぎ	●●●●●●●	●●	●●	●● ●●れ ●●う ●●●う	●●●● ●●い	●●●●	●●	●● ●●	●●● ●●ぐ
のり くちす(ぎ)	センチメートル	ぬか	かす	くそ けが(れ) はら(う) つちか(う)	おおづな ひろ(い)	うすぎぬ	ひも	いと つる	つむぎ つむ(ぐ)
コ		コウ	ソウ	フン	コウ	サ シャ	ジュウ チュウ	ゲン	チュウ
糊口 糊塗 模糊		糟糠	糟汁 糟粕	糞尿 糞便	八紘	紗巾 羅紗 更紗	紐付き 紐釦 結紐	管絃 三絃	紬績 繭紬
ここう ※くちに食物を入れること・生計 こと もこ		そうこう	かすじる そうはく	ふんにょう ふんべん	はっこう ※大地の果て	さきん らしゃ さらさ	ひもつ(き) ちゅうこう ※ひもで作ったボタン けっちゅう ※約束すること	かんげん(＝弦) さんげん	ちゅうせき けんちゅう

漢字			訓読み	音読み	熟語	読み
絢		●●	あや	ケン	絢爛 絢飾	けんらん けんしょく
綬		●● ●●●●	ひも くみひも	ジュ	印綬 紫綬	いんじゅ しじゅ
綜		●べる ●● ●●える	す(べる) ※支配する おさ まじ(える)	ソウ	綜核 錯綜	そうかく ※全てを明らかにすること さくそう ※複雑に入り組んでいること
			ヒント この漢字は、「糸」と音符「宗(族長、一つにまとめる意)」から成り、多くの糸をまとめる、おさめるの意味を表す。			
綻		●●ぶ ●●●びる	ほころ(ぶ) ほころ(びる)	タン	綻裂 破綻	たんれつ はたん
綴		●●る ●じる ●める	つづ(る) と(じる) あつ(める)	テイ テツ	綴字 綴文 補綴 点綴 編綴	つづりじ・ていじ ていぶん ※文章をつづること ほてい ※おぎないつづること てんてい ※てんを打ったように散らすこと へんてい ※あんでつづること
			ヒント この漢字は、「糸」と音符「叕(糸をつづり合わせる象形、糸をつなぎ合わせる意)」から成り、つづるの意味を表す。			
緋		●●	あか	ヒ	緋色 緋鯉	ひいろ ひごい ※色のついたこい
綾		●●	あや	リョウ リン	綾羅	りょうら

漢字	異体字	穴埋め	訓読み	音読み	熟語	熟語の読み
緬		●●か ●●い	はる(か) とお(い)	ベン メン	緬思 緬想 緬然 縮緬	めんし ※遥かにおもいやること めんそう めんぜん ※遥かなさま ちりめん
縞		●● ●●●●	しろぎぬ しま	コウ	縞柄 縞素	しまがら こうそ ※白い絹地
繋	繫	●●ぐ ●●がる ●かる ●●える ●●●	つな(ぐ) つな(がる) か(かる) とら(える) きずな	ケイ	繋囚 繋留	けいしゅう ※罪人を獄に入れること けいりゅう ※船などをつなぎとめること
繍	繡	●●●● ●●● ●●●しい	ぬいとり ※刺繍 にしき うつく(しい)	シュウ	繍閣 繍帳 錦繍 刺繍	しゅうこう ※美しく飾った高殿・婦人の部屋 しゅうちょう ※ぬいとりをしたとばり きんしゅう ししゅう
纂		●●める ●●●● ●ぐ	あつ(める) くみひも つ(ぐ)	サン	纂修 編纂	さんしゅう へんさん
纏	纒 纏	●●る ●●わる ●●う ●●める ●●●	まつ(る) まつ(わる) まと(う) まと(める) まとい	テン	纏足 纏綿 纏絡	てんそく ※中国で女児に施した布を巻き、あしの発育を止める風習 てんめん ※まといつくこと てんらく ※まつわりからむこと

ヒント この漢字は、「糸」と音符「面（顔を向けるの意）」から成り、目的に向かって、遠くのものをたぐるように引き寄せるような思い、はるかの意味を表す。

部首	漢字	旧字体等	訓読み（問題）	訓読み	音読み	熟語	熟語の読み
羊 ひつじ ひつじへん	羨		●●●む ●●る ●●●●	うらや(む) あま(る) はかみち＝延	セン ゼン エン	羨望 羨溢 羨道	せんぼう ※類義語は「嫉妬《しっと》」 せんいつ ※余りあふれること えんどう ※墓室へのみち
羽 はね	翠	翆	●●●● ●●●	かわせみ みどり	スイ	翡翠	ひすい ※かわせみの異称・みどり色の玉
	翫	翫	●●●●ぶ ●●わう ●●●る ●●●る	もてあそ(ぶ) あじ(わう) あなど(る) むさぼ(る)	ガン	翫味 翫弄	がん(＝玩)み がんろう
	翰	翰	●● ●● ●●● ●ぶ ●●	ふで ふみ てがみ と(ぶ) みき	カン	翰札 翰藻 翰飛 翰墨 翰林	かんさつ ※手紙 かんそう ※詩や文章 かんぴ ※高くとぶこと かんぼく ※ふでと、すみ・文学のこと かんりん ※文人や学者の仲間・官名
	耀	耀	●●●く	かがや(く)	ヨウ	光耀	こうよう
而 しかして しこうして	而		●●して ●●れども ●●も ●●るに ●●●	しか(して) しか(れども) しか(も) しか(るに) なんじ	ジ	形而上	けいじじょう

羨　ヒント　この漢字は、「羊(ご馳走の意)」と音符「次(よだれ)」から成り、ご馳走によだれを流す、うらやむの意味を表す。

翫　ヒント　この漢字は、「習(なれ親しむ意)」と音符「元(めぐる意)」とから成り、一つのものをめぐって、なれ親しむ、もてあそぶの意味を表す。

翰　ヒント　この漢字は、「羽」と音符「倝(旗竿の意)」とから成り、羽で作ったふで、ふみの意味を表す。

部首	耳 みみ みみへん				聿 ふでづくり	肉 にく 月 にくづき		
漢字	耽	聡	聯	聾	肇	肋	肘	股
異体字			聨	＊				
訓	●●る ●●●●い	●●い	●●なる ●●ねる		●●める ●●め	●●●	●●	●● ●●
訓読み	ふけ(る) おくぶか(い)	さと(い)	つら(なる) つら(ねる)		はじ(める) はじ(め)	あばら	ひじ	もも また
音読み	タン	ソウ	レン	ロウ	チョウ	ロク	チュウ	コ
用例	耽美 耽溺	聡明 聡恵	聯珠 蟬聯 対聯	聾唖	肇国 肇秋 肇造	肋骨 鶏肋	折肘	股引 股関節 股肱 股戦 股栗
読み	たんび たんでき	そうめい そうけい	れんしゅ せんれん ※せみの鳴き声のように続くこと ついれん	ろうあ	ちょうこく ※くにを興すこと ちょうしゅう ※あきのはじめ ちょうぞう ※初めてつくること	ろっこつ けいろく ※にわとりのあばら骨(役に立たないが棄て難いもののたとえ)	せっちゅう	ももひき こかんせつ ここう ※ももと、ひじ(頼りとする重要な家来・腹心) こせん ※またが震えること こりつ ※またが震えること

ヒント この漢字は、「戸+攵(たたく)」と「聿(筆)」から成り、書きはじめる、はじめるの意味を表す。

漢字	訓（書き）	訓読み	音読み	熟語	熟語の読み
肴	●●●	さかな	コウ	肴核 佳肴 酒肴	こうかく ※さかなと果物・ご馳走 かこう ※よい酒のさかな しゅこう
肱	●●	ひじ	コウ	股肱	ここう ※対義語は「元首」
胤	●●	たね	イン	胤嗣 落胤	いんし ※跡継ぎ らくいん ※身分の高い男が正妻以外に生ませた子供
胡	●●●● ●●● ●●ぞ ●●●● ●●●き ●●り ●●●んぞ	あごひげ えびす なん(ぞ) でたらめ ながい(き) みだ(り) いずく(んぞ)	コ ゴ ウ	胡夷 胡言 胡髯 胡粉 胡麻 胡散 胡乱 胡桃	こい ※異民族 こげん ※でたらめなことば こぜん ※あごひげ ごふん ※おしろい ごま うさん ※怪しいこと うろん ※いい加減であること くるみ
脇	●● ●●●ら	わき かたわ(ら)	キョウ	脇役 脇息	わきやく きょうそく ※肘掛け

ヒント　この漢字は、「月(肉)」と音符「爻(交えるの意)」とから成り、いろいろな肉を交えたご馳走の意味を表す。日本では、飲酒の際に添える料理(菜)で「さかな(酒菜)」。

ヒント1　この漢字は、「月(肉)」と音符「古(ぼんやりしている意)」から成り、肉なのか、あごひげなのか分からない意味を表す。また、ぼんやりして分からない、遠くのえびすの地も表す。更に、借りて、なんその助字にも用いる。

ヒント2　北方族を胡(えびす)というのは、顎下に瘤を病む者が多いから、との説もある。

93

脆	脆	●●い ●●い ●●らかい ●●い	もろ(い) よわ(い) やわ(らかい) かる(い)	セイ ゼイ	脆怯 脆弱 脆美 脆味	ぜいきょう ぜいじゃく ※対義語は「強靭《きょうじん》」「頑丈《がんじょう》」 ぜいび ※軟らかくておいしいこと ぜいみ
脊		● ●●	せ せい	セキ	脊椎 脊髄	せきつい せきずい
腔	腔	●● ●●●	から からだ	クウ コウ	口腔	こうこう
腎		●●●	かなめ	シン ジン	肝腎	かんじん
腫		●れる ●●●●	は(れる) はれもの	シュ ショウ	腫瘍 浮腫	しゅよう ふしゅ
腺		●●	すじ	セン	汗腺	かんせん
膏		●●● ●える ●●●す ●●む	あぶら こ(える) うるお(す) めぐ(む)	コウ	膏火 膏雨 膏薬 軟膏	こうか ※脂を燃やしたひ こうう ※草木に栄養を与えるあめ こうやく なんこう
腿	腿	●●	もも	タイ	大腿部	だいたいぶ

ヒント（脆） この漢字は、「月(肉)」と音符「危(絶の省略体)」から成り、切れやすい肉から、もろい、やわらかいの意味を表す。

ヒント（膏） この漢字は、「肉」と音符「高(皦に通じ、つやのある白の意)」とから成り、白いあぶらの意味を表す。

	膝		●●	ひざ	シツ	膝行 膝下	しっこう ※ひざを地面につけて進むこと・恐れ慎むさま しっか ※ひざもと・主君や親の近くのこと
	膳		●●える ●●●	そな(える) かしわ ※天皇の料理人(柏を食器としたから)	セン ゼン	膳部 供膳	ぜんぶ ※揃えられたご馳走・宮廷の料理人 きょうぜん
	臆	*	●●●●る ●●する	おしはか(る)＝憶 おく(する)	オク	臆説 臆測 臆断 臆病 臆面	おくせつ おくそく おくだん おくびょう おくめん
	膿		●● ●む	うみ う(む)	ドウ ノウ	膿汁 化膿	のうじゅう かのう
臣《しん》	臥		●す ●●●	ふ(す) ふしど	ガ	臥行 臥床 臥内 臥龍 雲臥 横臥 起臥 病臥 露臥	がぎょう がしょう がだい ※寝室の中 がりょう うんが ※くものかかった高山に寝ること・隠遁すること おうが きが びょうが ろが ※野宿
臼《うす》	臼		●●	うす	キュウ	臼歯	きゅうし

部首	漢字	旧字	読み	訓読み	音読み	熟語	熟語の読み
舌 した	舘		●●● ●● ●●	やかた たて たち	カン		
舛 まいあし	舛		●●く ●●●る ●●●じる	そむ(く) あやま(る) いりま(じる)	セン	舛逆 舛誤 舛互 舛午 舛錯	せんぎゃく ※背きさからうこと せんご ※あやまること せんご ※背き違うこと せんご ※背き違うこと せんさく ※背き乱れること
	舜	舜	●●●	むくげ＝木槿	シュン	舜華	しゅんか ※むくげの花、美人のたとえ
舟 ふね ふねへん	舵		●●	かじ	タ ダ	舵手 面舵	だしゅ ※船のかじをとる人 おもかじ
	舷		●●●● ●●●●	ふなべり ふなばた	ゲン	舷側 舷窓	げんそく げんそう
艮 ねづくり ごんづくり	艮		●●●●	うしとら	コン ゴン		
色 いろ	艶		●●●かしい ●●やか ●● ●●●む	なまめ(かしい) あで(やか) つや うらや(む)	エン	艶姿 艶羨 艶聞 艶冶 妖艶	えんし えんせん えんぶん えんや ようえん ※対義語は「清楚《せいそ》」
艹 艹	苅		●る	か(る)	ガイ	苅除 揃苅	がいじょ せんがい ※かりそろえる

ヒント この漢字は、両足が反対に向いたさまに象り、そむくの意味を表す。

艸 くさかんむり そうこう

漢字	訓読み（練習）	訓読み	音読み	熟語	読み
芥	●●● ●●● ●●さい	からし あくた ※ごみ ちい(さい)	カイ ケ	芥川 芥視 芥舟 芥子 塵芥 土芥	あくたがわ かいし ※塵あくたのように見下すこと かいしゅう ※小さなふね けし じんかい どかい ※価値のないもののたとえ・対義語は「金玉《きんぎょく》」
芹	●●	せり	キン	芹献	きんけん ※贈り物を謙遜した語
芯	●●●●●●	とうしんぐさ	シン		
芭	●		ハ・バ	芭蕉	ばしょう
芙	●●	はす	フ	芙蓉	ふよう
苑	●● ●●がる	その ふさ(がる)	エン オン ウツ	苑地 苑結 御苑	えんち えんけつ ※心が塞がること ぎょえん
苛	●●しい ●●い ●●●む ●●める ●●●わしい ●●だつ ●●い	きび(しい) むご(い) さいな(む) いじ(める) わずら(わしい) いら(だつ) から(い)	カ	苛虐 苛酷 苛責 苛切 苛煩 苛烈	かぎゃく かこく かしゃく かせつ ※厳しいこと かはん ※わずらわしい かれつ ※厳しくはげしいこと・類義語は「峻厳《しゅんげん》」

ヒント（苑）　この漢字は、「艸」と音符「夗(園の意)」から成り、草原に広がるそのを表す。

ヒント1（苛）　この漢字は、「艸」と音符「可(小さい意)」から成り、「呵」に通じて、大声でせめさいなむ、きびしくするの意味を表す。

ヒント2（苛）　この漢字は、雑草の意味から、わずらわしい、みだれるの意味を表す、との説もある。

茄	苫	苒	苔	苧	茅	苓	荊
		苒					剕
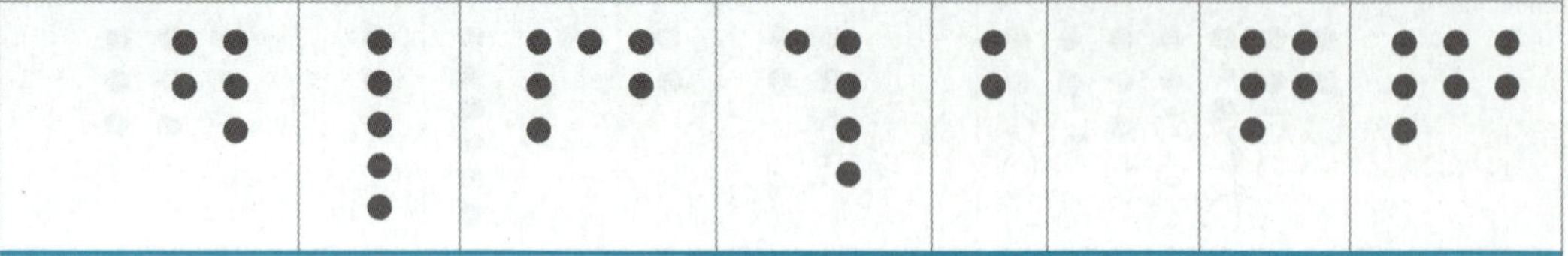							
はす なす なすび	とま むしろ		こけ	からむし お	かや ち ちがや	みみなぐさ	いばら むち
カ	セン	ゼン	タイ	チョ	ボウ	レイ リョウ	ケイ
茄子 茄袋	苫屋 苫塊	苒苒 荏苒		苧殻 苧麻	茅巻 茅屋 茅茨 茅舎	茯苓	荊妻
なす(び) かたい ※巾着の一種	とまや せんかい ※親の喪に服する時のむしろ	ぜんぜん ※しっとりと草の繁るさま じんぜん ※草木の繁るさま・しなやかなさま		おがら ※皮を剥いた麻の茎(盂蘭盆の飾りや迎え火の時焚いたりする) ちょま	ちまき ※端午の節句のちまき ぼうおく ※かや葺きの家・自分の家を謙遜した語 ぼうし ※ちがやと、いばら・屋根をふく材料 ぼうしゃ	ぶくりょう	けいさい ※自分のつまを謙遜した語(後漢時代の隠者梁鴻に嫁した孟光がいばらを髪に飾った故事から)

ヒント1 この漢字は、「艸」と音符「刑(とがっている意)」とから成る。

ヒント2 この漢字は、人の手足に枷を加えている形を象り、鞭打つためのいばらの意を表す、との説もある。

98

漢字		読み（問題）	訓読み	音読み	熟語	熟語の読み
茨	*	●●● ●●●●	いばら くさぶき	シ	茨菰	しこ ※くわい（水草で根を食用とする）
茸		●●る ●●●●● ●● ●●●	しげ(る) ふくろづの ※鹿の柔らかい角 たけ きのこ	ジョウ	松茸 茸茸 鹿茸	まつたけ じょうじょう ※草が盛んにしげるさま ろくじょう ※しかの角からできる薬
荏		● ●らか	え ※草の名 やわ(らか)	ジン ニン	荏弱	じんじゃく ※柔らかで、よわいこと
茜		●●●	あかね	セン	茜色 茜草	あかねいろ せんそう ※赤色の染料
莞		● ●●●	い ※イグサ科の多年草 むしろ	カン	莞爾 莞席	かんじ ※にっこり笑うさま かんせき ※いで織ったむしろ
荻		●●	おぎ	テキ	荻花 枯荻	てっか こてき
莫		●れ ●い ●●● ●●しい	く(れ) な(い) なかれ さび(しい)	ボ バク マク モ	莫逆之友 莫然 莫大 莫莫 暮春 寂寞 莫大小	ばくぎゃくのとも ※諍《いさか》いのない親しいともだち ばくぜん ※ひっそりしたさま ばくだい ばくばく ※草木がこんもり茂り覆い隠すさま ぼしゅん せきばく・じゃくばく メリヤス

ヒント この漢字は、「茻（草むらの意）」と「日」から成り、草原に日が沈むさま、くれの意味を表し、無い意味にも用いる。

萎		●える ●●む ●●れる ●●びる ●●れる	な(える) しぼ(む) しお(れる) しな(びる) つか(れる)	イ	萎黄 萎縮 萎凋 萎靡	いこう ※葉がしおれて、き色くなること いしゅく いちょう ※なえしぼむこと いび ※しおれて縮む・元気がなくなる
菅		●● ●●	すげ すが	カン	菅笠 菅薦 菅蒲	すげがさ すがごも かんぽ ※水辺のあし草の類
菰	菰	●● ●●●	こも ※水辺に生える草 まこも	コ	菰飯	こはん ※まこもの実のめし
菖		●●●●	しょうぶ	ショウ	菖蒲	しょうぶ・あやめ
莵	*菟莬莵	●●●	うさぎ	ト	於莵	おと ※虎(中国楚の方言)
菩				ホ・ボ	菩提	ぼだい
萌	萠	●●え ●●む ●●す ●える ●やし ●●	めば(え) めぐ(む) きざ(す) も(える) も(やし) たみ ※多くの人民 ＝氓	ホウ ボウ	萌葱(黄) 萌芽 萌乎 萌兆 萌隷	もえぎ ※きばんだ草木の芽の色 ほうが ※めばえ・類義語は「前兆《ぜんちょう》」 ほうこ ※動かないさま ぼうちょう ※きざし ぼうれい ※人民と召使い

ヒント この漢字は、「艸」と音符「委（なよやかな女性の意）」とから成り、なよやかな草の意味から、なえるの意味を表す。

萊	菱	萄	葦	葛	葵	萱	韮	萩
莱			*	葛			韭	
●●● ●●●	●●		●● ●●	●● ●●● ●●●● ●●●	●●●	●● ●●●●●	●●	●●
あかざ ※雑草の名 あれち ※草茂る荒れ地	ひし		あし よし	くず ※つる草の名 かずら ※つる草の総称 かたびら ※くずの繊維で織った布 つづら ※くずで編んだ籠	あおい	かや わすれぐさ	にら	はぎ
ライ	リョウ	トウ ドウ	イ	カツ	キ	カン ケン	キュウ	シュウ
萊蕪 蓬萊	菱花	葡萄	葦毛 葦簀 葦席	葛衣 葛藤	向日葵	萱堂	辣韮	萩花
らいぶ ※雑草の生い茂った荒れ地 ほうらい	りょうか	ぶどう	あしげ ※白に黒や濃褐色の毛がまいった馬の毛 よしず いせき	かつい かっとう ※いざこざ・心の迷い（蔓が身に纏い付く困難にたとえる）・類義語は「悶着《もんちゃく》」	ひまわり	けんどう ※母親（中国では、母親が北座敷に居り庭にわすれ草を植えたことから）	らっきょう	しゅうか

漢字	異体字	読み（●）	訓読み	音読み	熟語	熟語の読み
葺	*	●く ●●●う	ふ(く) つくろ(う)	シュウ	葺屋 葺繕 補葺	しゅうおく ※茅ぶきのやね しゅう(＝修)ぜん ほしゅう ※足りないものをおぎない集めること
葱		●● ●● ●い	ねぎ き あお(い)	ソウ	葱坊主 葱根 葱青 葱白 葱碧	ねぎぼうず そうこん そうせい ※草木のあおいめばえ そうはく ※淡い藍色 そうへき ※青々としていること
董		●●す ●●●まる	ただ(す) とりし(まる)	トウ	董正 董督 董理 骨董	とうせい ※治めただすこと とうとく ※正し取り締まること とうり ※正し治めること こっとう
葡				ホ・ブ	葡萄	ぶどう
葎		●●●	むぐら ※雑草	リツ		
蓋	*葢	●●う ●●い ●●し ●● ●●	おお(う) おお(い) けだ(し) ふた かさ	ガイ コウ	蓋棺 蓋世 天蓋	がいかん ※人が死ぬこと がいせい ※気力が雄大なこと(項羽の故事から) てんがい ※空
蓑		●●	みの	サ サイ	蓑衣 蓑笠 腰蓑	さい さりゅう こしみの

ヒント　この漢字は、「艸」と音符「咠(寄せ集める意)」から成り、かやを寄せ集めて屋根をふくの意味を表す。

蒜	蒔	蒐	蒼	蒲
●● ●●●●	●える ●く	●●める ●り	●● ●●い ●●る ●●びる ●●●●しい	●● ●●●●● ●●●
ひる にんにく	う(える) ま(く)	あつ(める) か(り)	あお あお(い) しげ(る) ふる(びる) あわただ(しい)	がま ※淡水の水辺の草の名 かわやなぎ むしろ
サン	シ ジ	シュウ	ソウ	ホ ブ フ
石蒜	蒔絵 蒔植	蒐集 蒐狩 蒐索	蒼海 蒼渇 蒼古 蒼山 蒼卒 蒼天 蒼白 蒼民	蒲車 蒲席 蒲柳 蒲団
せきさん ※毒草	まきえ じじょく ※移してうえること	しゅうしゅう しゅうしゅ ※かり しゅうさく ※集めもとめること	そうかい そうかつ ※古びて艶のないあお色のさま そうこ ※ふるめかしいこと そうざん そうそつ ※慌ただしいこと そうてん そうはく そうみん ※国家や社会を構成する人々	ほしゃ ※揺れ防止のため、くるまの輪をがまで包んだ ほせき ほりゅう ※かわやなぎ・か弱い身体 ふとん

ヒント この漢字は、「艸」と音符「倉」から成る。

漢字	異体		訓読み	音読み	熟語	読み
蒙		●●う ●●●る ●●い ●●ない	おお(う) こうむ(る) くら(い) おさ(ない)	ボウ モウ	蒙古 蒙耳 蒙塵 蒙稚 蒙昧 啓蒙	もうこ もうじ ※みみを覆うこと もうじん ※頭にちりをかぶること・天子が都から逃げること もうち ※幼いこと もうまい ※愚かで道理にくらい けいもう
蓉				ヨウ	芙蓉	ふよう
蓮		●● ●●●	はす はちす	レン	蓮華草	れんげそう
蔭		●● ●●● ●●う ●●る	かげ おかげ おお(う) しげ(る)	イン	蔭位 蔭鬱 蔭蔽	いんい ※父祖の手柄のおかげで得る身分や職階 いんうつ ※木がこんもりと茂るさま いんぺい ※覆いかくすこと
蔚				ウツ イ	蔚然 蔚蔚	うつぜん ※草木がこんもり茂るさま うつうつ ※心が晴れやかでないさま
蔣	蒋	●●●	まこも ※草の名	ショウ		
蔦		●●	つた	チョウ		

ヒント1 この漢字は、「艸」と音符「冡(頭部が毛で覆われた豚)」から成り、おおう、くらいの意味を表す。

ヒント2 この漢字は、獣の皮を披いた形で、それを身におおう意味を表す、との説もある。

蔑	*	●●●む ●●●●ろ ●●する ●●さい ●い	さげすむ ないがしろ なみする ちいさい くらい	ベツ	蔑視 蔑爾 軽蔑 侮蔑	べっし べつじ ※軽んじること・小さくて目にとまらないさま けいべつ ぶべつ
蔓	*	●● ●●●る ●●む	つる はびこる からむ	バン マン	蔓引 蔓延 蔓生 手蔓	まんいん まんえん ※類義語は「横行《おうこう》」「跳梁《ちょうりょう》」 まんせい てづる ※類義語は「縁故《えんこ》」
蓬	蓬	●●●	よもぎ	ホウ	蓬頭	ほうとう ※毛の乱れたあたま
蔀		●●● ●●い	しとみ おおい	ホウ ブ	蔀首	ほうしゅ ※古代暦法上の語
蕎				キョウ	蕎麦	きょうばく・そば
蕨	*	●●●	わらび	ケツ	蕨手	けっしゅ ※わらびの若芽
蕉				ショウ	芭蕉	ばしょう
蕊	蘂 蕋	●●	しべ	ズイ	雌蕊 雄蕊	めしべ・しずい おしべ・ゆうずい
蕃		●げる ●●える ●●● ●●●	しげる ふえる まがき=藩 えびす=蛮	バン ハン	蕃国 蕃息 蕃殖 蕃屏	ばんこく ※えびすの地 ばんそく ※盛んに増えること はんしょく はんべい ※外側を取り巻く囲い・垣根となるもの

ヒント この漢字は、「艸」と音符「番(ひろがる意)」から成り、草が生えしげる、ふえるの意味を表す。

蕩	蕪	蔽
		蔽
●●く ●●ける ●びやか ●●●●● ●●す ●●う ●●う	●れる ●●る ●●れる ●●●	●●う ●●い ●●める ●●い
うご(く) とろ(ける) の(びやか) ほしいまま みだ(す) はら(う) あら(う)	あ(れる) しげ(る) みだ(れる) かぶら	おお(う) おお(い) さだ(める) くら(い)
トウ	ブ	ヘイ
蕩志 蕩舟 蕩心 蕩尽 蕩然 蕩揺 放蕩	蕪荒 蕪雑 蕪辞 蕪蔓 荒蕪	蔽晦 蔽護 蔽獄 蔽遮 蔽塞 隠蔽 遮蔽
とうし ※気を紛らわすこと とうしゅう ※ふねを動かすこと とうしん ※心をとろかし乱すこと とうじん ※使い果たすこと・対義語は「蓄財」 とうぜん ※ほしいままなさま とうよう ※ゆれ動くこと・ゆり動かすこと ほうとう ※類義語は「道楽」	ぶこう ※雑草が乱れ茂ること ぶざつ ※雑草が生い茂ること ぶじ ※粗末な言葉・自分の言葉を謙遜していう語 ぶまん ※荒れ果てること こうぶ ※対義語は「肥沃《ひよく》」	へいかい ※覆われて事理にくらいこと へいご ※覆い庇うこと へいごく ※裁判で不当な判決を下すこと へいしゃ へいそく いんぺい ※対義語は「暴露」・類義語は「秘匿《ひとく》」 しゃへい
ヒント この漢字は、「艸」と音符「湯(揺れうごく水の意)」から成り、草木が自由に動くという意味から、うごく、ほしいままの意味を表す。	ヒント この漢字は、「艸」と音符「無(豊か、覆い隠すの意)」から成り、草がおおってしまう程あれるの意味を表す。	ヒント この漢字は、「艸」と音符「敝(やぶる意)」から成り、草がおおいかぶさる、おおうの意味を表す。

106

薙		●ぐ ●る ●る	な(ぐ) か(る) そ(る)	テイ チ	薙刀 なぎなた・ていとう 薙髪 ちはつ・ていはつ ※頭の毛を剃ること

ヒント この漢字は、「艸」と音符「雉(傷つけ殺す意)」から成り、草を除去する意味を表す。

蕗		●●	ふき	ロ	石蕗 つわぶき 蕗草 ろそう
薗		●●	その	エン オン	
薩	薩			サツ	薩摩 さつま 菩薩 ぼさつ
薯	薯	●●	いも	ショ ジョ	馬鈴薯 ばれいしょ 自然薯 じねんじょ
藁		●●	わら	コウ	草藁 そうこう
藪	薮	●● ●●	やぶ さわ	ソウ	藪沢 そうたく ※草木が群がる湿地 竹藪 たけやぶ

ヒント この漢字は、「艸」と音符「數(数多いの意)」から成り、鳥獣の多く集まる所、さわ、やぶの意味を表す。

藤		●●	ふじ	トウ	藤棚 ふじだな
藍		●●	あい	ラン	藍染め あいぞ(め) 藍田 らんでん ※中国の美玉の産地
藷	藷	●● ●●●●●	いも さとうきび	ショ	甘藷 かんしょ

蘇	蘭	虎	虹	虻	蚤	蛋	蛙	蛤
		虍 とらがしら とらかんむり	虫 むし むしへん					
				＊蝱				
●● ●●●●る	●●●●● ●●●●	●●	●● ●●	●●	●● ●●い ●●	●● ●●● ●●●	●●● ●●ら	●●●●
ふさ よみがえ(る)	ふじばかま あららぎ ※行者にんにくの古名	とら	にじ はし ※橋の事	あぶ	のみ はや(い)＝早 つめ	あま＝海女 えびす たまご	かえる みだ(ら)	はまぐり
ソ ス	ラン	コ	コウ	ボウ モウ	ソウ	タン	ア ワ	コウ
蘇生 蘇芳 紫蘇		虎穴 虎口	虹彩 虹橋	虻蜂 蚊虻	蚤甲 蚤起 蚤暮	蛋白質 蛋民	蛙角 蛙声 井蛙	蛤柱
そせい すおう しそ		こけつ ここう	こうさい こうきょう ※にじ形のはし	あぶはち ぶんぼう	そうこう ※爪のこう そうき ※朝早くおきること そうぼ ※朝と夕方	たんぱくしつ たんみん ※中国南方の水上生活する人々	あかく ※髪型の一つ あせい ※かえるの鳴きごえ・みだらなこえや音楽 せいあ ※世間知らずなこと	こうちゅう

ヒント この漢字は、「虫」と音符「叉(爪の古字)」から成り、爪で潰す虫「のみ」を表す。また、「早」と同音で通用する。

漢字	別体	訓（伏せ字）	訓	音	熟語	読み・意味
蛭		●●	ひる	シツ テツ		
蛛		●●	くも	チュ シュ	蜘蛛	ちちゅ
蜎		●●●しい	うつく(しい)	ケン エン	嬋蜎 聯蜎	せんけん ※女性・花月などの美しいさま れんえん ※女の子の美しい眉
蛾		●●● ●●	まゆげ あり	ガ ギ	蛾眉 蛾術	がび ぎじゅつ ※小さいアリが大きいアリに学び塚を築くように、聖人に習うべきだ、ということ
蛸	蛸	●●	たこ	ショウ	蛸足	たこあし
蜂		●● ●●がる	はち むら(がる)	ホウ	蜂蜜 蜂起	はちみつ ほうき ※はちが群がるように、事件や兵乱があちこちでおこること
蜘		●●	くも	チ	蜘網	ちもう
蜜				ビツ・ミツ	蜜月	みつげつ
蝦		●● ●●	えび がま	カ ガ	蝦姑	かこ・しゃこ ※エビに似た節足動物
蝕	蝕	●●●む	むしば(む)	ショク	浸蝕 月蝕	しんしょく ※水がしみ込み物を損なうこと げっしょく
蝶				チョウ	蝶番	ちょうつがい

衣 ころも　ネ ころもへん

漢字	異体字	訓（送り）	訓読み	音読み	熟語	読み
螺		●● ●● ●● ●●●●	つぶ にし にな ほらがい	ラ	螺旋 螺髪 螺糸 法螺 田螺	らせん らはつ・らほつ ※仏の頭の毛 ねじ ほら たにし
蟬	蝉	●● ●●●しい ●●く	せみ うつく(しい) つづ(く)	セン ゼン	蟬羽 蟬嫣 蟬脱 蟬鬢	せんう せんえん ※せみの鳴き声のように続くさま せんだつ ※さっぱりとぬけ出ること せんびん ※せみの羽のように薄く梳いた髪型・女性のこと
蟹	蠏	●●	かに	カイ	蟹行 蟹眼	かいこう ※横這いに歩くこと・横文字(西洋の文字) かいがん ※沸き立つお湯の泡のたとえ
蟻		●● ●● ●●い	あり くろ くろ(い)	ギ	蟻穴 蟻酸 蟻裳	ぎけつ ぎさん ぎしょう ※黒いもすそ
蠅	*蝿	●●	はえ	ヨウ	蠅利	ようり ※はえの頭程の僅かな益
蠣	蛎	●●	かき	レイ	牡蠣	かき・ぼれい
蠟	蝋			ロウ	蠟燭	ろうそく
衿		●●	えり	キン	衿契	きんけい ※心の奥底を開いて交わること
袈				ケ	袈裟	けさ

見 みる

漢字	異体字		訓読み	音読み	熟語	熟語の読み
袖		●●	そで	シュウ	袖珍本 領袖	しゅうちんぼん ※そでに入れ持ち運べる小さい書物 りょうしゅう ※かしら・類義語は「主席」
袷		●●●	あわせ ※裏地付きの着物	コウ		
袴		●●● ●●●●	はかま ももひき	コ	衣袴	いこ
裡		●● ●●	うら＝裏 うち	リ	秘密裡 庫裡	ひみつり くり
裟				サ		
裾		●●	すそ	キョ	据分け 据据	すそわ(け) きょきょ ※偉そうに構えるさま
裳		● ●●●	も ※長いスカート状の衣服 もすそ	ショウ	裳据 裳衣 衣裳	もすそ しょうい いしょう（＝装）※類義語は「装束《しょうぞく》」
襖	襖	●●●● ●●● ●●	わたいれ ふすま あお ※綿入れの衣	オウ	襖袴	あおばかま
覗		●●●う ●●く	うかが(う) のぞ(く)	シ		

ヒント この漢字（袴）は、「衣」と音符「夸(またぐの意)」とから成り、ズボン、ももひきの意味を表す。

ヒント この漢字（覗）は、「見」と音符「司(祝祷の器を開いた形、神意を伺う意)」から成り、うかがう、のぞくの意味を表す。

言《げん》 ごんべん

漢字	異体	訓読み	音読み	熟語	読み・意味	ヒント
訊	*	たず(ねる)、と(う)、き(く)、たよ(り)	シン、ジン	訊検、訊責、訊問、審訊、音訊	じんけん ※たずね調べること、じんせき、じんもん、しんじん、おんしん(=信)	
訣		わか(れる)、おくぎ ※極意	ケツ	訣別、永訣、辞訣、秘訣	けつ(=決)べつ、えいけつ、じけつ ※別れの言葉を述べること、ひけつ	この漢字は、「言」と音符「夬(物を分ける意)」から成り、わかれの言葉の意味を表す。
詑		あざむ(く)	タ			
註	*	ときあか(す)	チュウ	註釈、脚註	ちゅうしゃく、きゃくちゅう	
詣		いた(る)、もう(でる)、まい(る)	ケイ	詣拝、参詣、造詣、遊詣	けいはい、さんけい、ぞうけい ※類義語は「学識」、ゆうけい	この漢字は、「言」と音符「旨(指に通じ、美味しいものに食指を動かす意)」から成り、いたるの意味を表す。
詮	詮	あきらか、そな(わる)、しら(べる)、えら(ぶ)	セン	詮議、詮衡、詮索、詮証、所詮	せんぎ ※明らかにし相談した上で決めること・罪人をしらべること、せんこう ※選んで調べること、せんさく ※調べ求めること、せんしょう ※事実を揃え詳しく解明すること、しょせん ※類義語は「結局」	この漢字は、「言」と音符「全(そなわる意)」から成り、そなわっているの意味を表す。

詑		●びる ●●る ●	わ(び) ほこ(る) わび	タ			
誼		●い ●●●● ●●●	よ(い)＝宜 すじみち＝義 よしみ	ギ	恩誼 交誼 高誼 友誼	おんぎ こうぎ こうぎ ※厚情 ゆうぎ	ヒント この漢字は、「言」と音符「宜(よろしい)」から成り、正しい道の意味を表す。
諏	*	●●る ●う	はか(る) と(う)	シュ ス	諏謀 諏訪 諮諏	しゅぼう ※意見を集め相談すること しゅほう ※問いはかること ・すわ(地名) ししゅ	ヒント この漢字は、「言」と音符「取(聚に通じ、集まるの意)」から成り、人が集まって談ずる、はかるの意味を表す。
誰		●● ●● ●	だれ たれ た	スイ	誰何	すいか ※素性がはっきりしない人を調べること	
誹	*	●●る	そし(る)	ヒ	誹謗 誹誉	ひぼう ※そしり ひよ ※そしりと、ほまれ	
諒		●● ●●●●る ●●る	まこと おもいや(る) さと(る)	リョウ	諒闇 諒解 諒察 諒承 諒恕	りょうあん ※天子が喪に服する室 りょうかい ※真意を思い遣って認容すること りょうさつ ※思い遣ること りょうしょう りょうじょ ※思い遣り、許してあげること	ヒント この漢字は、「言」と音符「京(量に通じ、はかるの意)」から成り、相手の心をおもいはかる、まことの意味を表す。

漢字	異体字	訓	訓読み	音読み	熟語	熟語の読み・意味
謂		●う ●●れ ●●	い(う) いわ(れ) いい	イ	所謂	いわゆる
諫	諌	●●める	いさ(める)	カン	諫言 諫輔 諷諫	かんげん ※いさめることば・忠告 かんほ ※いさめ補佐すること ふうかん ※仄《ほの》めかしていさめること
諺	諺	●●●●	ことわざ	ゲン	諺語 諺言 名諺 俗諺	げんご ※ことわざ げんげん ※ことわざ めいげん ぞくげん
諜		●●●う ●●る ●●す ●●	うかが(う) さぐ(る) しめ(す) ふだ	チョウ	諜諜 諜報 間諜	ちょうちょう ※よくしゃべるさま ちょうほう ※敵情をさぐって知らせること かんちょう ※スパイ・類義語は「隠密《おんみつ》」
諦		●●●らか ●●●める ●●●	つまび(らか) あきら(める) まこと	テイ タイ	諦観 諦思 諦聴 審諦 要諦 真諦	ていかん ※あきらめること・よくみること ていし ※つまびらかによく考えること ていちょう ※注意してよくきくこと しんてい ※つまびらか・明らか ようてい ※肝要な悟り しんたい ※深い道理
謎	謎	●●	なぞ	ベイ メイ	謎語	めいご

ヒント（諜） この漢字は、「言」と音符「枼(木の葉の意)」から成り、言葉を書き記す、薄いふだの意味を表す。また、「覘(うかがう意)」に通じ、スパイの意味も表す。

ヒント（諦） この漢字は、「言」と音符「帝(しめくくる意)」から成り、言葉でしめくくり、つまびらかにする意味を表す。

部首	漢字	旧字体	書き取り	訓読み	音読み	熟語	読み・意味
	謬	謬	●●●る	あやま(る)	ビュウ	謬計 謬見 謬説 謬舛 誤謬 大謬	びゅうけい ※誤算 びゅうけん ※誤った考え びゅうせつ ※誤り違う考え びゅうせん ※誤り違うこと ごびゅう だいびゅう
	讃	讚	●める ●●える ●●ける	ほ(める) たた(える) たす(ける)	サン	讃辞 讃助 画讃	さんじ さんじょ がさん ※絵の上や脇に添えた詩文
豸 むじなへん	豹	*			ヒョウ	豹変	ひょうへん
	貌		●●● ●●●	かたち すがた	ボウ	全貌 美貌 容貌	ぜんぼう ※対義語は「一斑《いっぱん》」 びぼう ようぼう ※類義語は「器量《きりょう》」
貝 かい こがい かいへん	貰		●●う ●りる ●●す	もら(う) か(りる) ゆる(す)	セイ	貰赦 貰貸	せいしゃ ※許すこと せいたい ※かしと、借り
	貼		●る ●ける	は(る) つ(ける)	チョウ テン	貼示 貼付 貼用 補貼	ちょうじ ちょうふ ※はりつけること ちょうよう ※はりつけて使うこと ほちょう ※破れを繕うこと

ヒント この漢字は、「豸(模様のはっきりした豹)」と音符「皃(人の外見の形)」から成り、すがた、かたちの意味を表す。

ヒント この漢字は、「貝」と音符「世(曳に通じ、のばす意)」から成り、金銭の支払いをのばす意味を表す。

漢字	異体字	訓読み(問題)	訓読み	音読み	熟語	熟語の読み
賂		●●●う ●●●い	まいな(う) まいな(い)	ロ	賄賂	わいろ
賑		●●●す ●●わう ●●やか	ほどこ(す) にぎ(わう) にぎ(やか)	シン	賑救 賑給 賑窮 賑済 賑賜 殷賑	しんきゅう しんきゅう ※施し与えること・にぎわすこと しんきゅう ※施し助けること しんさい ※貧困者に施すこと しんし ※施したまうこと いんしん ※繁盛してにぎわうこと
賤	賎	●●い ●●しい ●●しい ●●しめる ●●	やす(い) あや(しい) いや(しい) いや(しめる) しず ※卑しいこと	セン ゼン	賤ヶ岳 賤価 賤息 賤買 賤劣 貴賤 卑賤 貧賤	しずがたけ せんか ※安い値段 せんそく ※愚かなむすこ せんばい ※安くかうこと せんれつ きせん ※身分が高いことと、低いこと ひせん ※対義語は「高貴」「貴顕」 ひんせん ※対義語は「富貴」
賭	賭	●●ける ●●	か(ける) かけ	ト	賭書 賭博	としょ ※書(文字)の優劣を争うこと とばく
贋		●●	にせ	ガン	贋作 贋札 贋造	がんさく ※類義語は「模造」 がんさつ がんぞう

ヒント（賑）　この漢字は、「貝」と音符「辰(ふるわす、振救の意)」から成り、人を救う施し物の意味から、にぎわすの意味を表す。

ヒント（賤）　この漢字は、「貝」と音符「戔(小さい・少ないの意)」から成り、金品が少ない意味から、身分がひくいの意味を表す。

部首	漢字		訓	訓読み	音読み	熟語	熟語の読み	ヒント
赤 あか	赫		●●い ●●ん ●●●く ●●い	あか(い) さか(ん) かがや(く) あつ(い)	カク	赫赫 赫灼 赫然 赫怒 赫烈	かくかく ※明らかなさま・盛んなさま かくしゃく ※赤く光輝くさま かくぜん ※かっと怒るさま・輝くさま かくど ※かっとおこること かくれつ ※激しく輝くさま・盛んなさま	この漢字は、火の光を浴びる人の象形で、火が真っ赤にかがやく、あかいの意味を表す。
走 はしる そうにょう	趨		●●る ●●●く ●●い ●●●す	はし(る) おもむ(く) はや(い) うなが(す) ※促す	スウ ソク シュ	趨向 趨勢 趨走 趨織 趨数	すうこう すうせい ※類義語は「動向」 すうそう ※速くはしること そくしょく ※こおろぎの異名 そくそく ※忙しくせまるさま	この漢字は、「走」と音符「芻(牧草を束ねる意)」から成り、歩幅を縮めてはしる意味を表す。
足 あし 𧾷 あしへん	跨		●● ●●ぐ ●●がる ●る	また また(ぐ) また(がる) よ(る)	コ	跨越 跨下 跨拠 跨線橋 跨年	こえつ ※またがること・渡りこえること こか こきょ ※またがって占有すること こせんきょう こねん ※二年にまたがること	
	蹄	*	●●	ひずめ わな	テイ	蹄鉄 馬蹄	ていてつ ばてい	
	蹟		●●	あと	セキ シャク	蹟意 筆蹟 史蹟	せきい ※筆遣いのあとと工夫 ひっせき しせき	
	蹴		●る ●●●ける	け(る) ふみつ(ける)	シュウ ショク	蹴球 蹴踏 蹴然	しゅうきゅう ※フットボール・サッカー しゅうとう ※ふみつけること しゅくぜん ※恐れて安んじないさま	

車
くるま
くるまへん

軀

＊躯

●●●
●●●

からだ
むくろ

ク

痩軀	そうく
体軀	たいく
病軀	びょうく

輔

●●ける
●●

たす(ける)
すけ ※助

ホ フ

輔佐	ほさ
輔車	ほしゃ ※密接な関係(くるまと、添え木にたとえた)
輔相	ほしょう
輔弼	ほひつ
左輔	さほ

ヒント この漢字は、「車」と音符「甫(扶に通じ、助ける意)」から成り、車の添え木の意味から、たすけるの意味を表す。

輿

●●
●●●
●せる
●●い
●●●●●
●●め

こし
くるま
の(せる)
おお(い)
めしつかい
はじ(め) ※車を作るには「こし」から始めるから

ヨ

輿尸	よし ※戦死者を担いで帰ること
輿薪	よしん ※車に載せたたきぎ・大きいもののたとえ
輿図	よず ※ちず
輿望	よぼう ※世上の人気
輿隷	よれい ※こしを担ぐ人・召使い
輿論	よろん
御輿	みこし
権輿	けんよ ※物のはじめ
神輿	しんよ ※みこし

ヒント この漢字は、「車」と音符「舁(二人が両手でかつぎ上げる意)」から成り、人力でかつぐくるまの意味を表す。借りて、おおくの人の意味に用いる。

輯

●●める
●●らぐ

あつ(める)＝集
やわ(らぐ)

シュウ

輯輯	しゅうしゅう ※風が柔らかく吹くさま
輯寧	しゅうねい ※和らぎ安らかなこと
輯穆	しゅうぼく ※和らぎむつまじくすること
輯睦	しゅうぼく ※和らぎむつまじくすること
輯録	しゅうろく ※集め記すこと
編輯	へんしゅう

ヒント この漢字は、「車」と音符「咠(集める意)」から成り、人や物をあつめてのせる車、あつめるの意味を表す。

部首	漢字	許容字体	送り	訓読み	音読み	熟語	読み
	轍		●●● ●●●● ●●	わだち ※車輪の跡 あとかた のり	テツ	轍魚 轍鮒之急 車轍	てつぎょ ※困窮しているもの（わだちに溜まった水で苦しむ魚から） てっぷのきゅう ※差し迫った危険 しゃてつ
	轟		●●●く ●●いに	とどろ(く) おお(いに)	ゴウ	轟音 轟酔	ごうおん ごうすい ※大いによっぱらうこと
	轡		●●● ●●●	たづな くつわ	ヒ	轡銜 轡頭 猿轡	ひかん ※手綱とくつわ ひとう ※手綱 さるぐつわ
辰 しんのたつ	辰		●● ● ●●	たつ ひ ※時刻につれて動く天体 とき	シン	辰年 辰宿 時辰 北辰	たつどし しんしゅく ※星座 じしん ※とき ほくしん ※ほっきょく星
辵 辶 しんにょう 辶 しんにゅう	辻	辻	●●	つじ		辻褄	つじつま ※始めと終わり・道理
	迂	迂	●●る ●●い ●●る	まが(る) うと(い) とお(い)	ウ	迂遠 迂回 迂闊 迂折 迂誕	うえん ※世の中に疎いこと・対義語は「卑近《ひきん》」 うかい ※対義語は「直行」 うかつ うせつ うたん ※まわりくどく大言を吐いて偽ること
	迄	迄	●●ぶ ●●	およ(ぶ) まで	キツ		
	辿	辿	●●る	たど(る)	テン		
	迦	迦			カ	釈迦	しゃか

ヒント この漢字は、「辶」と音符「乞(およぶ意)」とから成る。

迺	廼 迺	●●● ●●●ち ●	なんじ すなわ(ち) の	ダイ ナイ	迺公 迺父	だいこう ※われ だいふ ※なんじの男親
這	這	●の ●● ●う	こ(の) これ は(う)	シャ	這般 這裏	しゃはん ※このような しゃり ※この内・この辺り
逗	逗	●●まる ●●り	とど(まる) くぎ(り)	トウ ズ	逗留 逗子	とうりゅう ※対義語は「出立《しゅったつ》」 ずし
逢	逢	●う ●●える ●●きい ●●か	あ(う) むか(える) おお(きい) ゆた(か)＝豊	ホウ	逢迎 逢着	ほうげい ※出むかえて接待すること ほうちゃく ※出会うこと
遁	＊遁	●●れる ●●●みする	のが(れる) しりご(みする)	トン シュン ジュン	遁辞 遁世 遁走 遁巡 隠遁	とんじ ※言い逃れ とんせい とんそう ※退却すること・対義語は「追跡」 しゅんじゅん ※尻込みして戸惑うこと いんとん ※類義語は「脱俗」
逼	逼	●●る	せま(る)	ヒツ ヒョク	逼塞 逼奪 逼迫 脅逼	ひっそく ※迫りふさがること ひつだつ ※脅かしてうばうこと ひっぱく ※対義語は「安閑」 きょうひょく

ヒント（逢） この漢字は、「辶」と音符「夆（あうの意）」とから成る。

ヒント（遁） この漢字は、「辶」と音符「盾（身を隠す盾）」から成り、隠れてのがれるの意味を表す。

⻏ 邑 おおざと

漢字	異体字	読み（空欄）	訓	音	熟語	読み
遥		●●●う ●●か ●●い ●●い	さまよ(う) はる(か) とお(い) なが(い)	ヨウ	遥曳 遥役 遥遠 遥然 逍遥	ようえい ※はるかにひくこと ようえき ※戦争等ではるか遠くの地へ行くこと ようえん ※はるかにとおいこと ようぜん ※はるかなさま しょうよう
遡	遡	●●●●る ●かう	さかのぼ(る) む(かう)	ソ	遡及 遡源 遡上 遡遊	そきゅう そげん そじょう そゆう
遜	遜	●●れる ●●る ●●●●る ●●る	のが(れる) ゆず(る) へりくだ(る) おと(る)	ソン	遜遁 遜位 遜色 遜辞 不遜 謙遜	そんとん ※逃れること そんい ※帝の身分を譲ること そんしょく ※見劣ること そんじ ※逃げ口上 ふそん けんそん
遼		●●か	はる(か)	リョウ	遼遠 遼廓 遼遥	りょうえん ※対義語は「至近《しきん》」 りょうかく ※遠く広々していること りょうよう
邑		●● ●●● ●● ●●える	むら みやこ くに うれ(える)＝悒	ユウ オウ	邑居 邑落 邑里 阿邑 都邑	ゆうきょ ※むらざと ゆうらく ※むらざと ゆうり ※むらざと あゆう ※へつらい迎えるさま とゆう ※みやこと、むら
那		●●ぞ ●●●ぞ ●●	なん(ぞ) いかん(ぞ) なに	ダ ナ	那落	ならく ※地獄

ヒント　この漢字は、「辶」と音符「孫(遁に通じ、のがれる意)」から成り、のがれる、ゆずるの意味を表す。

酉
ひよみのとり
こよみのとり
とりへん

漢字	旧字	訓（伏せ字）	訓読み	音読み	熟語	熟語の読み
郁		●●●しい ●●ん	かぐわ(しい) さか(ん)	イク	郁郁青青 郁文 郁烈	いくいせいせい いくぶん ※文化に関する物が盛んであるさま いくれつ ※芳しさが激しいこと
耶			か	ヤ	耶馬台国 耶蘇教	や(邪)またいこく やそきょう ※キリスト教
鄭	＊鄭	●●●ろ	ねんご(ろ)	ジョウ テイ	鄭重 鄭郷	ていちょう ※対義語は「粗略」・類義語は「懇切《こんせつ》」 ていきょう ※ふるさと(後漢の鄭玄《じょうげん》という人物のふるさとという意味から)
酉		●● ●●●●●●	とり ひよみのとり ※「鳥」と区別していう語	ユウ		
酋	＊酋	●● ●●●	おさ かしら	シュウ	酋長	しゅうちょう
酎				チュウ	焼酎	しょうちゅう
醇		●●●ら ●●い	もっぱ(ら) あつ(い)＝厚い	シュン ジュン	醇乎 醇正 醇酎 醇篤 芳醇	じゅんこ ※混じり気が無いさま じゅんせい じゅんちゅう ※上等な酒 じゅんとく ※あつくねんごろなこと ほうじゅん
醒		●める ●ます	さ(める) さ(ます)	セイ	醒悟 醒酔 醒然 覚醒	せいご せいすい せいぜん かくせい

ヒント　この漢字は、「酉」と音符「享(厚みの意)」から成り、こくのある酒の意味。

部首	漢字	異体字	訓（伏せ字）	訓	音	用例	用例の読み
	醍				ダイ・テイ	醍醐	だいご ※乳を精製して得られる最上の美味なるもの・仏教の最高真理
	醐				コ・ゴ		
	醤	醬	●●●●● ●●●	ししびしお ※塩から類 ひしお	ショウ	醤油 魚醤	しょうゆ ぎょしょう
	醗	*醱	●●す	かも(す)	ハツ	醗酵	はっこう
采 のごめ のごめへん	采		●る ●●●● ●●● ●●	と(る) いろどり すがた うね	サイ	采女 采芹 采配 喝采	うねめ さいきん さいはい かっさい
金 かね きんへん	釘		●●	くぎ	チョウ・テイ	釘頭	ていとう
	釜	*	●●	かま	フ	釜飯 釜竈	かまめし ふそう ※かまと、かまど
	釦		●●る ●●●	かざ(る) ボタン	コウ		

ヒント　この漢字は、「爪(手の象形)」と「木(果に作るものもあり、木の実の意)」から成り、果物などをとりあつめるさまから、とるの意味を表す。

ヒント　この漢字は、「金」と音符「口」から成り、金属製器物の口、縁かざりの意味を表す。

漢字	異体字	訓	音	用例	読み
釧		うでわ くしろ ※装身具の腕輪	セン	釧路 根釧 腕釧	くしろ こんせん ※根室、釧路 わんせん
鈷			コ	独鈷	どっこ・とっこ
鉤	鈎	かぎ つりばり か(ける) おびどめ ま(がる)	ク コウ	鉤曲 鉤索 鉤餌 鉤欄 鉤鎌 帯鉤	こうきょく ※釣り針のようにまがること こうさく ※カギに引っかけて探り出すこと こうじ ※釣り針に付けたえさ こうらん ※折れ曲がっている手すり こうれん ※かぎ型のかま たいこう ※ベルトの留め金
鉦		かね	セイ ショウ	鉦鼓	せいこ・しょうこ ※陣中で用いるかね、たいこ
鉾		ほこ きっさき	ボウ ム	山鉾	やまほこ
銚	*	なべ ※吊り鍋の意 すき ※農具 とくり	チョウ ヨウ	銚子	ちょうし
鋪		し(く) みせ	ホ	鋪装 店鋪	ほそう てんぽ

ヒント（釧）　この漢字は、「金」と音符「川（めぐるの意）」から成り、腕にめぐらすうでわの意味を表す。

ヒント（鉤）　この漢字は、「金」と音符「句（曲がったカギの意）」から成り、金属製のかぎの意味を表す。

漢字	旧字体等	送り仮名	訓読み	音読み	熟語	読み
鋤		●● ●く	すき す(く)	ショ ジョ	鋤禾 鋤除 鋤治 鋤簾	じょか ※除草すること じょじょ ※取りのぞくこと・悪人を滅ぼすこと じょち ※土を均《なら》すこと・悪人を平らげること じょれん ※土砂をかき寄せる道具
鋒		●●●● ●● ●●●● ●●●●	ほこさき ほこ ほっさき さきがけ	ホウ	筆鋒 舌鋒	ひっぽう ※ふでの穂先 ぜっぽう ※言葉の矛先
鋲				ビョウ	画鋲	がびょう
錦		●●●	にしき	キン	錦衣 錦帳	きんい きんちょう
鋸		●●●● ●●	のこぎり のこ	キョ	鋸屑	きょせつ・のこくず
錐		●● ●●●い	きり するど(い)	スイ	立錐之地 円錐	りっすいのち ※きりを立てる程の僅かな場所 えんすい
錆	錆	●● ●びる	さび さ(びる)	ショウ セイ		
錫		●● ●● ●●●	すず つえ たまもの=賜	シャク セキ シ	錫杖 錫鉱 褒錫	しゃくじょう ※僧侶や修験者の持つつえ せきこう ほうしゃく ※ほめて、たまうこと
鍋		●●	なべ	カ		
鍔		●●	つば	ガク	剣鍔	けんがく
鍵	*	●●	かぎ	ケン	鍵盤	けんばん

漢字	異体字	訓	訓読み	音読み	熟語	読み
鍬		●● ●●	すき くわ	ショウ シュウ	鍬形	くわがた
鍾		●●●● ●●める ●●●●	さかずき あつ(める) つりがね	ショウ	鍾愛 鍾美 鍾乳洞	しょうあい ※大変かわいがること しょうび しょうにゅうどう
鍍		●●●	めっき	ト	鍍金	めっき・ときん ※対義語は「地金《じがね》」
錨		●●●	いかり	ビョウ	錨床 投錨 抜錨	びょうしょう ※甲板でいかりを置く場所 とうびょう ※いかりをおろすこと ばつびょう ※いかりをあげること・出帆
鎧		●●● ●●う	よろい よろ(う)	カイ ガイ	鎧袖一触 首鎧	がいしゅういっしょく ※一押しで敵を退けること しゅがい ※かぶと
鎗		●●	やり	ショウ ソウ	鎗金 鎗然	そうきん ※金蒔絵の類 そうぜん ※金属の楽器の音
鎚	鎚	●● ●●●●	つち かなづち	タイ ツイ	鉄鎚	てっつい
鎌		●●	かま	レン	利鎌 鉤鎌	とがま ※よく切れるかま こうれん

ヒント（鍾）　この漢字は、「金」と音符「重（ふくろの底に重りをつけた形で、もとは容器の意）」から成り、酒器、あつめる、などの意味を表す。また、「鐘（つりがね）」と通用する。

ヒント（鍍）　この漢字は、「金」と音符「度（わたすの意）」から成り、金や銀の薄いものを他の金属にかぶせる、めっきするの意味を表す。

門 もんがまえ かどがまえ

漢字	異体字・印		訓読み	音読み	熟語	熟語の読み
鏑		●●● ●●● ●●●●	やじり かぶら かぶらや	テキ	鏑矢 流鏑馬 鳴鏑	かぶらや やぶさめ めいてき
鐙		●●●● ●●●	たかつき ※金属製の高坏 あぶみ	トウ		
鐸		●●	すず	タク	銅鐸 風鐸 木鐸	どうたく ふうたく ぼくたく ※類義語は「教導《きょうどう》」
鑓	鑓	●●	やり		竹鑓	たけやり
閃	*	●●●く	ひらめ(く)	セン	閃影 閃光	せんえい せんこう
閏	*	●●●	うるう	ジュン	閏月 閏年 正閏	じゅんげつ じゅんねん・うるうどし せいじゅん ※平年とうるうどし・正しい系統とそうでないもの
閤		●●●● ●● ●●●●	くぐりど へや たかどの	コウ	重閤 太閤	ちょうこう ※かさなった高殿 たいこう

ヒント（鐙） この漢字は、「金」と、音符「登（高坏の意）」から成り、金属製のたかつきを表す。「金」と「登（のぼる）」から成るとして、乗馬時の金具（あぶみ）の意味にも用いる。

ヒント（閃） 門の中を人がちらっと過ぎるのを見るさまから、ひらめくの意味を表す。

阝 阜 こざとへん

漢字			訓読み	音読み	熟語	読み
闇	*	い	くら(い) やみ	アン	闇愚 闇莫 闇昧 諒闇	あんぐ あんばく あんまい りょうあん ※天子が服喪する室(まことにくらしの意)
阜		か	おか ゆた(か)	フ	阜財 阜成 阜陵	ふざい ※財物を豊かにすること ふせい ※立派に仕上げること ふりょう ※大きなおか
阪			さか	ハン	京阪	けいはん
阿		る る	くま ※山や川の曲がり入り組んだ所 よ(る) おもね(る) ひさし お ※名前の前に付ける愛称	ア	阿国歌舞伎 阿曲 阿従 阿世 阿片 阿呆 阿爺 阿諛 山阿	おくにかぶき ※江戸初期、出雲大社の巫女《みこ》と称するおくにが始めた演劇 あきょく ※おもねりまがること あじゅう ※おもねりしたがうこと あせい ※社会におもねること あへん あほう ※対義語は「利口」 あや ※父を親しみ呼ぶ称 あゆ ※おもねりへつらうこと さんあ ※やまのくま
陀				ダ タ	阿弥陀 仏陀	あみだ ぶっだ
隈			くま すみ	ワイ	隈曲 界隈	わいきょく ※すみ・くま かいわい

ヒント1 この漢字は、段のついた土山の象形で、おかの意味を表す。転じて、ゆたかの意味も表す。

ヒント2 この漢字は、神梯の象形とする説もある。

ヒント この漢字は、「阝」と音符「可(かぎ型にまがる意)」から成り、岡のまがった所、くまの意味を表す。

	隙	隙	●●／●●	すき ひま	ケキ ゲキ	隙間 隙孔 間隙 寸隙	すきま げきこう ※すきま・すきあな かんげき ※へだたり すんげき ※わずかなひま・類義語は「小閑《しょうかん》」
隹 ふるとり	隼	隼	●●●●	はやぶさ	シュン ジュン	隼人	はやと
	雀		●●●	すずめ	ジャク	雀蜂 孔雀 連雀 雀斑	すずめばち くじゃく れんじゃく そばかす
	雁	鴈	●●	かり	ガン	雁影 雁行 落雁	がんえい がんこう ※空飛ぶがんの列・斜めに並んで行くこと らくがん
	雛		●●／●●●	ひな ひよこ	スウ ス	雛形 雛僧 鳳雛	ひながた すうそう ※幼いそう ほうすう ※将来有望な若者
雨 あめ 雨 あめかんむり あまかんむり	雫	*	●●●	しずく	ダ		
	霞		●●●／●●む	かすみ かす(む)	カ	霞光	かこう ※夕焼け、朝焼けの輝き
革 かくのかわ つくりがわ かわへん	靭	靱 韌	●●やか	しな(やか)	ジン	靭性 靭帯 強靭	じんせい ※ねばり強さ じんたい きょうじん
	鞄	鞄	●●●／●●●●●	かばん なめしがわ	ホウ		
	鞍		●●	くら	アン	鞍馬	あんば

部首	漢字	旧字体	訓（書き取り）	訓	音	用例	用例の読み	ヒント
	鞘	鞘	●●	さや	ショウ	鞘当て	さやあて	
	鞠		●● ●●●う ●●●●べる ●●む	まり やしな(う) とりしら(べる) かが(む)	キク	鞠按 鞠育 鞠戯 鞠躬 鞠訊 鞠問	きくあん ※取り調べること きくいく ※養いそだてること きくぎ ※蹴まり遊び きくきゅう ※身をかがめ、敬い謹むこと きくじん ※罪人を問いつめ、取り調べること きくもん	この漢字は、「革」と音符「匊(両手ですくう意)」から成り、革製のてまりの意味。「鞫(責めただす意)」に当てた用法として、しらべるの意味にも用いる。
	鞭	＊	●● ●●●つ	むち むちう(つ)	ベン	鞭撻 先鞭 教鞭	べんたつ ※類義語は「督励《とくれい》」 せんべん ※類義語は「前駆《ぜんく》」 きょうべん	
	韃	韃	●● ●●●つ	むち むちう(つ)	タツ ダツ	韃帽	だつぼう ※韃靼(モンゴル族)のぼうし	
韋 なめしがわ	韓	＊	●●	から	カン	韓衣	からごろも	
頁 おおがい	頁		●●● ●●●	かしら ページ	ケツ ヨウ	頁岩	けつがん ※泥が固まった大きな石で、薄く剥げる性質があるもの	
	須		●つ ●●いる ●●める ●●●く ●●●らく …べし	ま(つ) もち(いる) もと(める) しばら(く) すべか(らく)	シュ ス	須待 須陀 須臾 須留 須恵器 必須 急須	しゅたい ※まつこと しゅだ ※インドで奴隷を言う しゅゆ ※ほんの短い間 しゅりゅう ※とどまって待つこと すえき ひっす きゅうす ※対義語は「土瓶《どびん》」	この漢字は、「需(もとめる、まつ、まちもとめる意)」に通じる。

頃	頓	頗	頰	頸	顎
*	*		頬	頚	
●● ●●●く ●●●●	●●ずく ●●まる ●●●く ●●に ●●しむ ●●れる ●●●●	●●●る ●●●る	●● ●●	●●	●●
ころ しばら(く) かたあし	ぬか(ずく) とど(まる) つまず(く) とみ(に) くる(しむ) つか(れる) ひたぶる ※ひたすら	かたよ(る) すこぶ(る)	ほお ほほ	くび	あご
ケイ キョ	トン トツ	ハ	キョウ	ケイ	ガク
頃刻 頃歳 頃日 食頃	頓狂 頓首 頓挫 頓着 困頓 停頓	頗僻 偏頗	頰杖 豊頰	頸椎 頸骨	顎関節
けいこく ※しばらくの間 けいさい ※ちかごろ けいじつ ※ちかごろ しょっけい ※食事をする程の短い間	とんきょう ※だしぬけにおどけること とんしゅ とんざ ※類義語は「破綻《はたん》」 とんちゃく ※類義語は「固執《こしつ》」「拘泥《こうでい》」 こんとん ていとん ※類義語は「挫折」	はへき ※かたよること へんぱ ※かたよること・対義語は「公平」	ほおづえ ほうきょう	けいつい けいこつ	がくかんせつ

頃　ヒント この漢字は、「匕（傾く人の象形）」と「頁（人の頭部の象形）」とから成り、かたむけるの意味を表し、借りて「ころ」の意味も表す。

頓　ヒント この漢字は、「頁（頭）」と音符「屯（集まる、行き止まるの意）」から成り、ぬかづくの意味を表す。

	顚	飴	餌	餐	餅	饗
部首		食 飠 しょくへん				
異体字	顛	飴	＊ 餌		餅 餅	＊
訓（書き取り）	●●●● ●●れる ●●●●る	●●	●●●● ●● ● ●う ●わせる	●う ●む ●●●●	●● ●●	●● ●●●す ●ける
訓読み	いただき たお(れる) くつがえ(る)	あめ	たべもの えさ え く(う) く(わせる)	く(う) の(む) たべもの	もち	あえ ※もてなすこと もてな(す) う(ける)
音読み	テン	イ	ジ	サン	ヘイ	キョウ
熟語	顚倒 顚覆 顚末 顚落 傾顚 動顚	飴煮	餌食 餌口 食餌 好餌 薬餌	晩餐 聖餐	画餅 煎餅	饗宴 饗応 饗膳
熟語の読み	てんとう てんぷく てんまつ ※類義語は「経緯」「首尾」 てんらく けいてん どうてん ※類義語は「仰天」	あめに	えじき じこう ※食事をすること・生計を立てること しょくじ ※えさ こうじ ※人を誘う手段・おとり やくじ ※薬と食べ物	ばんさん ※夕食 せいさん ※キリスト教の儀式	がべい・がへい せんべい	きょうえん きょうおう きょうぜん
ヒント	この漢字は、「頁(頭)」と音符「眞(頂きの意)」から成り、頭のいただきの意味を表す。また、「跌」に通じて、つまずきたおれる意味を表す。		この漢字は、「食」と音符「耳」から成り、耳たぶのように柔らかい食品、団子の意味を表す。			

部首	漢字		読み（送り仮名）	訓読み	音読み	熟語	熟語の読み
香 か かおり	馨		●●り ●●る	かお(り) かお(る)	キョウ ケイ	馨逸 馨香 馨聞	けいいつ ※香りが特に優れていること けいか ※澄み切った香り けいぶん ※立派な評判
馬 うま うまへん	馴		●れる ●らす ●●お ●い ●●え	な(れる) な(らす) すな(お) よ(い) おし(え)	シュン ジュン クン	馴染 馴化 馴行 馴致 馴鹿 教馴	なじみ じゅんか ※生物が環境に適応した性質を持つようになること じゅんこう ※大人しいおこない じゅんち ※なれさせること じゅんろく きょうくん
	馳		●せる	は(せる)	ジ チ	馳走 馳名	ちそう ちめい ※なをはせる
	駁	*	●●● ●● ●じる	まだら ぶち ま(じる)	バク ハク	駁馬 駁撃 駁論 雑駁 反駁	まだらうま ばくげき ※他人の意見の欠点をとがめること ばくろん ざっぱく ※まとまりがないこと・類義語は「杜撰《ずさん》」 はんばく ※他人の意見に逆らい、まぜっかえすこと・対義語は「支持」「同調」・類義語は「抗論《こうろん》」
	駈		●ける ●る	か(ける)＝駆 か(る)	ク		

ヒント　この漢字は、「馬」と音符「川」から成り、川が筋道に従って流れるように馬が人の意志に従い、なれるの意味を表す。（馴）

ヒント　この漢字は、「馬」と「爻(交わる意)」から成り、馬の毛色のまだらなさまを表す。（駁）

部首	漢字	異体字	訓読み（穴埋め）	訓読み	音読み	熟語	熟語の読み
	駕		●る ●●●● ●●●う ●●ぐ	の(る) のりもの あつか(う) ※御す意 しの(ぐ) ヒント この漢字は、「馬」と音符「加(加えるの意)」から成り、車を馬に加える、つけるの意味を表す。	ガ	駕御 駕跨 駕籠 来駕	がぎょ ※馬を自由に使いこなすこと がこ ※馬にのること かご らいが
	駒		●●	こま	ク	駒隙	くげき ※月日の過ぎゆく人生の短いこと
	駿		●●れる	すぐ(れる)	シュン スン	駿足 駿馬	しゅんそく しゅんめ
	驒	騨			タン タ・ダ	驒驒 飛驒	たんたん ※馬が疲れ喘《あえ》ぐさま ひだ
骨 ほね ほねへん	骸		●●● ●●	むくろ ほね	カイ ガイ	骸骨 形骸 死骸	がいこつ けいがい しがい
髟 かみがしら かみかんむり	髭		●●●● ●●	くちひげ ひげ	シ		
鬯 ちょう	鬱	欝	●●る ●●ぐ ●●ん ●●り	しげ(る) ふさ(ぐ) さか(ん) かお(り)	ウツ	鬱郁 鬱屈 鬱血 鬱蒼 鬱勃	うついく ※香りが盛んなこと うっくつ ※対義語は「明朗」「明快」 うっけつ うっそう ※樹木が茂り薄暗いこと うつぼつ ※盛んにわきおこるさま
鬼 おに きにょう	魁		●●● ●●●● ●●きい ●●	かしら さきがけ おお(きい) おか	カイ	魁偉 魁傑 首魁	かいい ※顔や体が人並みはずれて大きく厳《いか》ついさま かいけつ しゅかい ※類義語は「元凶《げんきょう》」

134

魚 うお うおへん さかなへん

漢字	異体字	印	訓読み	音読み	熟語	熟語の読み
魯		●● か	おろ(か)＝愚	ロ	魯鈍	ろどん
鮎		●●	あゆ	デン・ネン		
鮒		●●	ふな	フ	鮒魚 篦鮒	ふぎょ へらぶな
鮪		●●●●●	まぐろ しび ※マグロの成魚	イ コウ	鮪節	しびぶし
鮭		●●●●●	さけ さかな	ケイ カイ	鮭菜	かいさい ※魚料理の総称
鮫	*	●●	さめ	コウ	鮫人	こうじん ※にんぎょ
鯉		●●●●●	こい てがみ ※昔、中国で鯉の腹に絹の手紙を入れ届けたことから	リ	鯉濃 鯉魚 鯉素 鯉庭 真鯉	こいこく ※こいの味噌煮込み りぎょ りそ ※手紙 りてい ※家での教育の場(孔子が子供の鯉を庭で諭した故事から) まごい ※黒色のこい
鯖	鯖	●●●●●●	さば よせなべ ※魚肉を混ぜ煮たご馳走	セイ		
鯛	鯛	●●	たい	チョウ トウ	鯛魚	ちょうぎょ

漢字	異体字		訓読み	音読み	熟語	熟語の読み
鰍		●●●● ●●● ●●●	どじょう ※鰻似の川魚 いなだ ※鰤の幼魚名 かじか ※細長い川魚の名	シュウ		
鰐		●●	わに	ガク	鮫鰐淵	こうがくのふち ※凶悪な賊の住居
鰭		●● ●●	ひれ はた	キ	背鰭 小鰭	せびれ こはだ
鰯	鰯	●●●	いわし			
鰹		●●●	かつお	ケン	鰹節	かつおぶし
鰺	鯵	●●	あじ	ソウ		
鰻		●●●	うなぎ	バン マン		
鱈	鱈	●●	たら	セツ	出鱈目	でたらめ
鱒	＊鱒	●●	ます	ソン ゾン		
鱗	＊	●●●	うろこ	リン	鱗雲 鱗次 逆鱗 片鱗	うろこぐも りんじ ※うろこのように並ぶこと げきりん へんりん

鳥 とり とりへん

鳩	●● ●●める ●●まる ●●んずる	はと あつ(める) あつ(まる) やす(んずる)	キュウ ク	鳩胸 鳩目 鳩首 鳩居 鳩尾	はとむね はとめ ※糸通しの道具 きゅうしゅ ※集まって相談すること きゅうきょ ※仮住い(はとは巣作りがへたなため) みぞおち
鳶	●● ●●●	とび とんび	エン	鳶職 鳶尾	とびしょく えんび ※初夏に咲く薄紫の草
鳳	●●●●	おおとり	ブウ ホウ	鳳凰 双鳳	ほうおう そうほう
鴇	●●● ●●	のがん とき	ホウ	鴇色 鴇母	ときいろ ※淡紅のいろ ほうぼ ※遊女屋の世話役老女
鴛	●●●●	おしどり	エン	鴛鴦	えんおう
鴨	●●	かも	オウ	鴨脚 鴨頭	おうきゃく ※銀杏(いちょう)の別名 おうとう ※かものあたま・転じて水の色の緑
鴦	●●●●	おしどり	オウ	鴛鴦	えんおう
鴫	●●	しぎ			
鴻	●●●● ●●きい	おおとり おお(きい)	コウ	鴻恩 鴻鵠 鴻業	こうおん ※大きな恵み こうこく ※大人物 こうぎょう ※大きな計画

鵠	＊	●●● / ●●い / ●● / ●●しい / ●●きい	くぐい ※白鳥 しろ(い) まと ただ(しい) おお(きい) ヒント1 この漢字は、「鳥」と音符「告」から成る。 ヒント2 音符「告」は、「皓(白い)」と同じ語源系統とする説もある。	コウ コク	鵠企 鵠志 鵠的 鵠髪 正鵠	こっき ※白鳥のように首を伸ばし、足をつま先立ちして待ち望むこと こくし ※大きなこころざし こくてき ※弓のまと こくはつ ※しらが せいこく ※まとの真ん中の点・ねらいどころ・類義語は「適(的)中」「核心」
鵜		●	う	テイ	鵜飼い	うか(い)
鵡				ブ・ム	鸚鵡	おうむ
鵬		●●●●	おおとり	ホウ	鵬雲 鵬雛 鵬翼	ほううん ※大きくむらがるくも ほうすう ※大とりのひな・将来の大物 ほうよく ※大とりのつばさ・大事業計画
鶯	鴬	●●●●	うぐいす	オウ	鶯遷 鶯友	おうせん ※栄達を祝う語(うぐいすが谷から高木にうつることから) おうゆう ※親しいともだち
鶴		●● / ●●い	つる しろ(い)	カク	鶴首 鶴髪	かくしゅ ※しらが・首を長くして待つこと かくはつ ※しらが
鷗	鴎	●●●	かもめ	オウ	鷗盟	おうめい ※隠居してかもめを友とすること
鷲		●●	わし	シュウ ジュ	鷲山	じゅせん ※釈迦が教えを説いた山

部首	漢字	異体字	●	訓読み	音読み	熟語	読み
	鷹		●●	たか	ヨウ オウ	鷹匠 鷹揚	たかしょう おうよう ※たかが飛ぶように悠然なこと
	鷺		●●	さぎ ※白い鳥	ロ	鷺吟 鷺鳴 白鷺 烏鷺	ろぎん ※さぎの鳴き声 ろめい しらさぎ うろ ※からすとさぎ・黒と白・囲碁
	鸚				オウ イン	鸚鵡 鸚哥	おうむ いんこ
鹵 しお	鹼	鹸	●●●●●	しおけ あく	ケン	石鹸	せっけん
鹿 しか	鹿		●●●	か しか	ロク	鹿苑 鹿茸 鹿鳴	ろくおん ろくじょう ※しかの若角 ろくめい ※古代中国で賓客をもてなす詩
	麒		●●●	きりん	キ	麒麟	きりん
	麟	＊	●●●	きりん	リン		
麦 麥 ばくにょう	麴	麹	●●●●●	こうじ さけ	キク	麴菌	こうじきん
	麵	麺 麪	●●●	むぎこ	ベン メン	拉麵	ラーメン ※中国語でラーは引っぱる意
麻 あさ あさかんむり	麿		●●	まろ			
黍 きび	黍		●●	きび	ショ	禾黍	かしょ

黒 黑 くろ	黛	●●●● ●●●● ●●	まゆずみ かきまゆ まゆ	タイ	黛面 翠黛 青黛	たいめん ※化粧した顔 すいたい ※みどり色のまゆずみ せいたい ※濃いあお
鼎 かなえ	鼎	●●● ●●に	かなえ ※三本足の器 まさ(に)＝当	テイ	鼎貴 鼎盛 鼎立 鼎談	ていき ※かなえを食器にする人・貴族 ていせい ※人生の壮年期(まさにさかり) ていりつ ※三方に対立すること ていだん ※三人で話しあうこと
鼠 ねずみ ねずみへん	鼠	●●●	ねずみ	ソ ショ ス	窮鼠 殺鼠剤 栗鼠	きゅうそ ※追いつめられたねずみ さっそざい りす
亀 龜 かめ	亀	●● ●●●●	かめ あかぎれ	キ キュウ キン	亀甲 亀卜 亀齢 亀手	きっこう・きこう きぼく ※かめの甲羅を焼き占うこと きれい ※長寿 きんしゅ・きしゅ ※ひびあかぎれのて

II

常用漢字表外読み篇

一、設問解説

1、「2　常用漢字表外読み」問題（第ⅷ頁、「勉強指南」参照）が出題されます。

2、「送りがな」に注意して解答しましょう。設問の文章の意味もヒントになります。

二、勉強方法

1、本書は問題形式になっています。付属の「しおり」を使って「解答」部分を隠し、確認していきましょう。

2、問題となる漢字は色刷になっています。設問の文章に二度出てくるものもあるので、知識の定着を確認しながら、1を繰り返しましょう。

3、「関連熟語」は、検定には出題されていませんが、学習の補足として参考にして下さい。

4、1〜3を、三の学習計画表に従って進め、検定受検までに、全体を2回以上繰り返すことを目標にしましょう。

注　本書では、過去に出題されたものを中心に取り上げています。

三、常用漢字表外読み篇学習計画表（「勉強方法」1〜3の一回目の学習の目安・3日）

ページ数	1回目	2回目	3回目	4回目	5回目
	月　日	月　日	月　日	月　日	月　日
	月　日	月　日			
	月　日				

練習問題	解答　※印は意味を表す	関連熟語	
社長に亜ぐ地位の人は副社長	つ	亜聖	あせい　※聖人に次ぐ賢人
哀しい調べの演歌	かな		
愛娘が嫁ぐ日	まな		
花を愛でる習慣	め		
敵を悪んで応戦する	にく	嫌悪	けんお
事の善し悪しを判断する	あ		
討論では圧されっぱなしだった	お		
稲を扱く農作業	こ　※物に挟んでむしり取ること		
部活で後輩を扱く	しご		
安（悪）んぞ毒とせん	いずく　※どうして		
すこし案えてみる	かんが	考案	こうあん

祖父の使っていた案	つくえ		
九九を暗んじる	そら	暗記	あんき
暗の中では何も見えない	やみ	暗中摸索	あんちゅうもさく
嘘を付くなんて以ての外(ほか)だ	もっ		
武器を以いて悪き敵と戦う	もち・にく		
以為狐を畏(おそ)るるなりと	おもえらく　※思うに		
錦を衣て夜行く	き		
歯に衣着せぬ鋭い質問	きぬ		
衣紋かけ	えもん		
良き医を探し求める	くすし　※医者のこと		
何事も旧習に依る	よ	依拠	いきょ
部下に実権を委ねる	ゆだ	委任	いにん

楊貴妃の簪は地に委て置かれた	す	委棄	いき
法律に委しい弁護士	くわ	委細構わず	いさいかま
金を威し取る	おど	威嚇	いかく
二人の為に世界はある	ため		
政を為す人物	な	為政者	いせいしゃ
尉と姥(うば)	じょう		
意わず笑った	おも	意外	いがい
意に思うことを話した	こころ	意志	いし
異しげな男がやって来た	あや	異形	いぎょう
約束を違える	たが		
維れ新たなり	こ	明治維新	めいじいしん
この体制を次世代に維げたい	つな	維持	いじ

緯糸	ぬき ※横糸		
愛を育む恋人同士	はぐく	養育	よういく
最新機器を逸早く導入する	いち		
血気に逸る若者たち	はや		
観衆の注意を逸らす	そ	逸脱	いつだつ
逸れた人材を探し出す	すぐ	逸材	いつざい
文化の日に因んだ行事	ちな		
大事な箇所を丸で印しておく	しる		
陰かに徳行を積む	ひそ		
陰い納戸に押し込められる	くら		
同じ韻の漢字を用いて詩を作る	ひびき	押韻	おういん
風雅な韻を楽しむ	おもむき	風韻	ふういん

神仏の右けを願う	たす		
幸せが運ってきた	めぐ	幸運	こううん
永の愛を誓い合う	とこしえ	永久	えいきゅう
藤の英	はなぶさ		
リーダーの決断は鋭い	はや	鋭敏	えいびん
帝を衛る兵隊	まも	近衛兵	このえへい
互いの品物を易える	か	交易	こうえき
努力もせずに易きに付く	やす	容易	ようい
彼を易ってはいけない	あなど		
主要な地点に駅を設置する	うまや		
女王に謁える機会	まみ	謁見	えっけん
赤ちゃんの円な瞳	つぶら		

円かなる月を見あげる	まど		
歓迎の宴を開く	うたげ	宴会	えんかい
困っている友人を援ける	たす	援助	えんじょ
霧に煙る波止場の風景	けぶ		
猿のごとく走る	ましら ※猿の異称		
鉛と黛で化粧をする	おしろい ※鉛がおしろいの原料だった		
いい塩梅	あんばい		
不思議な縁	えにし		
亡き兄の縁の品	ゆかり		
畳の縁を踏むなと叱られた	へり		
凹んだレンズ	くぼ	凸凹	でこぼこ
親の期待に応えようと努力する	こた		

往(古)の遺跡を訪れる	いにしえ	往事	おうじ
太鼓を殴き続けた	たた	殴打	おうだ
翁の能面	おきな		
旅に出た友人からの音りが届く	たよ	音信	おんしん
相手の立場を億る配慮	おしはか	億測	おくそく
炬燵(こたつ)で身体の芯から温まる	ぬく		
風呂の湯が温くて風邪をひいた	ぬる		
故きを温ねて新しきを知る	たず		
穏らかな寝顔の赤ちゃん	やす	穏和	おんわ
何くにゆくか決めていない	いず		
何れ菖蒲(あやめ)か杜若(かきつばた)	いず		
任務をやり果せる	おお		

お見舞いに果(菓)を頂いた	くだもの	果実	かじつ
科人が裁かれた	とが	前科	ぜんか
子供の科がとても愛らしい	しぐさ	科白	せりふ
科を作って愛嬌を振りまく	しな		
他人の過を咎める	とが	過失	かしつ
会社で重要な任務を荷っている	にな		
貨を箪笥にしまい込む	たから	貨財	かざい
雇い主に暇を告げる	いとま	休暇	きゅうか
寡暮らしにも慣れてきた	やもめ	寡婦	かふ ※未亡人
寡ない兵で多勢の軍と戦う	すく	寡少	かしょう
会社から課てられた仕事	わりあ	課税	かぜい
両親の長寿を賀ぶ	よろこ	祝賀会	しゅくがかい

雅な踊りを披露する	みやび		
同級生が一堂に会まる	あつ	会議	かいぎ
幼児を拐す卑劣な犯罪	かどわか	誘拐	ゆうかい
械時計	からくり		
手械で自由を奪われる	てかせ		
石の階を登る	きざはし		
階を以いて屋根に上る	はしご・もち		
緊張が解れる	ほぐ		
帯が解ける	ほど		
塊から陶器を作る	つちくれ		
ウイルス感染によって壊死が起こった	えし		
関ヶ原合戦以後に従った者は外様大名となった	とざまだいみょう		

不正経理を劾く	あば	弾劾	だんがい
健康を害なう不摂生な生活	そこ	傷害	しょうがい
街の声に耳を傾ける	ちまた		
仕事は概ね順調だ	おおむ	概略	がいりゃく
革めるべき政治の悪循環	あらた	改革	かいかく
彼は自分の過ちを覚った	さと	自覚	じかく
確い決意は変わらない	かた	確固	かっこ
後のことは確と頼んだぞ	しか		
大声を出して嚇かす	おど		
神前に額ずいて祈る	ぬか		
ウエストの括れ	くび		
腹を括って決断する	くく	括弧	かっこ

里芋の滑りを除く	ぬめ		
哲学書を渇り読む	むさぼ		
轄まりを強化する	とりし	管轄	かんかつ
日米間の轄となって尽力する	くさび		
且に行かんとす	まさ		
甘い話には注意しろ	うま		
最後まで初心を完うする	まっと	完成	かんせい
たった一人の寒しい生活	さび	寒村	かんそん
巻繊汁は大好物だ	けんちんじる		
乾の方角へ進む	いぬい　※北西の方角		
いろいろ勘えた後で決める	かんが	勘案	かんあん
子供の将来を患える	うれ	内憂外患	ないゆうがいかん

泣き喚く子供	わめ	喚声	かんせい
痛みを堪える	こら	堪忍袋	かんにんぶくろ
堪えられない美味しさ	こた		
生と死の間	はざま		
谷間の村を訪れる	たにあい		
閑かな住宅街	しず	閑静	かんせい
寛げる応接間	くつろ		
大きな漢に襲われそうになった	おとこ	痴漢	ちかん
季節は環る	めぐ	環状道路	かんじょうどうろ
時局に鑑みて政策を決める	かんが		
還俗した人	げんぞく		
頑に否定する	かたくな	頑固	がんこ

楊貴妃の花の顔	かんばせ		
悪事を企む	たくら		
奇しくも付合する	く	奇遇	きぐう
希に見る才能だ	まれ	希少	きしょう
年代記を紀す	しる	記紀	きき
愛娘が帰ぐ日	まな・とつ		
旧弊を規し革める	ただ・あらた	規諫	きかん
参加者の幾どが賛成した	ほとん		
世界平和を幾う	こいねが	庶幾	しょき
実力を揮う	ふる	指揮	しき
宜しくお願いします	よろ		
擬物を買わされた	まがいもの		

自分を主人公に擬える	なぞら	擬音	ぎおん
かに擬の蒲鉾	もどき	雁擬き	がんもど(き)
織田信長は戯け者といわれた	たわ		
戯れ事と受け流す	ざ		
恋人の心変わりを詰る	なじ	詰問	きつもん
却って逆効果だ	かえ		
請願を却けた	しりぞ	却下	きゃっか
ビタミン不足で脚気になった	かっけ		
伝統文化が朽れる	すた	不朽	ふきゅう
虐い仕打ちをするものではない	むご	残虐	ざんぎゃく
急いては事をし損じる	せ		
政治腐敗を糾す	ただ	糾弾	きゅうだん

禍福は糾える縄の如し	あざな	糾合	きゅうごう
敵の攻撃を拒ぐ	ふせ		
同盟国に拠って援軍を頼む	よ	拠点	きょてん
全員が挙って参加した	こぞ	挙国	きょこく
彼女は虚(洞・空)ろな目をした	うつ		
親の許から巣立つ	もと		
今出来上がった許りだ	ばか		
沖の漁り火	いさ		
掘り出し物を漁る	あさ		
海岸で漁る	すなど ※魚や貝をとること	漁業	ぎょぎょう
気が狂れる	ふ		
希望に協う仕事	かな		

先輩でさえ失敗した実験、況んや僕には出来ない	いわ		
恭んで弔辞を読み上げる	つつし	恭賀	きょうが
彼はなかなか強か者だ	したた		
勇者が競って進んだ	きお		
二国間の歴史的な凝り	しこ		
曲者で油断出来ない	くせ		
月極め駐車場を利用する	ぎ（き）　※とりきめ		
荒れ地の土を均す	なら	均等	きんとう
局住みの女たち	つぼね		
若者は勉学に勤しむ	いそ		
内容を具に話す	つぶさ		
公園で偶彼を見かけた	たまたま	偶然	ぐうぜん

不思議そうに首を傾げる	かし		
みっともない形で歩く	なり		
継母に育てられる	ままはは		
自を警めて事に当たる	いまし	警告	けいこく
英雄の気性は劇しい	はげ	劇薬	げきやく
件の人物と話をする	くだん ※例の		
王様と見える	まみ		
人を遣って調べさせる	や		
小賢しい真似をする	ざか(さか)		
夢か現かわからない	うつつ	現実	げんじつ
号び声が聞こえた	さけ	号泣	ごうきゅう
教師は慨きながら生徒を叱った	なげ		

彼は謙った態度で接した	へりくだ	謙遜	けんそん
固より覚悟していたことだ	もと	固有	こゆう
戦争で孤となった子供	みなしご	孤児	こじ
悲喜交の人生	こもごも		
飛騨の工の家造り	たくみ		
同郷の好で大目に見よう	よしみ		
自分の専門知識を攻く	みが	専攻	せんこう
彼の申し出を快く肯(諾)う	うべな	肯定	こうてい
親の忠告を肯じない	がえん		
争いばかりで心が荒んで行く	すさ		
正倉院は校倉造りだ	あぜ		
舞妓さんは項を白く塗る	うなじ		

鉱を山から運び出す	あらがね　※精錬してない金属		
論文の稿が書き終わった	したがき	原稿	げんこう
荷物の重さを衡ってみる	はか	度量衡	どりょうこう
衡にかけて重さを確かめる	はかり		
大金で購う価値がある千里の馬	あがな	購買部	こうばいぶ
号を付けて小犬を可愛がる	よびな		
彼の行為は非常識も酷だしい	はなは		
酷しい批判の言葉	きび	酷評	こくひょう
罪人は獄に閉じこめられる	ひとや　※牢屋		
荒れ地を墾いて土を均す	ひら・なら	開墾	かいこん
将軍は王を佐けた	たす	補佐	ほさ
争いの原因を査べ具に報告する	しら・つぶさ	調査	ちょうさ

経歴を詐って就職する	いつわ	詐称	さしょう
江戸時代は鎖された国だった	とざ	鎖国	さこく
王女は異国の王子に妻わされた	めあ		
同盟を宰るのが覇者である	つかさど	主宰	しゅさい
二種類の薬を剤ぜる	ま	調剤	ちょうざい
川に綱を済して魚をつかまえる	わた		
家の財を守り果せた	たから・おお		
自首を催すのが友情だ	うなが	催促	さいそく
余計な説明が多くて興味が削（殺）がれた	そ	削除	さくじょ
仲間の給料の上前を削った	はつ ※へずる		
馬に策を入れて疾走した	むち		
策をついて歩く老人を佐ける	つえ・たす	散策	さんさく

彼女は眉を刷いた	は		
リゾート気分を殺（削）ぐ落書き	そ		
汚れた所だけ撮み洗いする	つま		
しゃべりすぎて声が擦れた	かす		
散売りで菓（果）を買う	ばら・くだもの		
美しい自然を残（害）なう	そこ		
暫くぶりに実家で寛いだ	しばら・くつろ	暫時	ざんじ
差し支えなければ貴方の名前に肖りたい	つか・あやか		
彼を私かに援助した	ひそ		
刺のある言葉は人を傷つける	とげ		
成功は彼自身の努力の賜である	たまもの		
脂下がった顔を写真に撮られた	やに		

神の思し召しで出会った縁	おぼ・えにし		
帝に侍る臣下	はべ		
私は辞りの言を伝えた	ことわ	辞任	じにん
お祝いの辞を伝える	ことば	祝辞	しゅくじ
疑問点を専門家に質してみる	ただ	質疑	しつぎ
今年の風邪は質が悪い	たち	資質	ししつ
実に働いて貯金する	まめ		
斜向かいに駅がある	はす		
邪な行動は墓穴を掘る	よこしま		
般若の面	はんにゃ		
人生は夢の若し	ごと		
種種の品を差し出し女王に謁えた	くさぐさ・まみ		

新年を寿ぐ風習	ことほ		
私かに水を需める人々の行列	ひそ・もと	需要	じゅよう
実りの秋となった	とき		
終の棲家が完成した	つい		
蟻が砂糖に集く	すだ ※多くあつまる		
先輩に食事を集る	たか		
懐に忍ばせた小銃は擬物だ	つつ(づつ)・まがい		
名声を縦にした流行作家	ほしいまま		
縦に行動したので粛んでお詫びをする	ほしいまま・つつし		
熟思うに寡暮らしは寂しい	つらつら・やもめ		
最新ファッションを着熟す	こな		
師匠に殉って行く	したが	殉死	じゅんし

両親に順って医を目指す	したが・くすし		
人生を旅に準えてみる	なぞら	準用	じゅんよう
法律に遵って行動する	したが		
長湯で手足の指先が潤びる	ほと　※ふやける		
有名歌手のサインが署された色紙	しる	署名	しょめい
犯人逮捕の緒を案える	いとぐち・かんが		
買い物の序でにコーヒーを飲む	つい		
論文の構想を叙べる	の	叙述	じょじゅつ
老人は徐に口を開いて昔話を始めた	おもむろ	徐行	じょこう
彼女が衣服の塵を除ってくれた	はら		
和紙を抄く工	す・たくみ		
偉人に肖って名前を付ける	あやか		

本人によく肖た絵画	に	肖像画	しょうぞうが
女神を象った彫刻	かたど	象形文字	しょうけいもじ
軍隊を将いて進む	ひき	将軍	しょうぐん
将に実行しようとする	まさ	将来	しょうらい
夢か将また幻か	はた		
優勝を称える	たた	称讃	しょうさん
世界平和を称える団体	とな		
勝れた才能を揮う	すぐ・ふる		
水を掌る神	つかさど	掌握	しょうあく
焦れったい思いで待つ	じ	焦燥	しょうそう
事件の経緯を詳(審)らかに話して下さい	つまび	詳細	しょうさい
孔子は弟子を賞めて育んだ	ほ・はぐく		

剰え不幸な家に、また禍がふりかかる	あまつさ		
蒸かした芋を食べた	ふ		
ご親切辱く存じます	かたじけな	辱知	じょくち
業界トップに伸し上がった会社	の		
怠惰な生活に浸かりきった哀しい人生	つ・かな		
審(詳)らかな自供を引き出す件の刑事	つまび・くだん		
先生が親ら手本を示す	みずか	親書	しんしょ
尽く失敗して師匠に扱かれた	ことごと・しご		
既に百年に垂とする旧家	なんなん	垂死	すいし
炊いだ米を神棚に供える	かし		
勝れた兵隊を帥いる	すぐ・ひき		
戸の枢が傷んでいる	とぼそ ※戸戸の開閉に使うもの		

先祖を崇める風習	あが	崇拝	すうはい
偉人を崇ぶ	たっと		
性が悪い不良から街を衛る	たち・まも	性分	しょうぶん
旅支度をちゃんと斉える	ととの		
小川のせせらぎが清かに聞こえる	さや		
正論が却って斥けられた	かえ・しりぞ	排斥	はいせき
席を広げて夕涼み	むしろ		
臍繰（へそくり）を積える	たくわ	蓄積	ちくせき
人々を折伏する教え	しゃくぶく		
表現は拙いけれど委しい報告書	つたな・くわ	拙著	せっちょ
他人の小説を窃んで自作を書く	ぬす	窃盗	せっとう
調度品を設える	しつら		

汚名を雪ぐ為に頑張る	すす・ため	雪辱	せつじょく
先ず実力を攻いて勝負するべきだ	ま・みが		
隣国の攻撃に恐れ戦いた	おのの	戦慄	せんりつ
骨董品は必要な手続きを践んで購うべきだ	ふ・あがな	実践	じっせん
良い材料を選りすぐる	え		
老人には漸温めのお湯がいい	やや・ぬる		
新居が粗完成した	ほぼ		
仕事を疎かにしては責務をやり果せない	おろそ・おお	疎略	そりゃく
素行が悪い友人を争める	いさ	争友	そうゆう
両横綱の実力は双んでいる	なら	双璧	そうへき
刀創を負った侍	きず	絆創膏	ばんそうこう
総ては彼の頑な態度が原因だ	すべ・かたくな		

お土産に喜び燥ぐ子供たち	はしゃ		
法律に則って進める	のっと		
学べば則ち道理を知る	すなわ		
不逞の族を争めても無駄だ	やから・いさ		
山の気候は卒かに変化する	にわ	卒倒	そっとう
母は九十歳まで存えた	ながら	存命	ぞんめい
荷物をラクダに駄せて進む	の	駄賃	だちん
立ち退きを迫られて十年に垂とする	の・なんなん	退去	たいきょ
あまりの惨状に後退りして泣き喚いた	ずさ(すさ)・わめ		
態と負けたら八百長だ	わざ		
沢いのある生活を送りたい	うるお	潤沢	じゅんたく
友人から託かった傘を序でに返す	ことづ・つい		

病気に託けて出席を断る	かこつ		
大臣の入閣要請を諾(肯)う	うべな	承諾	しょうだく
丹塗りの皿に衣かつぎを盛る	に・きぬ		
十二単を纏(まと)う雅な平安貴族	ひとえ・みやび		
竜胆の花	りんどう		
姿勢を端して座っている	ただ	端正	たんせい
彼は端から悪行を革める気持ちはない	はな・あらた		
算盤を弾くような味気ない人間関係	はじ		
稚い妹が遊んでいる	いとけな	幼稚	ようち
中原に鹿を逐う	お		
抽んでた才能の持ち主	ぬき		
毒茸に中たって苦しんだ	あ	中毒	ちゅうどく

油を注して動き出した械人形	さ・からくり	注射	ちゅうしゃ
酒を注いで宴の席を盛り上げる	つ・うたげ		
何年も僻地に駐めるとは虐い仕打ちだ	とど・むご	駐屯	ちゅうとん
英語に長けた帰国子女	た	長所	ちょうしょ
辺りはすっかり夜の帳に包まれた	とばり		
悔しさで腸が煮えくりかえる	はらわた		
吉事が起こる嬉しい徴	しるし	徴候	ちょうこう
調とした米は窃んだものだ	みつぎ・ぬす	租傭調	そようちょう
聞く耳持たぬ、と聴されなかった	ゆる	聴許	ちょうきょ
汚れた雑巾を直に手で撮んだ	じか・つま	直火	じかび
暮れ泥む街の景色	なず		
適通りかかった	たまたま		

敵わないからといって相手を詰るのはよくない	かな・なじ		
泥塗れで燥ぐ元気な子供	まみ・はしゃ		
蠟燭を点して納屋に蔵れた	とも・かく		
姿勢を端して茶を点てる	ただ・た		
こけつ転びつ歩き行く	まろ		
転た哀惜の念に堪えない	うた・た		
親戚の伝を頼って上京する	つて		
抽きんでた兵士が殿を務める	ぬ・しんがり		
徒に時を費やすな	いたずら		
親切が徒になる	あだ		
一途な恋	いちず		
相手の気持ちを度る	はか	忖度	そんたく

当に仰しゃる通りです	まさ		
北海道の凍てつく寒さ	い		
塊から陶を造り出す	つちくれ・すえ ※焼物		
全軍を統めて勲を立てる	おさ・いさお	統率	とうそつ
夏休みは動もすれば気がゆるむ	やや		
匿っていた犯人が連行された	かくま	匿名	とくめい
特け美しい藤の英	とりわ・はなぶさ	特別	とくべつ
日に日に病が篤くなる	あつ	危篤	きとく
学生が屯する喫茶店	たむろ	駐屯	ちゅうとん
鈍色の服を着る	にび ※濃いねずみ色		
運動不足で身体が鈍った	なま		
浪人していたので合格の感激は一入だ	ひとしお		

妊った婦人	みごも	妊娠	にんしん
手紙を認める	したた		
日焼けで肌が熱っている	ほて		
平凡な人生より寧ろ波瀾万丈の人生がいい	むし		
能うる限りの力で殿を務めた	あた・しんがり		
母の濃やかな愛情がこもった手作り弁当	こま		
芭蕉が俳れに作った歌を認める	たわむ・したた	俳諧	はいかい
同じ釜の飯を食った輩	やから（ともがら）		
陪うばかりの家来は不要だ	したが	陪臣	ばいしん
罪状を白す	もう	白状	はくじょう
鈍った身体で走ると鼓動が激しく拍つ	なま・う	脈拍	みゃくはく
長老は博い知識を持っている	ひろ	博学	はくがく

彼女の嘘を発いた	あば	摘発	てきはつ
外国に発つ友人を送ろうと皆が会った	た・あつま	出発	しゅっぱつ
武力を伐り敵が屯する城に進軍する	ほこ・たむろ		
炎える落ち葉の中で栗が爆ぜる	も・は	爆発	ばくはつ
雑事に繁わされて向上心が削がれそうだ	わずら・そ	繁雑	はんざつ
煩い手続きを代行してくれて辱い	うるさ・かたじけな	煩雑	はんざつ
番いの鳥が飛んでいる	つが		
失敗の責任を他人に被せてはいけない	かぶ		
比まれな才能に因んで命名する	たぐい・ちな	比類	ひるい
真為を批していく責任を荷う学会	ただ・にな	批評	ひひょう
悪行が罷り通る仁義なき世の中	まか		
役員を罷めたので時間ができた	や	罷業	ひぎょう

身分の匹しい男が登場する	いや	匹夫	ひっぷ
庭一面に散り布かれた紅葉	し	布陣	ふじん
嚇されて怖じけづいた	おど・お		
老後の負みは子供	たの	自負	じふ
普く紅葉する山々	あまね	普遍	ふへん
新撰組は幕府に従う腹えだ	かんが		
往の墳が発見された	いにしえ・はか		
漢文調に文った手紙を実に書く	かざ・まめ		
言葉の文を続み取り詳らかに説明する	あや・つまび		
成功したが併し反省点も多い	しか		
夏草や兵どもが夢の跡	つわもの		
私が存えたのは偏に貴方のお陰です	ながら・ひとえ		

立場を弁えない邪な言動	わきま・よこしま		
上司に便い出世する族にはなりたくない	へつら・やから		
方に動き出しそうだ	まさ		
皇帝の命令を恭んで奉る	つつし・うけたまわ		
気忙しいくらいが寧ろ好ましい	せわ（ぜわ）・むし		
斉藤某なる人物を捜せ	なにがし		
彼の意見は凡そ使い物にならない	およ		
手足が麻れて動かない	しび	麻酔	ますい
謀を方に実行に移そうとしている	はかりごと・まさ	謀略	ぼうりゃく
強かに打った腰を摩った	したた・さす	按摩	あんま
丹念に磨いだ米を炊ぐ	と・かし	研磨	けんま
一枚（片）の葉が落ちた階	ひとひら・きざはし		

万の神を掌る天帝	よろず・つかさど		
漫ろ歩きで気分転換	そぞ	漫遊	まんゆう
漫りに時間を過ごしてしまった	みだ	散漫	さんまん
未だ解決しない問題を徒に焦っても無駄だ	いま・いたずら	未来	みらい
善政を盟って能く民を治めた	ちか・よ	盟約	めいやく
川面が静かに波打っている	かわも		
往(古)の様式に模る	いにしえ・のっと	模倣	もほう
妄りに買い物をするのはよくない	みだ	妄想	もうそう
靴のかかとが耗る寒しい暮らし	へ・さび	消耗	しょうもう
客の問れを待つ	おとず	慰問	いもん
田舎で質素に約(倹)やかに暮らす	つづま	倹約	けんやく
幽かに号び声が聞こえた	かす・さけ		

心の傷を癒やす旅	い	治癒	ちゆ
老いの遊びの陶芸教室	すさ		
流行歌を口遊む	くちずさ		
音楽会はヨーロッパ芸術への誘いとなる	いざな		
子供を誘き寄せて拐す	おび・かどわか	誘拐	ゆうかい
予てからの計画を実行する	かね	予予	かねがね
予め準備を始める	あらかじ	予言	よげん
容と形を美しく整える	かたち・なり	容貌	ようぼう
正しい側に与する帝	くみ・みかど		
幼い児童を事故から擁る交通規則	いとけな・まも	擁護	ようご
争いの抑の発端は何か	そもそも		
相手を陽り小銃を私に手に入れた	いつわ・こづつ・ひそか		

外交を翼ける英語に長けた外交官	たす・た		
羅を身に纏った天女	うすぎぬ		
目も眩む速さの雷	いかずち		
心が絡がる親友同士	つな	連絡	れんらく
欄の定期点検を疎かにしたら危険だ	てすり・おろそ	欄干	らんかん
世の理を鑑みる歴史現象	ことわり・かんが	定理	ていり
離んだ物品を直に触る	なら・じか		
陸に集く渡り鳥	おか・すだ		
遠き慮りなければ必ず近き憂いあり	おもんぱか		
山村で病を療やす	い	療養	りょうよう
政界は累なる卵の危うさに喩えられる	かさ	累積	るいせき
累られた苦しい状況	しば	係累	けいるい

類まれな美しい顔の女御	たぐい・かんばせ		
コーヒーを零したのは誰だ	こぼ		
隷は主人を佐ける	しもべ・たす	奴隷	どれい
夫婦で齢を重ねていく	よわい　※とし	年齢	ねんれい
道路に車が列なっている	つら	陳列	ちんれつ
烈しく炎える野火	はげ・も		
廉いバーゲン品を漫りに買い込む	やす・みだ	廉価	れんか＝安価
身に覚えのない廉で逮捕された	かど		
鋼を錬って刀を作る	ね		
炉を囲んで談笑する	いろり		
肌が露になる水着	あらわ	露出	ろしゅつ
残業を労って差し入れをくれた	ねぎら	慰労会	いろうかい

彼は朗らかに歌った	たか	朗吟	ろうぎん
時間を浪りに使うと粧う時間がなくなる	みだ・よそお	浪費	ろうひ
楼の欄にもたれる	たかどの・てすり		
世の理を録した書物	ことわり・しる	記録	きろく
仕事の失敗を論う嫌な上司	あげつら		
味噌で野菜を和えて薬味を剤ぜる	あ・ま		
和いで静かな海を散歩する	な		
密かに有力者に賄う	まいな	賄賂	わいろ
日本海の湾の景色は特け素晴らしい	いりえ・とりわ		
腕を返す ※相撲で、相手の脇の下に入れた腕の肘を上へ上げ、まわしを取らせないようにすること。	かいな ※肩から肩までの間		

III

同音の漢字による書き換え篇

一、設問解説

1、「3 同音の漢字による書き換え」問題（第ⅷ頁、「勉強指南」参照）が出題されます。

2、同音を手がかりにして解答しましょう。

二、勉強方法

1、問題を見ながら、「解答」を見て、1~2回解答を書き写してみましょう。

2、1が済んだら、問題だけを見て書いてみましょう。

3、1と2を、三の学習計画表に従って、検定試験までに3回以上繰り返すことを目標にしましょう。

三、漢字書き換え学習計画表（「勉強方法」1~2の1回目の学習の目安…2日）

ページ数	1回目	2回目	3回目	4回目	5回目
	月　日	月　日	月　日	月　日	月　日
	月　日				

次の色刷の漢字を書き換えが認められている常用漢字（一字）に改めてみましょう。

1 昏迷	2 旱害	3 掩護	4 刺戟	5 恢復
6 駿英	7 肝腎	8 衣裳	9 侵蝕	10 苑地
11 碇泊	12 一挺	13 尖鋭	14 書翰	15 潰滅
16 雑沓	17 企劃	18 臆説	19 繋船	20 史蹟
21 雇傭	22 昂騰	23 饗応	24 蒐荷	25 暗翳
26 惣菜	27 聯絡	28 聯合	29 火焔	30 訊問
31 礦業	32 醱酵	33 徽章	34 沮喪	35 蕃殖
36 吃水	37 宏壮	38 諒解	39 妨碍	40 情誼
41 顚倒	42 侵掠	43 鄭重	44 符牒	45 編輯

46 外廓
47 綜合
48 弘報
49 絃歌
50 誡告
51 射倖心
52 闇夜
53 熔接
54 廻廊
55 伸暢
56 挌闘
57 按分
58 涸渇
59 険岨
60 反撥
61 仗量
62 庖丁
63 註釈
64 制禦
65 中洲
66 強慾
67 稀釈
68 広汎
69 短篇
70 賞讃
71 無智
72 愛慾
73 糺弾
74 煽動
75 理窟
76 抒情
77 恩誼
78 稀少
79 礦石
80 輔佐
81 鋪装
82 撒布
83 研磨
84 尖端
85 叛逆
86 智慧
87 訣別
88 落磐
89 蕃族
90 昂奮
91 蒐集
92 歎願
93 棉花
94 沈澱
95 蒸溜

96	摸索
97	棲(栖)息
98	妄動
99	試煉
100	煉乳
101	機智
102	手帖
103	蒼惶
104	曝露
105	連繫
106	暗誦
107	諷刺
108	崩潰
109	碇泊
110	兇器
111	坐礁
112	熔岩
113	綺談
114	杜絶
115	叡知
116	穎才
117	劃然
118	活潑
119	交叉
120	屍体
121	装釘
122	疏水
123	特輯
124	七顛八倒

解答

1 混	11 停	21 用	31 鉱	41 転	51 幸	61 技	71 知	81 舗	91 収	101 知	111 座	121 丁
2 干	12 丁	22 高	32 発	42 略	52 暗	62 包	72 欲	82 散	92 嘆	102 帳	112 溶	122 疎
3 援	13 先	23 供	33 記	43 丁	53 溶	63 注	73 糾	83 摩	93 綿	103 倉皇	113 奇	123 集
4 激	14 簡	24 集	34 阻	44 丁	54 回	64 御	74 扇	84 先	94 殿	104 暴	114 途	124 転
5 回	15 壊	25 影	35 繁	45 集	55 長	65 州	75 屈	85 反	95 留	105 係	115 英	
6 俊	16 踏	26 総	36 喫	46 郭	56 格	66 欲	76 叙	86 知恵	96 模	106 唱	116 英	
7 心	17 画	27 連	37 広	47 総	57 案	67 希	77 義	87 決	97 生	107 風	117 画	
8 装	18 憶	28 連	38 了	48 広	58 枯	68 範	78 希	88 盤	98 盲	108 壊	118 発	
9 食	19 係	29 炎	39 害	49 弦	59 阻	69 編	79 鉱	89 蛮	99 練	109 停	119 差	
10 園	20 跡	30 尋	40 義	50 戒	60 発	70 賛	80 補	90 興	100 練	110 凶	120 死	

Ⅳ 国字篇

一、設問解説

1、「6 国字の読み」の問題（第ix頁、「勉強指南」参照）が出題されます。

2、欧米の単位を表した当て字は、カタカナで解答しましょう。

3、設問には「送りがな」が書かれていないので、読みが複数あるのもは、全て答えましょう。

二、勉強方法

1、国字の読み方を一通り覚えた後、付属の「しおり」を使って「読み方」を隠し、「読み練習」（●●部分）を見ながら覚えたかどうか確認していきましょう。

2、1を、三の学習計画表に従って、検定試験までに2回以上行うことを目標にしましょう。

三、国字篇 学習計画表（「勉強方法」1の1回目の学習の目安：半日）

ページ数	1回目	2回目	3回目	4回目
	月 日	月 日	月 日	月 日

部首	国字	読み練習	読み方
亻	俣	●●	また
几	凧	●●	たこ
	凪	●● ●●ぐ	なぎ な(ぐ)
勹	匂	●●う ●●い	にお(う) にお(い)
口	喰	●う ●らう	く(う) く(らう)
	噸	●●	トン
	噺	●●●	はなし
木	杢	●●	もく
	栂	●● ●●	とが つが
	栃	●●	とち
	柾	●● ●●●	まさ まさき

部首	漢字	読み欄	読み
	椙	●●	すぎ
	椛	●●●	もみじ
	榊	●●●	さかき
	樫	●●	かし
田	畠	●● ●●●	はた はたけ
石	硲	●●●	はざま
竹	笹	●●	ささ
米	粂	●●	くめ
	籾	●●	もみ
	粁	●●●●●●	キロメートル
	糎	●●●●●●●	センチメートル
	粍	●●●●●●	ミリメートル
	腺	●● ●●	セン すじ

部首	字		読み
辶	辻	●●	つじ
金	鋲	●●●	ビョウ
	鑓	●●	やり
雨	雫	● / ●●●	ダ / しずく
魚	鰯	●●●	いわし
	鱈	●● / ●●	たら / セツ
鳥	鴫	●●	しぎ
麻	麿	●●	まろ

V 対義語・類義語篇

一、設問解説

「7　対義語・類義語」の問題（第ix頁、「勉強指南」参照）では、熟語の読みが選択肢として与えられ、それを漢字に直すことが求められます。

【問題例】　後の□の中の語（ひらがな）を選んで漢字に直し、①②の対義語・③④の類義語を記せ。

対義語　①進取　②緊張、　類義語　③偽作　④軽率

しかん・がんさく・たいえい・そこつ

（答①退嬰・②弛緩・③贋作・④粗忽）

二、勉強方法

1、対義語・練習シート1は、①下一字が同じもの・②上一字が同じもの・③二字全てが反対のもの、のようにグループ分けされています。類義語練習シート1は、①下一字が同じもの・②上一字が同じもの・③下一字と上一字が同じもの・④上一字と下一字が同じもの・⑤二字全てが異なるもの、のようにグループ分けされています。熟語の構成に注意しながら、例えば、「着工」の対義語は「竣工」と覚える時は、共通する下一字「工」をヒントにして学習していきましょう。二字全てが反対のグループは覚えにくいので、「I　配当漢字・熟語篇」の「熟語の読み例」対義語・類義語の説明を何度か見ておきましょう。

2、類義語・対義語各練習シート2を使って、シート1の「↕」、「＝」の上部分の熟語について、「ひらがな」を見ながら書けるように練習しましょう。最初は練習シート1を見ながら書き写し、2回目以降から問題として解答してみましょう。

3、類義語・対義語各練習シート3を使って、シート1の「↕」、「＝」の下部分の熟語について、「ひらがな」を見ながら書けるように練習しましょう。最初は練習シート1を見ながら書き写し、2回目以降から問題として解答してみましょう。

4、1~3の学習は、次のような順序が効果的です。

①対義語 練習シート1 → 対義語 練習シート2 → 対義語 練習シート3

②類義語 練習シート1 → 類義語 練習シート2 → 類義語 練習シート3

5、1~3を、三の学習計画表に従い、検定試験までに2回以上行うことを目標にしましょう。

三、対義語・類義語篇学習計画（「勉強方法」4の1回目の学習の目安：4日）

ページ数	1回目	2回目	3回目	4回目	5回目
	月 日	月 日	月 日	月 日	月 日
	月 日				
	月 日	月 日	月 日	月 日	月 日
	月 日				

対義語練習シート1

❶ 下一字が同じもの・同じ意味（例 荒地↔沃地・凝視↔瞥見）

荒地《あれち》↔沃地《よくち》	右舷《うげん》↔左舷《さげん》	閏年《うるうどし》↔平年《へいねん》
厭戦《えんせん》↔好戦《こうせん》	王道《おうどう》↔覇道《はどう》	雄蕊《おしべ》↔雌蕊《めしべ》
面舵《おもかじ》↔取舵《とりかじ》	晦日《かいじつ》↔朔日《さくじつ》	蓋然《がいぜん》↔必然《ひつぜん》
劃然《かくぜん》↔漠然《ばくぜん》	苛政《かせい》↔仁政《じんせい》	彼方《かなた》↔此方《こなた》
鴨居《かもい》↔敷居《しきい》	雁行《がんこう》↔平行《へいこう》・並行《へいこう》	雁作《がんさく》↔真作《しんさく》
灌木《かんぼく》↔喬木《きょうぼく》	漢名《かんめい》↔和名《わめい》	既済《きさい》↔未済《みさい》
起床《きしょう》↔臥床《がしょう》	義賊《ぎぞく》↔匪賊《ひぞく》	吉事《きちじ》↔凶事《きょうじ》
仰臥《ぎょうが》↔伏臥《ふくが》	嘘字《うそじ》・誤字《ごじ》↔正字《せいじ》	欣然《きんぜん》↔愁然《しゅうぜん》
真鯉《まごい》↔緋鯉《ひごい》	乾徳《けんとく》↔坤徳《こんとく》	乾道《けんどう》↔坤道《こんどう》
兼題《けんだい》↔席題《せきだい》 ※俳句や和歌の会で席上で出される題	公海《こうかい》↔領海《りょうかい》	胡座《こざ》↔正座《せいざ》

午餐《ごさん》↔晩餐《ばんさん》
鮫肌《さめはだ》↔餅肌《もちはだ》
庶子《しょし》↔嫡子《ちゃくし》
充血《じゅうけつ》↔貧血《ひんけつ》
竣工《しゅんこう》↔着工《ちゃっこう》
尋常《じんじょう》↔非常《ひじょう》
双脚《そうきゃく》↔隻脚《せっきゃく》
尊属《そんぞく》↔卑属《ひぞく》
天界《てんかい》↔人界《じんかい》
月夜《つきよ》↔闇夜《やみよ》
投錨《とうびょう》↔抜錨《ばつびょう》
美貌《びぼう》↔醜貌《しゅうぼう》

座礁《ざしょう》↔離礁《りしょう》
散発《さんぱつ》↔頻発《ひんぱつ》
愁然《しゅうぜん》↔欣然《きんぜん》
熟慮《じゅくりょ》↔浅慮《せんりょ》
駿足《しゅんそく》↔鈍足《どんそく》
瑞雲《ずいうん》↔妖雲《よううん》
碩学《せきがく》↔浅学《せんがく》
対酌《たいしゃく》↔独酌《どくしゃく》
徴兵《ちょうへい》↔傭兵《ようへい》
勅撰《ちょくせん》↔私撰《しせん》
吐血《とけつ》↔喀血《かっけつ》
鍍金《めっき》↔地金《じがね》

細論《さいろん》↔汎論《はんろん》
散文《さんぶん》↔韻文《いんぶん》
此岸《しがん》↔彼岸《ひがん》
主役《しゅやく》↔脇役《わきやく》
駿馬《しゅんめ》↔駄馬《だば》
正史《せいし》↔稗史《はいし》
俗言《ぞくげん》↔雅言《がげん》
単糸《たんし》↔撚糸《ねんし》
剃髪《ていはつ》↔畜髪《ちくはつ》・(還俗《げんぞく》)
鼎談《ていだん》↔対談《たいだん》
雛鳥《ひなどり》↔親鳥《おやどり》
謙遜《けんそん》↔不遜《ふそん》・(横柄《おうへい》)

痩地《やせち》↔沃地《よくち》
密教《みっきょう》↔顕教《けんきょう》
楽勝《らくしょう》↔辛勝《しんしょう》
凝視《ぎょうし》↔瞥見《べっけん》
否認《ひにん》↔是認《ぜにん》

❷ 上一字が同じもの（例 在野↔在朝）

在野《ざいや》↔在朝《ざいちょう》
山頂《さんちょう》↔山麓《さんろく》
洛中《らくちゅう》↔洛外《らくがい》
逓興《ていこう》↔逓減《ていげん》
老婆《ろうば》↔老爺《ろうや》

❸ 二字全てが反対のもの（例 浅瀬↔深淵）

浅瀬《あさせ》↔深淵《しんえん》
安閑《あんかん》↔逼迫《ひっぱく》
威嚇↔慰撫《いぶ》
迂遠《うえん》↔卑近《ひきん》
迂回《うかい》↔直行《ちょっこう》
陰鬱《いんうつ》・鬱屈《うっくつ》↔明朗《めいろう》・爽快《そうかい》
永劫《えいごう》↔瞬間《しゅんかん》
炎暑《えんしょ》↔酷寒《こっかん》
快諾《かいだく》↔峻拒《しゅんきょ》
親戚《しんせき》↔他人《たにん》
円満《えんまん》↔圭角《けいかく》
憶病《おくびょう》↔大胆《だいたん》
沖合《おきあい》↔磯辺《いそべ》
恩義《おんぎ》↔怨恨《えんこん》
恩人《おんじん》↔仇敵《きゅうてき》
該博《がいはく》↔蒙昧《もうまい》
稀薄《きはく》↔濃厚《のうこう》
雇用《こよう》↔解職《かいしょく》・（解雇《かいこ》）

瓦解《がかい》↔構築《こうちく》
獲得《かくとく》↔喪失《そうしつ》
旧套《きゅうとう》↔新規《しんき》
強靭《きょうじん》・頑丈《がんじょう》↔脆弱《ぜいじゃく》
協力《きょうりょく》↔妨害《ぼうがい》
緊張《きんちょう》↔弛緩《しかん》
愚昧《ぐまい》・暗愚《あんぐ》↔賢明《けんめい》・聡明《そうめい》
厳寒《げんかん》↔酷暑《こくしょ》
交差《こうさ》↔平行《へいこう》
抗争《こうそう》↔親睦《しんぼく》
枯渇《こかつ》↔潤沢《じゅんたく》・涌《よう》(湧)出《しゅつ》
枯淡《こたん》↔濃艶《のうえん》

寛大《かんだい》・寛容《かんよう》↔峻烈《しゅんれつ》・峻厳《しゅんげん》
瓦全《がぜん》↔玉砕《ぎょくさい》
凝固《ぎょうこ》↔融解《ゆうかい》
謹厳《きんげん》↔滑稽《こっけい》
僅少《きんしょう》↔莫大《ばくだい》
金玉《きんぎょく》↔土芥《どかい》
軽蔑《けいべつ》・侮蔑《ぶべつ》↔尊敬《そんけい》
元首《げんしゅ》↔股肱《ここう》
黄昏《こうこん》↔払暁《ふつぎょう》
巧遅《こうち》↔拙速《せっそく》
勾留《こうりゅう》↔保釈《ほしゃく》
根幹《こんかん》↔枝葉《えだは》

覚醒《かくせい》↔睡眠《すいみん》・失神《しっしん》・昏睡《こんすい》
干渉《かんしょう》↔放任《ほうにん》
挫折《ざせつ》↔貫徹《かんてつ》・完遂《かんすい》
愚鈍《ぐどん》・魯鈍《ろどん》↔聡明《そうめい》・伶俐《れいり》
攻撃《こうげき》↔防御《ぼうぎょ》(禦《ぎょ》)
激賞《げきしょう》↔痛罵《つうば》
険阻《けんそ》(岨)↔平坦《へいたん》
倦怠《けんたい》↔没頭《ぼっとう》
昂進《こうしん》↔鎮静《ちんせい》
昂揚《こうよう》↔消沈《しょうちん》
公平《こうへい》↔偏頗《へんぱ》
混同《こんどう》↔峻別《しゅんべつ》

先鋒《せんぽう》 ↕ 殿軍《でんぐん》
自然《しぜん》 ↕ 人為《じんい》
屢屢《しばしば》 ↕ 偶偶《たまたま》
招福《しょうふく》 ↕ 惹禍《じゃくか》
雌伏《しふく》 ↕ 雄飛《ゆうひ》
饒舌《じょうぜつ》 ↕ 寡黙《かもく》
親愛《しんあい》 ↕ 憎悪《ぞうお》
清浄《せいじょう》 ↕ 汚濁《おだく》
絶賛《ぜっさん》（讃） ↕ 罵倒《ばとう》
俗習《ぞくしゅう》 ↕ 高尚《こうしょう》
泰然《たいぜん》 ↕ 狼狽《ろうばい》
蓄財《ちくざい》 ↕ 蕩尽《とうじん》

些細《ささい》 ↕ 重大《じゅうだい》
出立《しゅったつ》 ↕ 逗留《とうりゅう》
召還《しょうかん》 ↕ 派遣《はけん》
賞讃《しょうさん》・称讃《しょうさん》 ↕ 痛罵《つうば》・悪罵《あくば》・叱責《しっせき》
自制《じせい》 ↕ 放縦《ほうじゅう》
擾乱《じょうらん》 ↕ 平安《へいあん》
杜撰《ずさん》 ↕ 綿密《めんみつ》・精密《せいみつ》
整頓《せいとん》 ↕ 乱雑《らんざつ》
広漠《こうばく》 ↕ 狭窄《きょうさく》
粗略《そりゃく》 ↕ 鄭重《ていちょう》
地祇《ちぎ》 ↕ 天神《てんじん》
喋喋《ちょうちょう》 ↕ 黙黙《もくもく》

斬新《ざんしん》 ↕ 陳腐《ちんぷ》・常套《じょうとう》
失墜《しっつい》 ↕ 挽回《ばんかい》
露出《ろしゅつ》 ↕ 遮蔽《しゃへい》・隠蔽《いんぺい》
祝賀《しゅくが》 ↕ 弔悼《ちょうとう》
醸造《じょうぞう》 ↕ 蒸留《じょうりゅう》
進取《しんしゅ》 ↕ 退嬰《たいえい》
静寂《せいじゃく》・静粛《せいしゅく》 ↕ 喧騒《けんそう》
清楚《せいそ》 ↕ 妖艶《ようえん》・華美《かび》
煽動《せんどう》 ↕ 阻止《そし》
堆積《たいせき》 ↕ 流失《りゅうしつ》
冒瀆《ぼうとく》・軽侮《けいぶ》 ↕ 尊崇《そんすう》・崇敬《すうけい》
凋落《ちょうらく》 ↕ 隆盛《りゅうせい》・興隆《こうりゅう》・繁栄《はんえい》

治癒《ちゆ》↔発病《はつびょう》
追跡《ついせき》↔遁走《とんそう》
低俗《ていぞく》↔高尚《こうしょう》
被覆《ひふく》↔裸出《らしゅつ》
肥沃《ひよく》↔荒蕪《こうぶ》
弊習《へいしゅう》↔淳風《じゅんぷう》
貧賤《ひんせん》↔富貴《ふうき》
膨大《ぼうだい》↔些少《さしょう》
末節《まっせつ》↔根幹《こんかん》
乱射《らんしゃ》↔狙撃《そげき》
阿呆《あほう》↔利口《りこう》
高貴《こうき》・貴顕《きけん》↔下賤《げせん》・卑賤《ひせん》・微賤《びせん》

抽出《ちゅうしゅつ》↔悉皆《しっかい》
貞女《ていじょ》↔淫婦《いんぷ》
剝奪《はくだつ》↔付与《ふよ》・授与《じゅよ》
肥満《ひまん》↔痩身《そうしん》
敏捷《びんしょう》↔緩慢《かんまん》・鈍重《どんじゅう》
勃興《ぼっこう》↔没落《ぼつらく》
妨害《ぼうがい》↔協力《きょうりょく》
放伐《ほうばつ》↔禅譲《ぜんじょう》
明快《めいかい》・明解《めいかい》↔晦渋《かいじゅう》
露骨《ろこつ》↔婉曲《えんきょく》
反駁《はんばく》↔支持《しじ》・同調《どうちょう》
野鳥《やちょう》↔家禽《かきん》

中枢《ちゅうすう》↔末梢《まっしょう》
停頓《ていとん》・停滞《ていたい》・渋滞《じゅうたい》↔進捗《しんちょく》・進展《しんてん》
剝離《はくり》↔付着《ふちゃく》・接着《せっちゃく》
暴露《ばくろ》↔隠蔽《いんぺい》・秘匿《ひとく》
任命《にんめい》↔罷免《ひめん》・免職《めんしょく》
払拭《ふっしょく》↔掩蔽《えんぺい》
褒賞《ほうしょう》↔懲罰《ちょうばつ》
内憂《ないゆう》↔外患《がいかん》
悠長《ゆうちょう》↔俄然《がぜん》
遼遠《りょうえん》↔至近《しきん》
一斑《いっぱん》↔全貌《ぜんぼう》
憂慮《ゆうりょ》・懸念《けねん》↔安堵《あんど》

対義語練習シート2

❶ ひらがなを漢字で書いてみよう（下一字が同じもの）。

あれち	↕	沃地《よくち》
えんせん	↕	好戦《こうせん》
おもかじ	↕	取舵《とりかじ》
かくぜん	↕	漠然《ばくぜん》
かもい	↕	敷居《しきい》
かんぼく	↕	喬木《きょうぼく》
きしょう	↕	臥床《がしょう》
ぎょうが	↕	伏臥《ふくが》
まごい	↕	緋鯉《ひごい》
けんだい	↕	席題《せきだい》
うげん	↕	左舷《さげん》
おうどう	↕	覇道《はどう》
かいじつ	↕	朔日《さくじつ》
かせい	↕	仁政《じんせい》
がんこう	↕	平行《へいこう》・並行《へいこう》
かんめい	↕	和名《わめい》
ぎぞく	↕	匪賊《ひぞく》
うそじ・ごじ	↕	正字《せいじ》
けんとく	↕	坤徳《こんとく》
こうかい	↕	領海《りょうかい》
うるうどし	↕	平年《へいねん》
おしべ	↕	雌蕊《めしべ》
がいぜん	↕	必然《ひつぜん》
かなた	↕	此方《こなた》
がんさく	↕	真作《しんさく》
きさい	↕	未済《みさい》
きちじ	↕	凶事《きょうじ》
きんぜん	↕	愁然《しゅうぜん》
けんどう	↕	坤道《こんどう》
こざ	↕	正座《せいざ》

ごさん	↕	晩餐《ばんさん》
さめはだ	↕	餅肌《もちはだ》
しょし	↕	嫡子《ちゃくし》
じゅうけつ	↕	貧血《ひんけつ》
しゅんこう	↕	着工《ちゃっこう》
じんじょう	↕	非常《ひじょう》
そうきゃく	↕	隻脚《せっきゃく》
そんぞく	↕	卑属《ひぞく》
てんかい	↕	人界《じんかい》
つきよ	↕	闇夜《やみよ》
とうびょう	↕	抜錨《ばつびょう》
びぼう	↕	醜貌《しゅうぼう》
ざしょう	↕	離礁《りしょう》
さんぱつ	↕	頻発《ひんぱつ》
しゅうぜん	↕	欣然《きんぜん》
じゅくりょ	↕	浅慮《せんりょ》
しゅんそく	↕	鈍足《どんそく》
ずいうん	↕	妖雲《よううん》
せきがく	↕	浅学《せんがく》
たいしゃく	↕	独酌《どくしゃく》
ちょうへい	↕	傭兵《ようへい》
ちょくせん	↕	私撰《しせん》
とけつ	↕	喀血《かっけつ》
めっき	↕	地金《じがね》
さいろん	↕	汎論《はんろん》
さんぶん	↕	韻文《いんぶん》
しがん	↕	彼岸《ひがん》
しゅやく	↕	脇役《わきやく》
しゅんめ	↕	駄馬《だば》
せいし	↕	稗史《はいし》
ぞくげん	↕	雅言《がげん》
たんし	↕	撚糸《ねんし》
ていはつ	↕	蓄髪《ちくはつ》・（還俗《げんぞく》）
ていだん	↕	対談《たいだん》
ひなどり	↕	親鳥《おやどり》
けんそん	↕	不遜《ふそん》・（横柄《おうへい》）

やせち ↕ 沃地《よくち》	みっきょう ↕ 顕教《けんきょう》	らくしょう ↕ 辛勝《しんしょう》
ぎょうし ↕ 瞥見《べっけん》	ひにん ↕ 是認《ぜにん》	

❷ ひらがなを漢字で書いてみよう（上一字が同じもの）。

ざいや ↕ 在朝《ざいちょう》	さんちょう ↕ 山麓《さんろく》	らくちゅう ↕ 洛外《らくがい》
ていこう ↕ 逓減《ていげん》	ろうば ↕ 老爺《ろうや》	

❸ ひらがなを漢字で書いてみよう（二字全て反対のもの）。

あさせ ↕ 深淵《しんえん》	あんかん ↕ 逼迫《ひっぱく》	いかく ↕ 慰撫《いぶ》
うえん ↕ 卑近《ひきん》	うかい ↕ 直行《ちょっこう》	いんうつ・うっくつ ↕ 明朗《めいろう》・爽快《そうかい》
えいごう ↕ 瞬間《しゅんかん》	えんしょ ↕ 酷寒《こっかん》	かいだく ↕ 峻拒《しゅんきょ》
しんせき ↕ 他人《たにん》	えんまん ↕ 圭角《けいかく》	おくびょう ↕ 大胆《だいたん》
おきあい ↕ 磯辺《いそべ》	おんぎ ↕ 怨恨《えんこん》	おんじん ↕ 仇敵《きゅうてき》
がいはく ↕ 蒙昧《もうまい》	きはく ↕ 濃厚《のうこう》	こよう ↕ 解職《かいしょく》・（解雇《かいこ》）

がかい ↕ 構築《こうちく》
かくとく ↕ 喪失《そうしつ》
きゅうとう ↕ 新規《しんき》
きょうじん・がんじょう ↕ 脆弱《ぜいじゃく》
きょうりょく ↕ 妨害《ぼうがい》
きんちょう ↕ 弛緩《しかん》
ぐまい・あんぐ ↕ 賢明《けんめい》・聡明《そうめい》
げんかん ↕ 酷暑《こくしょ》
こうさ ↕ 平行《へいこう》
こうそう ↕ 親睦《しんぼく》
こかつ ↕ 潤沢《じゅんたく》・涌《よう》(勇)出《しゅつ》
こたん ↕ 濃艶《のうえん》

かんだい・かんよう ↕ 峻烈《しゅんれつ》・峻厳《しゅんげん》
がぜん ↕ 玉砕《ぎょくさい》
ぎょうこ ↕ 融解《ゆうかい》
きんげん ↕ 滑稽《こっけい》
きんしょう ↕ 莫大《ばくだい》
きんぎょく ↕ 土芥《どかい》
けいべつ・ぶべつ ↕ 尊敬《そんけい》
げんしゅ ↕ 股肱《ここう》
こうこん ↕ 払暁《ふつぎょう》
こうち ↕ 拙速《せっそく》
こうりゅう ↕ 保釈《ほしゃく》
こんかん ↕ 枝葉《えだは》

かくせい ↕ 睡眠《すいみん》・失神《しっしん》・昏睡《こんすい》
かんしょう ↕ 放任《ほうにん》
ざせつ ↕ 貫徹《かんてつ》・完遂《かんすい》
ぐどん・ろどん ↕ 聡明《そうめい》・伶俐《れいり》
こうげき ↕ 防御《ぼうぎょ》(禦)
げきしょう ↕ 痛罵《つうば》
けんそ ↕ 平坦《へいたん》
けんたい ↕ 没頭《ぼっとう》
こうしん ↕ 鎮静《ちんせい》
こうへい ↕ 偏頗《へんぱ》
こうよう ↕ 消沈《しょうちん》
こんどう ↕ 峻別《しゅんべつ》

せんぼう	↕	殿軍《でんぐん》
しぜん	↕	人為《じんい》
しばしば	↕	偶偶《たまたま》
しょうふく	↕	惹禍《じゃくか》
しふく	↕	雄飛《ゆうひ》
じょうぜつ	↕	寡黙《かもく》
しんあい	↕	憎悪《ぞうお》
せいじょう	↕	汚濁《おだく》
ぜっさん	↕	罵倒《ばとう》
ぞくしゅう	↕	高尚《こうしょう》
たいぜん	↕	狼狽《ろうばい》
ちくざい	↕	蕩尽《とうじん》
ささい	↕	重大《じゅうだい》
しゅったつ	↕	逗留《とうりゅう》
しょうかん	↕	派遣《はけん》
しょうさん・しょうさん	↕	痛罵《つうば》・悪罵《あくば》・叱責《しっせき》
じせい	↕	放縦《ほうじゅう》
じょうらん	↕	平安《へいあん》
ずさん	↕	綿密《めんみつ》・精密《せいみつ》
せいとん	↕	乱雑《らんざつ》
こうばく	↕	狭窄《きょうさく》
そりゃく	↕	鄭重《ていちょう》
ちぎ	↕	天神《てんじん》
ちょうちょう	↕	黙黙《もくもく》
ざんしん	↕	陳腐《ちんぷ》・常套《じょうとう》
しっつい	↕	挽回《ばんかい》
ろしゅつ	↕	遮蔽《しゃへい》・隠蔽《いんぺい》
しゅくが	↕	弔悼《ちょうとう》
じょうぞう	↕	蒸留《じょうりゅう》
しんしゅ	↕	退嬰《たいえい》
せいじゃく・せいしゅく	↕	喧騒《けんそう》
せいそ	↕	妖艶《ようえん》・華美《かび》
せんどう	↕	阻止《そし》
たいせき	↕	流失《りゅうしつ》
ぼうとく・けいぶ	↕	尊崇《そんすう》・崇敬《すうけい》
ちょうらく	↕	隆盛《りゅうせい》・興隆《こうりゅう》・繁栄《はんえい》

ちゆ ↕ 発病《はつびょう》
ついせき ↕ 遁走《とんそう》
ていぞく ↕ 高尚《こうしょう》
ひふく ↕ 裸出《らしゅつ》
ひよく ↕ 荒蕪《こうぶ》
へいしゅう ↕ 淳風《じゅんぷう》
ひんせん ↕ 富貴《ふうき》
ぼうだい ↕ 些少《さしょう》
まっせつ ↕ 根幹《こんかん》
らんしゃ ↕ 狙撃《そげき》
あほう ↕ 利口《りこう》
こうき・きけん ↕ 下賤《げせん》・卑賤《ひせん》・微賤《びせん》

ちゅうしゅつ ↕ 悉皆《しっかい》
ていじょ ↕ 淫婦《いんぷ》
はくだつ ↕ 付与《ふよ》・授与《じゅよ》
ひまん ↕ 痩身《そうしん》
びんしょう ↕ 緩慢《かんまん》・鈍重《どんじゅう》
ぼっこう ↕ 没落《ぼつらく》
ぼうがい ↕ 協力《きょうりょく》
ほうばつ ↕ 禅譲《ぜんじょう》
めいかい・めいかい ↕ 晦渋《かいじゅう》
ろこつ ↕ 婉曲《えんきょく》
はんばく ↕ 支持《しじ》・同調《どうちょう》
やちょう ↕ 家禽《かきん》

ちゅうすう ↕ 末梢《まっしょう》
ていとん・ていたい・じゅうたい ↕ 進捗《しんちょく》・進展《しんてん》
はくり ↕ 付着《ふちゃく》・接着《せっちゃく》
ばくろ ↕ 隠蔽《いんぺい》・秘匿《ひとく》
にんめい ↕ 罷免《ひめん》・免職《めんしょく》
ふっしょく ↕ 掩蔽《えんぺい》
ほうしょう ↕ 懲罰《ちょうばつ》
ないゆう ↕ 外患《がいかん》
ゆうちょう ↕ 俄然《がぜん》
りょうえん ↕ 至近《しきん》
いっぱん ↕ 全貌《ぜんぼう》
ゆうりょ・けねん ↕ 安堵《あんど》

❶ ひらがなを漢字で書いてみよう（下一字が同じもの）。

荒地《あれち》	↕	よくち
厭戦《えんせん》	↕	こうせん
面舵《おもかじ》	↕	とりかじ
劃然《かくぜん》	↕	ばくぜん
鴨居《かもい》	↕	しきい
灌木《かんぼく》	↕	きょうぼく
起床《きしょう》	↕	がしょう
仰臥《ぎょうが》	↕	ふくが
真鯉《まごい》	↕	ひごい
兼題《けんだい》	↕	せきだい
右舷《うげん》	↕	さげん
王道《おうどう》	↕	はどう
晦日《かいじつ》	↕	さくじつ
苛政《かせい》	↕	じんせい
雁行《がんこう》	↕	へいこう・へいこう
漢名《かんめい》	↕	わめい
義賊《ぎぞく》	↕	ひぞく
嘘字《うそじ》・誤字《ごじ》	↕	せいじ
乾徳《けんとく》	↕	こんとく
公海《こうかい》	↕	りょうかい
閏年《うるうどし》	↕	へいねん
雄蕊《おしべ》	↕	めしべ
蓋然《がいぜん》	↕	ひつぜん
彼方《かなた》	↕	こなた
雁作《がんさく》	↕	しんさく
既済《きさい》	↕	みさい
吉事《きちじ》	↕	きょうじ
欣然《きんぜん》	↕	しゅうぜん
乾道《けんどう》	↕	こんどう
胡座《こざ》	↕	せいざ

午餐《ごさん》 ↕ ばんさん
鮫肌《さめはだ》 ↕ もちはだ
庶子《しょし》 ↕ ちゃくし
充血《じゅうけつ》 ↕ ひんけつ
竣工《しゅんこう》 ↕ ちゃっこう
尋常《じんじょう》 ↕ ひじょう
双脚《そうきゃく》 ↕ せっきゃく
尊属《そんぞく》 ↕ ひぞく
天界《てんかい》 ↕ じんかい
月夜《つきよ》 ↕ やみよ
投錨《とうびょう》 ↕ ばつびょう
美貌《びぼう》 ↕ しゅうぼう

座礁《ざしょう》 ↕ りしょう
散発《さんぱつ》 ↕ ひんぱつ
愁然《しゅうぜん》 ↕ きんぜん
熟慮《じゅくりょ》 ↕ せんりょ
駿足《しゅんそく》 ↕ どんそく
瑞雲《ずいうん》 ↕ よううん
碩学《せきがく》 ↕ せんがく
対酌《たいしゃく》 ↕ どくしゃく
徴兵《ちょうへい》 ↕ ようへい
勅撰《ちょくせん》 ↕ しせん
吐血《とけつ》 ↕ かっけつ
鍍金《めっき》 ↕ じがね

細論《さいろん》 ↕ はんろん
散文《さんぶん》 ↕ いんぶん
此岸《しがん》 ↕ ひがん
主役《しゅやく》 ↕ わきやく
駿馬《しゅんめ》 ↕ だば
正史《せいし》 ↕ はいし
俗言《ぞくげん》 ↕ がげん
単糸《たんし》 ↕ ねんし
剃髪《ていはつ》 ↕ ちくはつ ・（げんぞく）
鼎談《ていだん》 ↕ たいだん
雛鳥《ひなどり》 ↕ おやどり
謙遜《けんそん》 ↕ ふそん ・（おうへい）

- 痩地《やせち》 ↕ よくち
- 密教《みっきょう》 ↕ けんきょう
- 楽勝《らくしょう》 ↕ しんしょう
- 凝視《ぎょうし》 ↕ べっけん
- 否認《ひにん》 ↕ ぜにん

❷ ひらがなを漢字で書いてみよう（上一字が同じもの）。

- 在野《ざいや》 ↕ ざいちょう
- 山頂《さんちょう》 ↕ さんろく
- 洛中《らくちゅう》 ↕ らくがい
- 逓興《ていこう》 ↕ ていげん
- 老婆《ろうば》 ↕ ろうや

❸ ひらがなを漢字で書いてみよう（二字全てが反対のもの）。

- 浅瀬《あさせ》 ↕ しんえん
- 安閑《あんかん》 ↕ ひっぱく
- 威嚇《いかく》 ↕ いぶ
- 迂遠《うえん》 ↕ ひきん
- 迂回《うかい》 ↕ ちょっこう
- 陰鬱《いんうつ》・鬱屈《うっくつ》 ↕ めいろう・そうかい
- 永劫《えいごう》 ↕ しゅんかん
- 炎暑《えんしょ》 ↕ こっかん
- 快諾《かいだく》 ↕ しゅんきょ
- 親戚《しんせき》 ↕ たにん
- 円満《えんまん》 ↕ けいかく
- 憶病《おくびょう》 ↕ だいたん
- 沖合《おきあい》 ↕ いそべ
- 恩義《おんぎ》 ↕ えんこん
- 恩人《おんじん》 ↕ きゅうてき
- 該博《がいはく》 ↕ もうまい
- 稀薄《きはく》 ↕ のうこう
- 雇用《こよう》 ↕ かいしょく・（かいこ）

- 瓦解《がかい》 ↔ こうちく
- 獲得《かくとく》 ↔ そうしつ
- 旧套《きゅうとう》 ↔ しんき
- 強靭《きょうじん》・頑丈《がんじょう》 ↔ ぜいじゃく
- 協力《きょうりょく》 ↔ ぼうがい
- 緊張《きんちょう》 ↔ しかん
- 愚昧《ぐまい》・暗愚《あんぐ》 ↔ けんめい・そうめい
- 厳寒《げんかん》 ↔ こくしょ
- 交差《こうさ》 ↔ へいこう
- 抗争《こうそう》 ↔ しんぼく
- 枯渇《こかつ》 ↔ じゅんたく・ようしゅつ
- 枯淡《こたん》 ↔ のうえん

- 寛大《かんだい》・寛容《かんよう》 ↔ しゅんれつ・しゅんげん
- 瓦全《がぜん》 ↔ ぎょくさい
- 凝固《ぎょうこ》 ↔ ゆうかい
- 謹厳《きんげん》 ↔ こっけい
- 僅少《きんしょう》 ↔ ばくだい
- 金玉《きんぎょく》 ↔ どかい
- 軽蔑《けいべつ》・侮蔑《ぶべつ》 ↔ そんけい
- 元首《げんしゅ》 ↔ ここう
- 黄昏《こうこん》 ↔ ふつぎょう
- 巧遅《こうち》 ↔ せっそく
- 勾留《こうりゅう》 ↔ ほしゃく
- 根幹《こんかん》 ↔ えだは

- 覚醒《かくせい》 ↔ すいみん・しっしん・こんすい
- 干渉《かんしょう》 ↔ ほうにん
- 挫折《ざせつ》 ↔ かんてつ・かんすい
- 愚鈍《ぐどん》・魯鈍《ろどん》 ↔ そうめい・れいり
- 攻撃《こうげき》 ↔ ぼうぎょ（ぎょ）
- 激賞《げきしょう》 ↔ つうば
- 険阻《けんそ》(岨) ↔ へいたん
- 倦怠《けんたい》 ↔ ぼっとう
- 昂進《こうしん》 ↔ ちんせい
- 公平《こうへい》 ↔ へんぱ
- 昂揚《こうよう》 ↔ しょうちん
- 混同《こんどう》 ↔ しゅんべつ

先鋒《せんぽう》 ↔ でんぐん

自然《しぜん》 ↔ じんい

屢屢《しばしば》 ↔ たまたま

招福《しょうふく》 ↔ じゃくか

雌伏《しふく》 ↔ ゆうひ

饒舌《じょうぜつ》 ↔ かもく

親愛《しんあい》 ↔ ぞうお

清浄《せいじょう》 ↔ おだく

絶賛《ぜっさん》（讃） ↔ ばとう

俗習《ぞくしゅう》 ↔ こうしょう

泰然《たいぜん》 ↔ ろうばい

蓄財《ちくざい》 ↔ とうじん

些細《ささい》 ↔ じゅうだい

出立《しゅったつ》 ↔ とうりゅう

召還《しょうかん》 ↔ はけん

賞讃《しょうさん》・称讃《しょうさん》 ↔ つうば・あくば・しっせき

自制《じせい》 ↔ ほうじゅう

擾乱《じょうらん》 ↔ へいあん

杜撰《ずさん》 ↔ めんみつ・せいみつ

整頓《せいとん》 ↔ らんざつ

広漠《こうばく》 ↔ きょうさく

粗略《そりゃく》 ↔ ていちょう

地祇《ちぎ》 ↔ てんじん

喋喋《ちょうちょう》 ↔ もくもく

斬新《ざんしん》 ↔ ちんぷ・じょうとう

失墜《しっつい》 ↔ ばんかい

露出《ろしゅつ》 ↔ しゃへい・いんぺい

祝賀《しゅくが》 ↔ ちょうとう

醸造《じょうぞう》 ↔ じょうりゅう

進取《しんしゅ》 ↔ たいえい

静寂《せいじゃく》・静粛《せいしゅく》 ↔ けんそう

清楚《せいそ》 ↔ ようえん・かび

煽動《せんどう》 ↔ そし

堆積《たいせき》 ↔ りゅうしつ

冒瀆《ぼうとく》・軽侮《けいぶ》 ↔ そんすう・すうけい

凋落《ちょうらく》 ↔ りゅうせい・こうりゅう・はんえい

治癒《ちゆ》 ↕ はつびょう
追跡《ついせき》 ↕ とんそう
低俗《ていぞく》 ↕ こうしょう
被覆《ひふく》 ↕ らしゅつ
肥沃《ひよく》 ↕ こうぶ
弊習《へいしゅう》 ↕ じゅんぷう
貧賤《ひんせん》 ↕ ふうき
膨大《ぼうだい》 ↕ さしょう
末節《まっせつ》 ↕ こんかん
乱射《らんしゃ》 ↕ そげき
阿呆《あほう》 ↕ りこう
高貴《こうき》・貴顕《きけん》 ↕ げせん・ひせん・びせん

抽出《ちゅうしゅつ》 ↕ しっかい
貞女《ていじょ》 ↕ いんぷ
剥奪《はくだつ》 ↕ ふよ・じゅよ
肥満《ひまん》 ↕ そうしん
敏捷《びんしょう》 ↕ かんまん・どんじゅう
勃興《ぼっこう》 ↕ ぼつらく
妨害《ぼうがい》 ↕ きょうりょく
放伐《ほうばつ》 ↕ ぜんじょう
明快《めいかい》・明解《めいかい》 ↕ かいじゅう
露骨《ろこつ》 ↕ えんきょく
反駁《はんばく》 ↕ しじ・どうちょう
野鳥《やちょう》 ↕ かきん

中枢《ちゅうすう》 ↕ まっしょう
停頓《ていとん》・停滞《ていたい》・渋滞《じゅうたい》 ↕ しんちょく・しんてん
剥離《はくり》 ↕ ふちゃく・せっちゃく
暴露《ばくろ》 ↕ いんぺい・ひとく
任命《にんめい》 ↕ ひめん・めんしょく
払拭《ふっしょく》 ↕ えんぺい
褒賞《ほうしょう》 ↕ ちょうばつ
内憂《ないゆう》 ↕ がいかん
悠長《ゆうちょう》 ↕ がぜん
遼遠《りょうえん》 ↕ しきん
一斑《いっぱん》 ↕ ぜんぼう
憂慮《ゆうりょ》・懸念《けねん》 ↕ あんど

類義語練習シート1

❶ 下一字が同じもの（例 愛［育］＝撫［育］）

愛育《あいいく》＝撫育《ぶいく》	藍色《あいいろ》＝紺色《こんいろ》	斡旋《あっせん》＝周旋《しゅうせん》
遺骸《いがい》＝死骸《しがい》	偉観《いかん》＝壮観《そうかん》	畏敬《いけい》＝尊敬《そんけい》
陰鬱《いんうつ》＝憂鬱《ゆううつ》	車駕《しゃが》＝輿駕《よが》	穎敏《えいびん》＝明敏《めいびん》
温和《おんわ》＝柔和《にゅうわ》	押印《おういん》＝捺印《なついん》	蓋世《がいせい》＝絶世《ぜっせい》
苛役《かえき》＝苦役《くえき》	苛税《かぜい》＝酷税《こくぜい》	贋作《がんさく》＝偽作《ぎさく》
虚弱《きょじゃく》＝脆弱《ぜいじゃく》	嬉戯《きぎ》＝遊戯《ゆうぎ》	救済《きゅうさい》＝賑済《しんさい》
許可《きょか》＝允可《いんか》	僅少《きんしょう》＝些少《さしょう》	傾向《けいこう》＝趨向《すうこう》
賢明《けんめい》＝聡明《そうめい》	偶然《ぐうぜん》＝蓋然《がいぜん》	愚妻《ぐさい》＝荊妻《けいさい》
繋泊《けいはく》＝碇泊《ていはく》	軽蔑《けいべつ》＝侮蔑《ぶべつ》	謙譲《けんじょう》＝遜譲《そんじょう》
倹約《けんやく》＝節約《せつやく》	高遠《こうえん》＝迂遠《うえん》	晒書《さいしょ》＝曝書《ばくしょ》

死骸《しがい》＝遺骸《いがい》
濡滞《じゅたい》＝停滞《ていたい》
垂死《すいし》＝瀕死《ひんし》
人望《じんぼう》＝輿望《よぼう》
泰然《たいぜん》＝悠然《ゆうぜん》
鴇色《ときいろ》＝桃色《ももいろ》
撚紙《ねんし》＝捻紙《ねんし》
撫育《ぶいく》＝養育《よういく》
爆発《ばくはつ》＝勃発《ぼっぱつ》

仔細《しさい》＝詳細《しょうさい》
終生《しゅうせい》＝畢生《ひっせい》
静寂《せいじゃく》＝閑寂《かんじゃく》
駁馬《まだらうま》＝斑馬《まだらうま》
治癒《ちゆ》＝平癒《へいゆ》
禿筆《とくひつ》＝敗筆《はいひつ》 ※使い古した筆
博愛《はくあい》＝汎愛《はんあい》
変装《へんそう》＝扮装《ふんそう》
婁報《るほう》＝続報《ぞくほう》

時勢《じせい》＝趨勢《すうせい》
盛宴《せいえん》＝饗宴《きょうえん》
俄然《がぜん》＝突然《とつぜん》
判然《はんぜん》＝劃然《かくぜん》
寵愛《ちょうあい》＝溺愛《できあい》・切愛《せつあい》
突然《とつぜん》＝忽然《こつぜん》・（突如《とつじょ》）
頻海《ひんかい》＝臨海《りんかい》
北風《きたかぜ》＝朔風《さくふう》

❷上一字が同じもの（例 暗黒＝暗闇）

暗黒《あんこく》＝暗闇《くらやみ》
悪罵《あくば》＝悪口《わるくち》
遺棄《いき》＝遺失《いしつ》

陰気《いんき》＝陰鬱《いんうつ》
胡散《うさん》＝胡乱《うろん》
永遠《えいえん》＝永劫《えいごう》

気炎《きえん》＝気概《きがい》	懐古《かいこ》＝懐旧《かいきゅう》	兇音《きょういん》＝兇報《きょうほう》
交際《こうさい》＝交誼《こうぎ》	混沌《こんとん》＝混濁《こんだく》	残酷《ざんこく》＝残虐《ざんぎゃく》
親戚《しんせき》＝親類《しんるい》	進捗《しんちょく》＝進行《しんこう》	栄耀《えいよう》＝栄華《えいが》
先駆《せんく》＝先鞭《せんべん》	凋落《ちょうらく》＝凋零《ちょうれい》	脆怯《ぜいきょ》＝脆弱《ぜいじゃく》
馴擾《じゅんじょう》＝馴致《じゅんち》	凄悲《せいひ》＝凄切《せいせつ》	爽快《そうかい》＝爽涼《そうりょう》
不朽《ふきゅう》＝不磨《ふま》	風体《ふうてい》＝風貌《ふうぼう》	背馳《はいち》＝背畔《はいはん》（反《はん》）
友情《ゆうじょう》＝友誼《ゆうぎ》	敏速《びんそく》＝敏捷《びんしょう》	補佐《ほさ》＝補《ほ》（輔《ほ》）弼《ひつ》
山裾《やますそ》＝山麓《さんろく》	和睦《わぼく》＝和解《わかい》	微細《びさい》＝微小《びしょう》・（些細《ささい》）
尤最《ゆうさい》＝尤異《ゆうい》	不一《ふいつ》＝不悉《ふしつ》 ※同じでない	

❸下一字と上一字が同じもの（例 機**敏**＝**敏**捷）

機敏《きびん》＝敏捷《びんしょう》	貰貸《せいたい》＝貸借《たいしゃく》	兇悪《きょうあく》＝悪逆《あくぎゃく》
虚偽《きょぎ》＝偽言《ぎげん》	清爽《せいそう》＝爽快《そうかい》	達成《たっせい》＝成就《じょうじゅ》

汀渚《ていしょ》＝渚岸《しょがん》
停頓《ていとん》＝頓挫《とんざ》
剝奪《はくだつ》＝奪取《だっしゅ》
凡例《はんれい》＝例言《れいげん》
痛快《つうかい》＝快哉《かいさい》
斬新《ざんしん》＝新鮮《しんせん》

❹ 上一字と下一字が同じもの（例 厳格＝峻厳）

厳格《げんかく》＝峻厳《しゅんげん》
怨恨《えんこん》＝仇怨《きゅうえん》
敏捷《びんしょう》＝機敏《きびん》
装束《しょうぞく》＝衣装《いしょう》
訊問《じんもん》＝鞠訊《きくじん》
落伍《らくご》(後《ご》)＝脱落《だつらく》

❺ 二字全てが異なるもの

圧倒《あっとう》＝凌駕《りょうが》
粗筋《あらすじ》＝梗概《こうがい》
安堵《あんど》＝放念《ほうねん》
遺骸《いがい》＝死体《したい》
威厳《いげん》＝貫禄《かんろく》
遺憾《いかん》＝残念《ざんねん》
遺恨《いこん》＝怨念《おんねん》
衣裳《いしょう》＝装束《しょうぞく》
隠遁《いんとん》＝脱俗《だつぞく》
隠蔽《いんぺい》＝秘匿《ひとく》
鋭意《えいい》＝孜孜《しし》
永眠《えいみん》＝逝去《せいきょ》
盈満《えいまん》＝充溢《じゅういつ》
沿革《えんかく》＝変遷《へんせん》
縁故《えんこ》＝手蔓《てづる》
旺盛《おうせい》＝軒昂《けんこう》
横着《おうちゃく》＝怠惰《たいだ》
横行《おうこう》＝跳梁《ちょうりょう》・蔓延《まんえん》

臆病《おくびょう》＝怯弱《きょうじゃく》
音信《おんしん》＝沙汰《さた》
家具《かぐ》＝什器《じゅうき》
俄頃《がけい》＝暫時《ざんじ》
割烹《かっぽう》＝調理《ちょうり》
姦通《かんつう》＝不倫《ふりん》
閑居《かんきょ》＝幽棲《ゆうせい》
恐喝《きょうかつ》＝脅迫《きょうはく》
虚言《きょげん》・戯言《ぎげん》＝妄語《もうご》
愚弄《ぐろう》＝侮辱《ぶじょく》
稽古《けいこ》＝練習《れんしゅう》
傾斜《けいしゃ》＝勾配《こうばい》

親方《おやかた》＝棟梁《とうりょう》
晦渋《かいじゅう》＝難解《なんかい》
仮寓《かぐう》＝寄留《きりゅう》
俄然《がぜん》＝突如《とつじょ》
果報《かほう》＝冥利《みょうり》
寛恕《かんじょ》・宥恕《ゆうじょ》＝容赦《ようしゃ》
危篤《きとく》＝瀕死《ひんし》
強固《きょうこ》＝堅牢《けんろう》
器量《きりょう》＝容貌《ようぼう》
軍服《ぐんぷく》＝戎衣《じゅうい》
軽率《けいそつ》＝粗忽《そこつ》
希有《けう》＝椿事《ちんじ》

億劫《おっくう》＝大儀《たいぎ》・面倒《めんどう》
壊滅《かいめつ》・崩壊《ほうかい》＝瓦解《がかい》
学識《がくしき》＝造詣《ぞうけい》
葛藤《かっとう》＝悶着《もんちゃく》
鑑賞《かんしょう》＝玩味《がんみ》
贋作《がんさく》＝模造《もぞう》
仰天《ぎょうてん》＝動顛《どうてん》
教導《きょうどう》＝木鐸《ぼくたく》
苦難《くなん》＝辛酸《しんさん》
経緯《けいい》＝顛末《てんまつ》・首尾《しゅび》
軽侮《けいぶ》＝蔑視《べっし》
激励《げきれい》＝鼓舞《こぶ》

- 結局《けつきょく》＝所詮《しょせん》
- 元凶《げんきょう》＝首魁《しゅかい》
- 拘泥《こうでい》＝執着《しゅうちゃく》
- 恒久《こうきゅう》＝永劫《えいごう》
- 股肱《ここう》＝腹心《ふくしん》
- 座(坐)視《ざし》＝傍観《ぼうかん》
- 焦眉《しょうび》＝切迫《せっぱく》
- 惹起《じゃっき》＝勃発《ぼっぱつ》
- 懇切《こんせつ》＝鄭重《ていちょう》
- 些細《ささい》＝軽微《けいび》・微小《びしょう》
- 雑駁《ざっぱく》＝杜撰《ずさん》
- 嫉妬《しっと》＝羨望《せんぼう》

- 懸念《けねん》＝杞憂《きゆう》
- 興奮《こうふん》＝激昂《げっこう》
- 豪胆《ごうたん》＝剛毅《ごうき》
- 懇切《こんせつ》＝融和《ゆうわ》
- 滑稽《こっけい》＝笑止《しょうし》
- 逆浪《ぎゃくろう》＝怒濤《どとう》
- 市井《しせい》＝巷間《こうかん》
- 懇親《こんしん》＝融和《ゆうわ》
- 暫時《ざんじ》＝頃刻《けいこく》・俄頃《がけい》
- 坐視《ざし》＝静観《せいかん》
- 子孫《しそん》＝後裔《こうえい》
- 出奔《しゅっぽん》＝逐電《ちくでん》

- 倦怠《けんたい》＝退屈《たいくつ》
- 傑出《けっしゅつ》・出色《しゅっしょく》＝白眉《はくび》・卓越《たくえつ》
- 巷説《こうせつ》＝噂沓《そんとう》・評判《ひょうばん》
- 互角《ごかく》＝伯仲《はくちゅう》
- 固執《こしつ》＝頓着《とんちゃく》・拘泥《こうでい》
- 地獄《じごく》＝奈落《ならく》
- 酸鼻《さんび》＝無惨《むざん》(残《ざん》)
- 算段《さんだん》＝捻出《ねんしゅつ》
- 催促《さいそく》＝煎督《せんとく》
- 挫折《ざせつ》＝停頓《ていとん》
- 習癖《しゅうへき》＝惰性《だせい》
- 従容《しょうよう》＝悠揚《ゆうよう》

主席《しゅせき》＝領袖《りょうしゅう》
小閑《しょうかん》＝寸隙《すんげき》
峻厳《しゅんげん》＝苛烈《かれつ》
懐柔《かいじゅう》＝籠絡《ろうらく》
饒舌《じょうぜつ》＝喋喋《ちょうちょう》
消極《しょうきょく》＝退嬰《たいえい》
敗残《はいざん》＝零落《れいらく》
切急《せっきゅう》＝逼迫《ひっぱく》
選出《せんしゅつ》＝抜擢《ばってき》
総説《そうせつ》＝汎論《はんろん》
杜撰《ずさん》＝雑駁《ざっぱく》
続出《ぞくしゅつ》＝頻発《ひんぱつ》

出版《しゅっぱん》＝上梓《じょうし》
周章《しゅうしょう》・恐慌《きょうこう》＝狼狽《ろうばい》
消去《しょうきょ》＝払拭《ふっしょく》
強固《きょうこ》＝堅牢《けんろう》
欲望《よくぼう》＝煩悩《ぼんのう》
親睦《しんぼく》＝友好《ゆうこう》・友誼《ゆうぎ》
趨勢《すうせい》＝動向《どうこう》
絶壁《ぜっぺき》＝断崖《だんがい》
前兆《ぜんちょう》＝萌芽《ほうが》
聡明《そうめい》＝利発《りはつ》
出帆《しゅっぱん》＝抜錨《ばつびょう》
滞在《たいざい》＝逗留《とうりゅう》

純真《じゅんしん》＝素朴《そぼく》
隠密《おんみつ》＝間諜《かんちょう》
熟考《じゅっこう》＝諦思《ていし》・沈思《ちんし》
巨匠《きょしょう》＝碩学《せきがく》
無垢《むく》＝至純《しじゅん》・純真《じゅんしん》・潔白《けっぱく》
親友《しんゆう》＝知己《ちき》
精錬《せいれん》＝冶金《やきん》
政争《せいそう》＝逐鹿《ちくろく》
騒擾《そうじょう》＝暴動《ぼうどう》
蘇生《そせい》＝復活《ふっかつ》
正鵠《せいこく》＝的《てき》(適《てき》)中《ちゅう》・核心《かくしん》
角逐《かくちく》＝政争《せいそう》・競争《きょうそう》

退却《たいきゃく》＝遁走《とんそう》
台所《だいどころ》＝厨房《ちゅうぼう》
近道《ちかみち》＝捷径《しょうけい》
忠告《ちゅうこく》＝諫言《かんげん》
退屈《たいくつ》＝倦怠《けんたい》
前駆《ぜんく》＝先鞭《せんべん》
道楽《どうらく》＝放蕩《ほうとう》
仲間《なかま》＝朋輩《ほうばい》
判然《はんぜん》＝明瞭《めいりょう》(亮《りょう》)
昼寝《ひるね》＝午睡《ごすい》
封鎖《ふうさ》＝閉塞《へいそく》
不倫《ふりん》＝姦通《かんつう》

体軀《たいく》＝恰幅《かっぷく》
鍛練《たんれん》＝陶冶《とうや》
稚気《ちき》＝童心《どうしん》
工面《くめん》＝捻出《ねんしゅつ》
堤塘《ていとう》＝土手《どて》
典例《てんれい》＝故実《こじつ》
土瓶《どびん》＝急須《きゅうす》
背任《はいにん》＝瀆職《とくしょく》
花代《はなだい》＝纏頭《てんとう》　※芸妓への祝儀
不安《ふあん》＝懸念《けねん》
附会《ふかい》＝牽強《けんきょう》
紛争《ふんそう》＝喧嘩《けんか》

台頭《たいとう》＝勃興《ぼっこう》
他界《たかい》＝永眠《えいみん》
沈滞《ちんたい》＝凋落《ちょうらく》
夕食《ゆうしょく》＝晩餐《ばんさん》
多量《たりょう》＝莫大《ばくだい》
頓挫《とんざ》＝破綻《はたん》
督励《とくれい》＝鞭撻《べんたつ》
花形《はながた》＝寵児《ちょうじ》
愉悦《ゆえつ》＝欣喜《きんき》
反駁《はんばく》＝抗論《こうろん》
不遜《ふそん》＝高慢《こうまん》・尊大《そんだい》
辺土《へんど》＝僻地《へきち》

平癒《へいゆ》＝全快《ぜんかい》	細身《ほそみ》＝痩躯《そうく》	満作《まんさく》＝豊穣《ほうじょう》
暴漢《ぼうかん》＝凶徒《きょうと》	茅屋《ぼうおく》＝草庵《そうあん》	豊壌《ほうじょう》＝肥沃《ひよく》
封土《ほうど》＝知行《ちぎょう》	菩提《ぼだい》＝冥福《めいふく》	無知《むち》＝蒙昧《もうまい》
矛盾《むじゅん》＝撞着《どうちゃく》	流布《るふ》＝伝播《でんぱ》	了解《りょうかい》＝納得《なっとく》・得心《とくしん》
利発《りはつ》＝聡明《そうめい》	落成《らくせい》＝竣工《しゅんこう》	通暁《つうぎょう》＝知悉《ちしつ》・悉知《しっち》

類義語練習シート2

❶ ひらがなを漢字で書いてみよう（下一字が同じもの）。

あいいく ＝ 撫育《ぶいく》	あいいろ ＝ 紺色《こんいろ》	あっせん ＝ 周旋《しゅうせん》
いがい ＝ 死骸《しがい》	いかん ＝ 壮観《そうかん》	いけい ＝ 尊敬《そんけい》
いんうつ ＝ 憂鬱《ゆううつ》	しゃが ＝ 輿駕《よが》	えいびん ＝ 明敏《めいびん》
おんわ ＝ 柔和《にゅうわ》	おういん ＝ 捺印《なついん》	がいせい ＝ 絶世《ぜっせい》

かえき ＝ 苦役《くえき》
きょじゃく ＝ 脆弱《ぜいじゃく》
きょか ＝ 允可《いんか》
けんめい ＝ 聡明《そうめい》
けいはく ＝ 碇泊《ていはく》
けんやく ＝ 節約《せつやく》
しがい ＝ 遺骸《いがい》
じゅうたい ＝ 停滞《ていたい》
すいし ＝ 瀕死《ひんし》
じんぼう ＝ 輿望《よぼう》
たいぜん ＝ 悠然《ゆうぜん》
ときいろ ＝ 桃色《ももいろ》

かぜい ＝ 酷税《こくぜい》
きぎ ＝ 遊戯《ゆうぎ》
きんしょう ＝ 些少《さしょう》
ぐうぜん ＝ 蓋然《がいぜん》
けいべつ ＝ 侮蔑《ぶべつ》
こうえん ＝ 迂遠《うえん》
しさい ＝ 詳細《しょうさい》
しゅうせい ＝ 畢生《ひっせい》
せいじゃく ＝ 閑寂《かんじゃく》
まだらうま ＝ 斑馬《まだらうま》
ちゆ ＝ 平癒《へいゆ》
とくひつ ＝ 敗筆《はいひつ》

がんさく ＝ 偽作《ぎさく》
きゅうさい ＝ 賑済《しんさい》
けいこう ＝ 趨向《すうこう》
ぐさい ＝ 荊妻《けいさい》
けんじょう ＝ 遜譲《そんじょう》
さいしょ ＝ 曝書《ばくしょ》
じせい ＝ 趨勢《すうせい》
せいえん ＝ 饗宴《きょうえん》
がぜん ＝ 突然《とつぜん》
はんぜん ＝ 劃然《かくぜん》
ちょうあい ＝ 溺愛《できあい》・切愛《せつあい》
とつぜん ＝ 忽然《こつぜん》・(突如《とつじょ》)

❷ ひらがなを漢字で書いてみよう（上一字が同じもの）。

ねんし＝捻紙《ねんし》	はくあい＝汎愛《はんあい》	ひんかい＝臨海《りんかい》
ぶいく＝養育《よういく》	へんそう＝扮装《ふんそう》	きたかぜ＝朔風《さくふう》
ばくはつ＝勃発《ぼっぱつ》	ろほう＝続報《ぞくほう》	
あんこく＝暗闇《くらやみ》	あくば＝悪口《わるくち》	いき＝遺失《いしつ》
いんき＝陰鬱《いんうつ》	うさん＝胡乱《うろん》	えいえん＝永劫《えいごう》
きえん＝気概《きがい》	かいこ＝懐旧《かいきゅう》	きょういん＝兇報《きょうほう》
こうさい＝交誼《こうぎ》	こんとん＝混濁《こんだく》	ざんこく＝残虐《ざんぎゃく》
しんせき＝親類《しんるい》	しんちょく＝進行《しんこう》	えいよう＝栄華《えいが》
せんく＝先鞭《せんべん》	ちょうらく＝凋零《ちょうれい》	ぜいきょ＝脆弱《ぜいじゃく》
じゅんじょう＝馴致《じゅんち》	せいひ＝凄切《せいせつ》	そうかい＝爽涼《そうりょう》
ふきゅう＝不磨《ふま》	ふうてい＝風貌《ふうぼう》	はいち＝背畔《はいはん》（反《はん》）

ゆうじょう ＝ 友誼《ゆうぎ》	びんそく ＝ 敏捷《びんしょう》	ほさ ＝ 補《ほ》（輔《ほ》）弼《ひつ》
やますそ ＝ 山麓《さんろく》	わぼく ＝ 和解《わかい》	びさい ＝ 微小《びしょう》・（些細《ささい》）
ゆうさい ＝ 尤異《ゆうい》	ふいつ ＝ 不悉《ふしつ》	

❸ ひらがなを漢字で書いてみよう（下一字と上一字が同じもの）。

きびん ＝ 敏捷《びんしょう》	せいたい ＝ 貸借《たいしゃく》	きょうあく ＝ 悪逆《あくぎゃく》
きょぎ ＝ 偽言《ぎげん》	せいそう ＝ 爽快《そうかい》	たっせい ＝ 成就《じょうじゅ》
ていしょ ＝ 渚岸《しょがん》	ていとん ＝ 頓挫《とんざ》	はくだつ ＝ 奪取《だっしゅ》
はんれい ＝ 例言《れいげん》	つうかい ＝ 快哉《かいさい》	ざんしん ＝ 新鮮《しんせん》

❹ ひらがなを漢字で書いてみよう（上一字と下一字が同じもの）。

げんかく ＝ 峻厳《しゅんげん》	えんこん ＝ 仇怨《きゅうえん》	びんしょう ＝ 機敏《きびん》
しょうぞく ＝ 衣装《いしょう》	じんもん ＝ 鞠訊《きくじん》	らくご （　　《ご》） ＝ 脱落《だつらく》

❺ ひらがなを漢字で書いてみよう（二字全てが異なるもの）。

あっとう ＝ 凌駕《りょうが》
いがい ＝ 死体《したい》
いこん ＝ 怨念《おんねん》
いんぺい ＝ 秘匿《ひとく》
えいまん ＝ 充溢《じゅういつ》
おうせい ＝ 軒昂《けんこう》
おくびょう ＝ 怯弱《きょうじゃく》
おんしん ＝ 沙汰《さた》
かぐ ＝ 什器《じゅうき》
がけい ＝ 暫時《ざんじ》
かっぽう ＝ 調理《ちょうり》

あらすじ ＝ 梗概《こうがい》
いげん ＝ 貫禄《かんろく》
いしょう ＝ 装束《しょうぞく》
えいい ＝ 孜孜《しし》
えんかく ＝ 変遷《へんせん》
おうちゃく ＝ 怠惰《たいだ》
おやかた ＝ 棟梁《とうりょう》
かいじゅう ＝ 難解《なんかい》
かぐう ＝ 寄留《きりゅう》
がぜん ＝ 突如《とつじょ》
かほう ＝ 冥利《みょうり》

あんど ＝ 放念《ほうねん》
いかん ＝ 残念《ざんねん》
いんとん ＝ 脱俗《だつぞく》
えいみん ＝ 逝去《せいきょ》
えんこ ＝ 手蔓《てづる》
おうこう ＝ 跳梁《ちょうりょう》・蔓延《まんえん》
おっくう ＝ 大儀《たいぎ》・面倒《めんどう》
かいめつ・ほうかい ＝ 瓦解《がかい》
がくしき ＝ 造詣《ぞうけい》
かっとう ＝ 悶着《もんちゃく》
かんしょう ＝ 玩味《がんみ》

かんつう	＝ 不倫《ふりん》
かんきょ	＝ 幽棲《ゆうせい》
きょうかつ	＝ 脅迫《きょうはく》
きょげん・ぎげん	＝ 妄語《もうご》
ぐろう	＝ 侮辱《ぶじょく》
けいこ	＝ 練習《れんしゅう》
けいしゃ	＝ 勾配《こうばい》
けつきょく	＝ 所詮《しょせん》
げんきょう	＝ 首魁《しゅかい》
こうでい	＝ 執着《しゅうちゃく》
こうきゅう	＝ 永劫《えいごう》
ここう	＝ 腹心《ふくしん》
かんじょ・ゆうじょ	＝ 容赦《ようしゃ》
きとく	＝ 瀕死《ひんし》
きょうこ	＝ 堅牢《けんろう》
きりょう	＝ 容貌《ようぼう》
ぐんぷく	＝ 戎衣《じゅうい》
けいそつ	＝ 粗忽《そこつ》
けう	＝ 椿事《ちんじ》
けねん	＝ 杞憂《きゆう》
こうふん	＝ 激昂《げっこう》
ごうたん	＝ 剛毅《ごうき》
こんせつ	＝ 融和《ゆうわ》
こっけい	＝ 笑止《しょうし》
がんさく	＝ 模造《もぞう》
ぎょうてん	＝ 動顛《どうてん》
きょうどう	＝ 木鐸《ぼくたく》
くなん	＝ 辛酸《しんさん》
けいい	＝ 顛末《てんまつ》・首尾《しゅび》
けいぶ	＝ 蔑視《べっし》
げきれい	＝ 鼓舞《こぶ》
けんたい	＝ 退屈《たいくつ》
けっしゅつ・しゅつしょく	＝ 白眉《はくび》・卓越《たくえつ》
こうせつ	＝ 噂沓《そんとう》・評判《ひょうばん》
ごかく	＝ 伯仲《はくちゅう》
こしつ	＝ 頓着《とんちゃく》・拘泥《こうでい》

ざし ＝ 傍観《ぼうかん》
しょうび ＝ 切迫《せっぱく》
じゃっき ＝ 勃発《ぼっぱつ》
こんせつ ＝ 鄭重《ていちょう》
ささい ＝ 軽微《けいび》・微小《びしょう》
ざっぱく ＝ 杜撰《ずさん》
しっと ＝ 羨望《せんぼう》
しゅせき ＝ 領袖《りょうしゅう》
しょうかん ＝ 寸隙《すんげき》
しゅんげん ＝ 苛烈《かれつ》
かいじゅう ＝ 籠絡《ろうらく》
じょうぜつ ＝ 喋喋《ちょうちょう》

ぎゃくろう ＝ 怒濤《どとう》
しせい ＝ 巷間《こうかん》
こんしん ＝ 融和《ゆうわ》
ざんじ ＝ 頃刻《けいこく》・俄頃《がけい》
ざし ＝ 静観《せいかん》
しそん ＝ 後裔《こうえい》
しゅっぽん ＝ 逐電《ちくでん》
しゅっぱん ＝ 上梓《じょうし》
しゅうしょう・きょうこう ＝ 狼狽《ろうばい》
しょうきょ ＝ 払拭《ふっしょく》
きょうこ ＝ 堅牢《けんろう》
よくぼう ＝ 煩悩《ぼんのう》

じごく ＝ 奈落《ならく》
さんび ＝ 無惨《むざん》（残《ざん》）
さんだん ＝ 捻出《ねんしゅつ》
さいそく ＝ 煎督《せんとく》
ざせつ ＝ 停頓《ていとん》
しゅうへき ＝ 惰性《だせい》
しょうよう ＝ 悠揚《ゆうよう》
じゅんしん ＝ 素朴《そぼく》
おんみつ ＝ 間諜《かんちょう》
じゅっこう ＝ 諦思《ていし》・沈思《ちんし》
きょしょう ＝ 碩学《せきがく》
むく ＝ 至純《しじゅん》・純真《じゅんしん》・潔白《けっぱく》

しょうきょく ＝ 退嬰《たいえい》
はいざん ＝ 零落《れいらく》
せっきゅう ＝ 逼迫《ひっぱく》
せんしゅつ ＝ 抜擢《ばってき》
そうせつ ＝ 汎論《はんろん》
ずさん ＝ 雑駁《ざっぱく》
ぞくしゅつ ＝ 頻発《ひんぱつ》
たいきゃく ＝ 遁走《とんそう》
だいどころ ＝ 厨房《ちゅうぼう》
ちかみち ＝ 捷径《しょうけい》
ちゅうこく ＝ 諫言《かんげん》
たいくつ ＝ 倦怠《けんたい》

しんぼく ＝ 友好《ゆうこう》
すうせい ＝ 動向《どうこう》
ぜっぺき ＝ 断崖《だんがい》
ぜんちょう ＝ 萌芽《ほうが》
そうめい ＝ 利発《りはつ》
しゅっぱん ＝ 抜錨《ばつびょう》
たいざい ＝ 逗留《とうりゅう》
たいく ＝ 恰幅《かっぷく》
たんれん ＝ 陶冶《とうや》
ちき ＝ 童心《どうしん》
くめん ＝ 捻出《ねんしゅつ》
ていとう ＝ 土手《どて》

しんゆう ＝ 知己《ちき》
せいれん ＝ 冶金《やきん》
せいそう ＝ 逐鹿《ちくろく》
そうじょう ＝ 暴動《ぼうどう》
そせい ＝ 復活《ふっかつ》
せいこく ＝ 的《てき》(適《てき》)中《ちゅう》・核心《かくしん》
かくちく ＝ 政争《せいそう》・競争《きょうそう》
たいとう ＝ 勃興《ぼっこう》
たかい ＝ 永眠《えいみん》
ちんたい ＝ 凋落《ちょうらく》
ゆうしょく ＝ 晩餐《ばんさん》
たりょう ＝ 莫大《ばくだい》

ぜんく＝先鞭《せんべん》
どうらく＝放蕩《ほうとう》
なかま＝朋輩《ほうばい》
はんぜん＝明瞭《めいりょう》(亮《りょう》)
ひるね＝午睡《ごすい》
ふうさ＝閉塞《へいそく》
ふりん＝姦通《かんつう》
へいゆ＝全快《ぜんかい》
ぼうかん＝凶徒《きょうと》
ほうど＝知行《ちぎょう》
むじゅん＝撞着《どうちゃく》
りはつ＝聡明《そうめい》

てんれい＝故実《こじつ》
どびん＝急須《きゅうす》
はいにん＝瀆職《とくしょく》
はなだい＝纏頭《てんとう》
ふあん＝懸念《けねん》
ふかい＝牽強《けんきょう》
ふんそう＝喧嘩《けんか》
ほそみ＝痩軀《そうく》
ぼうおく＝草庵《そうあん》
ぼだい＝冥福《めいふく》
るふ＝伝播《でんぱ》
らくせい＝竣工《しゅんこう》

とんざ＝破綻《はたん》
とくれい＝鞭撻《べんたつ》
はながた＝寵児《ちょうじ》
ゆえつ＝欣喜《きんき》
はんばく＝抗論《こうろん》
ふそん＝高慢《こうまん》・尊大《そんだい》
へんど＝僻地《へきち》
まんさく＝豊穣《ほうじょう》
ほうじょう＝肥沃《ひよく》
むち＝蒙昧《もうまい》
りょうかい＝納得《なっとく》・得心《とくしん》
つうぎょう＝知悉《ちしつ》・悉知《しっち》

類義語練習シート3

❶ ひらがなを漢字で書いてみよう（下一字が同じもの）。

- 愛育《あいいく》＝ ぶいく
- 遺骸《いがい》＝ しがい
- 陰鬱《いんうつ》＝ ゆううつ
- 温和《おんわ》＝ にゅうわ
- 苛役《かえき》＝ くえき
- 虚弱《きょじゃく》＝ ぜいじゃく
- 許可《きょか》＝ いんか
- 賢明《けんめい》＝ そうめい
- 繋泊《けいはく》＝ ていはく
- 倹約《けんやく》＝ せつやく

- 藍色《あいいろ》＝ こんいろ
- 偉観《いかん》＝ そうかん
- 車駕《しゃが》＝ よが
- 押印《おういん》＝ なついん
- 苛税《かぜい》＝ こくぜい
- 嬉戯《きぎ》＝ ゆうぎ
- 僅少《きんしょう》＝ さしょう
- 偶然《ぐうぜん》＝ がいぜん
- 軽蔑《けいべつ》＝ ぶべつ
- 高遠《こうえん》＝ うえん

- 斡旋《あっせん》＝ しゅうせん
- 畏敬《いけい》＝ そんけい
- 穎敏《えいびん》＝ めいびん
- 蓋世《がいせい》＝ ぜっせい
- 贋作《がんさく》＝ ぎさく
- 救済《きゅうさい》＝ しんさい
- 傾向《けいこう》＝ すうこう
- 愚妻《ぐさい》＝ けいさい
- 謙譲《けんじょう》＝ そんじょう
- 晒書《さいしょ》＝ ばくしょ

死骸《しがい》＝いがい	濡滞《じゅたい》＝ていたい	垂死《すいし》＝ひんし	人望《じんぼう》＝よぼう	泰然《たいぜん》＝ゆうぜん	鴇色《ときいろ》＝ももいろ	撚紙《ねんし》＝ねんし	撫育《ぶいく》＝よういく	爆発《ばくはつ》＝ぼっぱつ
仔細《しさい》＝しょうさい	終生《しゅうせい》＝ひっせい	静寂《せいじゃく》＝かんじゃく	駁馬《まだらうま》＝まだらうま	治癒《ちゆ》＝へいゆ	禿筆《とくひつ》＝はいひつ	博愛《はくあい》＝はんあい	変装《へんそう》＝ふんそう	婁報《るほう》＝ぞくほう
時勢《じせい》＝すうせい	盛宴《せいえん》＝きょうえん	俄然《がぜん》＝とつぜん	判然《はんぜん》＝かくぜん	寵愛《ちょうあい》＝できあい・せつあい	突然《とつぜん》＝こつぜん・（とつじょ）	頻海《ひんかい》＝りんかい	北風《きたかぜ》＝さくふう	

❷ ひらがなを漢字で書いてみよう（上一字が同じもの）。

暗黒《あんこく》＝くらやみ	陰気《いんき》＝いんうつ
悪罵《あくば》＝わるくち	胡散《うさん》＝うろん
遺棄《いき》＝いしつ	永遠《えいえん》＝えいごう

気炎《きえん》 ＝ きがい
交際《こうさい》 ＝ こうぎ
親戚《しんせき》 ＝ しんるい
先駆《せんく》 ＝ せんべん
馴擾《じゅんじょう》 ＝ じゅんち
不朽《ふきゅう》 ＝ ふま
友情《ゆうじょう》 ＝ ゆうぎ
山裾《やますそ》 ＝ さんろく
尤最《ゆうさい》 ＝ ゆうい

懐古《かいこ》 ＝ かいきゅう
混沌《こんとん》 ＝ こんだく
進捗《しんちょく》 ＝ しんこう
凋落《ちょうらく》 ＝ ちょうれい
凄悲《せいひ》 ＝ せいせつ
風体《ふうてい》 ＝ ふうぼう
敏速《びんそく》 ＝ びんしょう
和睦《わぼく》 ＝ わかい
不一《ふいつ》 ＝ ふしつ

兇音《きょういん》 ＝ きょうほう
残酷《ざんこく》 ＝ ざんぎゃく
栄耀《えいよう》 ＝ えいが
脆怯《ぜいきょ》 ＝ ぜいじゃく
爽快《そうかい》 ＝ そうりょう
背馳《はいち》 ＝ はいはん（はん）
補佐《ほさ》 ＝ ほ（ほ）ひつ
微細《びさい》 ＝ びしょう・（ささい）

❸ ひらがなを漢字で書いてみよう（下一字と上一字が同じもの）。

機敏《きびん》 ＝ びんしょう
虚偽《きょぎ》 ＝ ぎげん

貰貸《せいたい》 ＝ たいしゃく
清爽《せいそう》 ＝ そうかい

兇悪《きょうあく》 ＝ あくぎゃく
達成《たっせい》 ＝ じょうじゅ

汀渚《ていしょ》＝しょがん
停頓《ていとん》＝とんざ
剝奪《はくだつ》＝だっしゅ

凡例《はんれい》＝れいげん
痛快《つうかい》＝かいさい
斬新《ざんしん》＝しんせん

❹ ひらがなを漢字で書いてみよう（上一字と下一字が同じもの）。

厳格《げんかく》＝しゅんげん
怨恨《えんこん》＝きゅうえん
敏捷《びんしょう》＝きびん

装束《しょうぞく》＝いしょう
訊問《じんもん》＝きくじん
落伍《らくご》（後《ご》）＝だつらく

❺ ひらがなを漢字で書いてみよう（二字全てが異なるもの）。

圧倒《あっとう》＝りょうが
粗筋《あらすじ》＝こうがい
安堵《あんど》＝ほうねん

遺骸《いがい》＝したい
威厳《いげん》＝かんろく
遺憾《いかん》＝ざんねん

遺恨《いこん》＝おんねん
衣裳《いしょう》＝しょうぞく
隠遁《いんとん》＝だつぞく

隠蔽《いんぺい》＝ひとく
鋭意《えいい》＝しし
永眠《えいみん》＝せいきょ

盈満《えいまん》＝じゅういつ
沿革《えんかく》＝へんせん
縁故《えんこ》＝てづる

旺盛《おうせい》＝けんこう
横着《おうちゃく》＝たいだ
横行《おうこう》＝ちょうりょう・まんえん

臆病《おくびょう》＝きょうじゃく
音信《おんしん》＝さた
家具《かぐ》＝じゅうき
俄頃《がけい》＝ざんじ
割烹《かっぽう》＝ちょうり
姦通《かんつう》＝ふりん
閑居《かんきょ》＝ゆうせい
恐喝《きょうかつ》＝きょうはく
虚言《きょげん》・戯言《ぎげん》＝もうご
愚弄《ぐろう》＝ぶじょく
稽古《けいこ》＝れんしゅう
傾斜《けいしゃ》＝こうばい

親方《おやかた》＝とうりょう
晦渋《かいじゅう》＝なんかい
仮寓《かぐう》＝きりゅう
俄然《がぜん》＝とつじょ
果報《かほう》＝みょうり
寛恕《かんじょ》・宥恕《ゆうじょ》＝ようしゃ
危篤《きとく》＝ひんし
強固《きょうこ》＝けんろう
器量《きりょう》＝ようぼう
軍服《ぐんぷく》＝じゅうい
軽率《けいそつ》＝そこつ
希有《けう》＝ちんじ

億劫《おっくう》＝たいぎ・めんどう
壊滅《かいめつ》・崩壊《ほうかい》＝がかい
学識《がくしき》＝ぞうけい
葛藤《かっとう》＝もんちゃく
鑑賞《かんしょう》＝がんみ
贋作《がんさく》＝もぞう
仰天《ぎょうてん》＝どうてん
教導《きょうどう》＝ぼくたく
苦難《くなん》＝しんさん
経緯《けいい》＝てんまつ・しゅび
軽侮《けいぶ》＝べっし
激励《げきれい》＝こぶ

結局《けっきょく》＝しょせん

元凶《げんきょう》＝しゅかい

拘泥《こうでい》＝しゅうちゃく

恒久《こうきゅう》＝えいごう

股肱《ここう》＝ふくしん

座《ざ》（坐《ざ》）視《し》＝ぼうかん

焦眉《しょうび》＝せっぱく

惹起《じゃっき》＝ぼっぱつ

懇切《こんせつ》＝ていちょう

些細《ささい》＝けいび・びしょう

雑駁《ざっぱく》＝ずさん

嫉妬《しっと》＝せんぼう

懸念《けねん》＝きゆう

興奮《こうふん》＝げっこう

豪胆《ごうたん》＝ごうき

懇切《こんせつ》＝ゆうわ

滑稽《こっけい》＝しょうし

逆浪《ぎゃくろう》＝どとう

市井《しせい》＝こうかん

懇親《こんしん》＝ゆうわ

暫時《ざんじ》＝けいこく・がけい

坐視《ざし》＝せいかん

子孫《しそん》＝こうえい

出奔《しゅっぽん》＝ちくでん

倦怠《けんたい》＝たいくつ

傑出《けっしゅつ》・出色《しゅっしょく》＝はくび・たくえつ

巷説《こうせつ》＝そんとう・ひょうばん

互角《ごかく》＝はくちゅう

固執《こしつ》＝とんちゃく・こうでい

地獄《じごく》＝ならく

酸鼻《さんび》＝むざん（ざん）

算段《さんだん》＝ねんしゅつ

催促《さいそく》＝せんとく

挫折《ざせつ》＝ていとん

習癖《しゅうへき》＝だせい

従容《しょうよう》＝ゆうよう

主席《しゅせき》＝りょうしゅう
小閑《しょうかん》＝すんげき
峻厳《しゅんげん》＝かれつ
懐柔《かいじゅう》＝ろうらく
饒舌《じょうぜつ》＝ちょうちょう
消極《しょうきょく》＝たいえい
敗残《はいざん》＝れいらく
切急《せっきゅう》＝ひっぱく
選出《せんしゅつ》＝ばってき
総説《そうせつ》＝はんろん
杜撰《ずさん》＝ざっぱく
続出《ぞくしゅつ》＝ひんぱつ

出版《しゅっぱん》＝じょうし
周章《しゅうしょう》・恐慌《きょうこう》＝ろうばい
消去《しょうきょ》＝ふっしょく
強固《きょうこ》＝けんろう
欲望《よくぼう》＝ぼんのう
親睦《しんぼく》＝ゆうこう・ゆうぎ
趨勢《すうせい》＝どうこう
絶壁《ぜっぺき》＝だんがい
前兆《ぜんちょう》＝ほうが
聡明《そうめい》＝りはつ
出帆《しゅっぱん》＝ばつびょう
滞在《たいざい》＝とうりゅう

純真《じゅんしん》＝そぼく
隠密《おんみつ》＝かんちょう
熟考《じゅっこう》＝ていし・ちんし
巨匠《きょしょう》＝せきがく
無垢《むく》＝しじゅん・じゅんしん・けっぱく
親友《しんゆう》＝ちき
精錬《せいれん》＝やきん
政争《せいそう》＝ちくろく
騒擾《そうじょう》＝ぼうどう
蘇生《そせい》＝ふっかつ
正鵠《せいこく》＝てき（てき）ちゅう・かくしん
角逐《かくちく》＝せいそう・きょうそう

退却《たいきゃく》＝とんそう	台所《だいどころ》＝ちゅうぼう	近道《ちかみち》＝しょうけい	忠告《ちゅうこく》＝かんげん	退屈《たいくつ》＝けんたい	前駆《ぜんく》＝せんべん	道楽《どうらく》＝ほうとう	仲間《なかま》＝ほうばい	判然《はんぜん》＝めいりょう（りょう）	昼寝《ひるね》＝ごすい	封鎖《ふうさ》＝へいそく	不倫《ふりん》＝かんつう
体軀《たいく》＝かっぷく	鍛練《たんれん》＝とうや	稚気《ちき》＝どうしつ	工面《くめん》＝ねんしゅつ	提塘《ていとう》＝どて	典例《てんれい》＝こじつ	土瓶《どびん》＝きゅうす	背任《はいにん》＝とくしょく	花代《はなだい》＝てんとう	不安《ふあん》＝けねん	附会《ふかい》＝けんきょう	紛争《ふんそう》＝けんか
台頭《たいとう》＝ぼっこう	他界《たかい》＝えいみん	沈滞《ちんたい》＝ちょうらく	夕食《ゆうしょく》＝ばんさん	多量《たりょう》＝ばくだい	頓挫《とんざ》＝はたん	督励《とくれい》＝べんたつ	花形《はながた》＝ちょうじ	愉悦《ゆえつ》＝きんき	反駁《はんばく》＝こうろん	不遜《ふそん》＝こうまん・そんだい	辺土《へんど》＝へきち

平癒《へいゆ》＝ぜんかい

暴漢《ぼうかん》＝きょうと

封土《ほうど》＝ちぎょう

矛盾《むじゅん》＝どうちゃく

利発《りはつ》＝そうめい

細身《ほそみ》＝そうく

茅屋《ぼうおく》＝そうあん

菩提《ぼだい》＝めいふく

流布《るふ》＝でんぱ

落成《らくせい》＝しゅんこう

満作《まんさく》＝ほうじょう

豊壌《ほうじょう》＝ひよく

無知《むち》＝もうまい

了解《りょうかい》＝なっとく・とくしん

通暁《つうぎょう》＝ちしつ・しっち

Ⅵ 四字熟語篇

一、設問解説

1、「8　四字熟語」は、四字のうち二字の読みが与えられ、それを漢字に直し、意味を選択肢から選ばせる問題（第ⅸ頁、「勉強指南」参照）です。

【問題例】次の四字熟語の（①②）に入る適切な語を［　］から選び漢字二字で記し、③④の解説・意味に当てはまるものをアイから一つ選び記号で記せ。

ア（①）走牛　　イ 情緒（②）　　［ぶんぼう・てんめん］

③弱いものが強く大きいものを制すること。④思いがまとわりついていつまでもはなれないこと。

（答　①蚊虻　②纏綿　③ア　④イ）

二、勉強方法

1、［四字熟語練習シート1］の「読み」、「意味」を読みながら、「四字の分析・解説」を理解し、四字熟語誕生の背景となっている中国の歴史・文学などの知識を幅広く学んでいきましょう。最初は時間がかかりますが、急がば回れの学習方法は、記憶の定着に役立ちます。

2、1を数回繰り返したら、［練習シート2］を使って四字熟語の下二文字（●●部分）の「ひらがな」を漢字に直す練習をしていきましょう。難しいと感じたら、最初はただ書き写して、二回目以降に問題として「●●」部分を解答してみましょう。

3、2が一通り終わったら、［練習シート3］を使って四字熟語の上二文字（●●部分）の「ひらがな」を漢字に直す練習をしていきましょう。

4、適宜、練習シート1の「意味」や「四字の分析・解説」を確認しながら、2～3を、三の学習計画表に従って、検定試験までに3回以上行うことを目標としましょう。

注　本書は過去に出題されたものを中心に取り上げています。

三、四字熟語篇学習計画表（「勉強方法」1～4の1回目の学習の目安：4日）

<table>
<tr><th>ページ数</th><th>1回目</th><th>2回目</th><th>3回目</th><th>4回目</th><th>5回目</th></tr>
<tr><td rowspan="2"></td><td>月　日</td><td rowspan="2">月　日</td><td rowspan="2">月　日</td><td rowspan="2">月　日</td><td rowspan="2">月　日</td></tr>
<tr><td>月　日</td></tr>
<tr><td rowspan="2"></td><td>月　日</td><td rowspan="2">月　日</td><td rowspan="2">月　日</td><td rowspan="2">月　日</td><td rowspan="2">月　日</td></tr>
<tr><td>月　日</td></tr>
</table>

四字熟語練習シート1

四字熟語	読み	意味	四字の分析・解説
阿鼻叫喚	あびきょうかん	非常にむごい状態。	「阿鼻」と「叫喚」は酷い八大地獄の一つ。「阿鼻」は苦しい無間《むけん》地獄（梵語の音訳）、「叫喚」は万人に責められ泣き叫ぶ地獄。
阿附迎合	あふげいごう	自分の考えを曲げても、人に気に入られるようへつらうこと。	「阿附」はおもねる、「迎合」は人に合わせること。
郁郁青青	いくいくせいせい	花の香気が立ちこめ、木々が青々と生い茂るさま。	「郁郁」は香りが盛んに立つこと。
意気軒昂	いきけんこう	元気に奮い立つさま。	「意気込み」が「軒昂（高く上がり勢いがある）」であるさま。
衣錦之栄	いきんのえい	きらびやかな衣服を着て故郷に帰る栄誉。出世し故郷に帰る栄誉。	「錦」を「衣《き》（着）る」という「栄誉」。
夷険一節	いけんいっせつ	順境でも逆境でも信念を変えず貫き通すこと。	「夷（平坦なこと→順境）」の時も「険（険阻なこと→逆境）」の時も「節を一にする（節操を守る）」こと。北宋の欧陽脩が用いた言葉。彼は、仁宗・英宗・神宗に仕え、王安石の新法に反対して引退をした政治家。
一目瞭然	いちもくりょうぜん	一目で明らかにわかること。	「瞭然」は、明らかであること、はっきりとしていること。

一蓮托生	いちれんたくしょう	良くも悪しくも運命・行動を共にすること。	「一つの蓮《はす》」の上に生まれ変わり「生を托す」という仏教の考え方から。
一竿風月	いっかんのふうげつ	俗世間を離れ、自然を愛でながら過ごすこと。	「釣り竿一本」を垂らして、「風月」を愛でるような生活を楽しむこと。
一虚一盈	いっきょいちえい	むなしくなったり満ち足りたり、変化の予測ができないこと。	あるいは「虚しく」、あるいは「盈《み》(満)ちてくる」こと。
一倡三歎	いっしょうさんたん	素晴らしい詩文を誉める時の言葉。	詩文を「一度」朗唱(倡)すれば、「三度(何度)」も素晴らしいと「賞歎」すること。
一世木鐸	いっせい(の)ぼくたく	世の中を指導する人物。	昔の中国では法律告知の際、「木の鐸《すず》」を鳴らしたことから。
一張一弛	いっちょういっし	ある時は厳しく、ある時は寛容に育てること。	弓の弦を強めて「張ったり」、弦を「弛《ゆる》めたり」することにたとえた。
一碧万頃	いっぺきばんけい	青海などが、限りなく、広々としているさま。	紺碧の海などがどこまでも果てしなく広がっていること。「頃」は広さの単位で、「万頃」はどこまでも広い意味。
因循苟且	いんじゅんこうしょ	旧習を改めず一時逃れをすること。	「苟且(かりそめ)」に「因《よ》り循《したが》う」こと。
内股膏薬	うちまたこうやく	自分の意志が無く、情況によって行動すること。	内股に貼った膏薬が、歩くたびに右にくっついたり左にくっついたりすることにたとえた。
烏白馬角	うはくばかく	世の中に絶対にあり得ないこと。	「白い烏《からす》」と「角の生えた馬」などは、この世にいないことから。

烏飛兎走	うひとそう	月日が過ぎるのが速いこと。	中国の伝説では太陽には「烏《からす》」が、月には「兎《うさぎ》」が住んでいることから、「太陽が飛び」、「月が走る」とは、月日が早く過ぎていく意味となる。
有耶無耶	うやむや	物事の筋道や結末がはっきりしないこと。	「有り耶（や　疑問の助字）」「無し「耶（や）」。あるのか、ないのかはっきりしないこと。
雲中白鶴	うんちゅうはっかく	品性の優れた高尚な人物や婦人のこと。	「雲間」を「白い鶴」が飛ぶことが、俗世間から離れた典雅・高尚のイメージを表す。
運否天賦	うんぷてんぷ	人の運命は天の定めたものであること。出たとこ勝負。	「運」と「不（否）運」は、「天」が「賦与した」もの、という意味。
雲竜井蛙	うんりゅうせいあ	地位・身分・賢愚の差が大きく隔たっていること。	「雲中の竜」は高く貴い、「井中の蛙」は低く賤《いや》しい、という意味。
永劫回帰	えいごうかいき	同じものが無限に繰り返されること。	「劫」は長い時間の単位、「回帰」は一巡りして戻る意味。
栄耀栄華	えいようえいが	贅沢を極めておごり高ぶること。	「華やかに耀《かがや》き」、「華やかに栄える」さま。
鳶飛魚躍	えんぴぎょやく	自然の道（摂理）に従うこと。また、君子の徳が広く及ぶこと。	「鳶《とび》が空を飛び」、「魚が水中を躍り泳ぐ」のは自然の摂理であることから。
円木警枕	えんぼくけいちん	苦労して勉強に励むこと。	『資治通鑑《しじつがん》』を著した宋の司馬光《しばこう》（一〇一九〜一〇八六）が、丸太を枕にして（安眠できないようにして）眠り過ぎを防ぎ、勉学に励んだ故事から。

屋梁落月	おくりょうらくげつ	友人を思う切なる心。	杜甫（七一二～七七〇）は、友人李白の夢を見たが、目覚めた後も家の柱（屋梁）に李白の面影が見えた、という詩「李白を夢む」を作った。そこに「落月屋梁に満つ、猶お疑う顔色を照らすかと」とあることから。
温柔敦厚	おんじゅうとんこう	温和でやさしいこと。	「温柔」は穏やかでやさしいこと、「敦厚」は親切で真心がこもっていること。
蓋棺事定	がいかんじてい	人は、亡くなってはじめて、その人の一生の評価が定まる。	杜甫が「君見ずや蘇徯《そけい》に簡《かん》す」詩で「丈夫棺を蓋《おお》いて事始めて定まる」と詠じたことから。
鎧袖一触	がいしゅういっしょく	わけなく簡単に敵を倒してしまうこと。	「鎧《よろい》の袖《そで》」に「一触《ひとふ》れ」しただけで、相手を打ち負かすこと。
街談巷説	がいだんこうせつ	世間のつまらない噂話。	「街の談」、「巷《ちまた》の説」は、あてにならないうわさ話である、とい意味。
廓然大公	かくぜんたいこう	わだかまりがないさっぱりした広い心のこと。	「廓然」は広々としたさま、「大公」は大いに公平なこと。
画虎類狗	がこるいく	凡人が優秀な人を真似て失敗すること。	画才の無い者が「虎」を「画いても」、「狗《いぬ》の類」になってしまう、という意味。
河山帯礪	かざんたいれい	永遠に変わらない誓約。	たとえ「黄河」が「帯」のように細くなり、「泰山」が「礪石《といし》」のようにすり減ったとしても、決して変わらない固い誓いの意味。
加持祈禱	かじきとう	神仏に祈ること。	「加持」は仏に祈ること、「祈禱」は神仏に祈ること。

臥薪嘗胆	がしんしょうたん	目的を達成するために、長く辛い苦労を重ねること。	中国春秋時代、呉王夫差《ふさ》（～前四七三）は「薪《たきぎ》」に「臥《ふ》し」父を殺した越王勾践《こうせん》への仇討ちを思い続け成功、また、勾践は動物の苦い「胆《きも》」を「嘗《な》め」て復讐を誓い、遂に夫差を破った故事から。
嘉辰令月	かしんれいげつ	めでたい月日。	「嘉（良い）辰（日）」と「令（良い）月」。
苛政猛虎	かせいもうこ	苛酷な政治は、民衆にとっては、虎よりも恐ろしいということ。	「苛《むご》い政治」は人食い「虎」よりも「猛《たけ》し（酷くて恐ろしい）」。
瓜田李下	かでんりか	人から疑われるような行動はしない方がいいということ。	「瓜の田畑」に靴を取りに入ったり、「李《すもも》の木の下」で冠を直そうと手を上げたりしたら、泥棒と疑われることから。
迦陵頻伽	かりょうびんが	美声のたとえ。	「迦陵」も「頻伽」も極楽浄土に住む鳥の名。
臥竜鳳雛	がりょうほうすう	まだ世間に知られていない在野の優れた人物のこと。	まだ「臥《ふ》して寝ている竜」と、まだ成長していない「鳳凰の雛《ひな》」にたとえた。
閑雲野鶴	かんうんやかく	何の束縛もなくのんびり悠々自適に過ごすこと。	「長閑《のどか》」に浮かぶ「雲」、「野」に遊ぶ「鶴」にたとえた。
玩物喪志	がんぶつそうし	遊んでばかりで本業に身が入らず、疎かになること。	「物」を「玩《もてあそ》んで」、仕事への「志」を「喪《うしな》う」こと。
規矩準縄	きくじゅんじょう	一定の基準となるもの。	「規矩」はコンパスと物差し、「準縄」は水準器と直線を引く墨縄のこと。

気息奄奄	きそくえんえん	今にも死にそうなさま。	「気息」は呼吸、「奄奄」は塞《ふさ》がって絶え絶えなさま。
吉日良辰	きちじつりょうしん	縁起の良い日。	「辰」は日の意味。
鳩首凝議	きゅうしゅぎょうぎ	人々が集まり額を寄せ合って相談すること。	「鳩」は集まるの意味。鳩が「首」を寄せて集まるように人が集まって「凝議（熱心に議論する）」こと。
窮鼠噛猫	きゅうそごうびょう	弱い者も追いつめられたら強い者に勝つことがあるということ。	「窮した鼠」が「猫に噛《か》みつく」ことにたとえた。
九鼎大呂	きゅうていたいりょ	高くて重要な地位や名声。	「九鼎」は夏・殷・周に伝わった宝、「大呂」は周の宗廟にあった宝の釣り鐘で、ともに国の貴重な宝、重要な地位のたとえ。
旧套墨守	きゅうとうぼくしゅ	古い習慣を守り続けること。	「旧套」は古い形式や習慣のこと。「墨守」は、中国の戦国時代の思想家である墨子《ぼくし》（前四八〇頃～前三九〇頃）がよく城を守った故事から。
行住坐臥	ぎょうじゅうざが	普段の立ち振る舞い。	外に「行」き歩くこと、家に「住」むこと、「坐」ること、「臥」して寝ること。
尭風舜雨	ぎょうふうしゅんう	泰平の世の中のたとえ。	理想の天子「尭」「舜」の仁政を「風雨」の恵みにたとえた。
曲学阿世	きょくがくあせい	真理をねじ曲げて時勢に迎合すること。	「学を曲《ま》げ」て、「世に阿《おもね》る」こと。
玉砕瓦全	ぎょくさいがぜん	名誉に死ぬことと、無為無駄に生きること。	価値ある「玉」として「砕《くだ》けること」と、取るに足らない「瓦《かわら》」として「全し（無事）」であること。

旭日昇天	きょくじつしょうてん	勢いが盛んなこと。	「旭日（太陽）」が「天に昇っていく」勢いにたとえた。
虚心坦懐	きょしんたんかい	心にわだかまりが無く大らかなさま。	「虚なる心」、「坦《たい》らな懐（心）」。
魚網鴻離	ぎょもうこうり	求めた物とは違う物が手に入ってしまうこと。	「魚」をとるための「網」に、「鴻《おおとり》」が「離（引っ掛かる）」ことにたとえた。
魚目燕石	ぎょもくえんせき	本物そっくりの偽物。	「魚の目」と「燕山（中国河北省の山）の石」は宝石に似ているが、実際は全く違うものであることにたとえた。
欣喜雀躍	きんきじゃくやく	小躍りして喜ぶさま。	「欣《よろこ》ん」で、「雀が小躍《こおどり》する」ように「喜ぶ」こと。
錦上添花	きんじょうてんか	美しいものに、更に美しいものを重ねること。	美しく豪華な「錦の上」に、更に「花を添える」こと。
錦心繡口	きんしんしゅうこう	詩文の才能がすぐれていること。	錦のように美しい考えや心、刺繡のように美しい言葉。
群鶏一鶴	ぐんけい（の）いっかく	凡人の中に優れた人が混じっていること。	「鶏《にわとり》の群れ」に「一羽だけ鶴がいる」ことにたとえた。
君子豹変	くんしひょうへん	考え・態度をすぐに変えること。	高徳者（君子）は、自分の非を認めたら、まるで豹の毛が抜けかわるように、はっきりと鮮やかに変わる、ということ。
鶏群一鶴	けいぐん（の）いっかく	＝群鶏一鶴	

荊妻豚児	けいさいとんじ	自分の妻子を謙遜した語。	「荊妻」は後漢時代（二五～二二〇）の隠者梁鴻《りょうこう》の妻孟光《もうこう》が、荊《いばら》のかんざしをした故事から。孟光は、唐代には白楽天の妻に、日本の鎌倉時代には武士の妻（北条政子など）にたとえられた賢婦。「豚児」は豚の子、愚息の意。
卿相雲客	けいしょううんかく	身分の高い人。	「卿相」、「雲客」は昇殿を許された官人のこと。
桂殿蘭宮	けいでんらんきゅう	大変美しい宮殿。	「桂」「蘭」など、美しい香木で造った宮殿のこと。
鶏鳴狗盗	けいめいくとう	取るに足りないものでも、何かの役に立つこと。	戦国時代、孟嘗君《もうしょうくん》（-前二七九頃）が、「鶏の鳴き声を真似」たり、「狗（犬）のように盗みをする」ような食客、つまり大した役には立たないと思っていた食客の働きによって、窮地を脱することができた故事から。
牽強附会	けんきょうふかい	無理矢理こじつけること。	「強引に牽《ひ》っぱり」、「附《つ》けて会《あ》わせる」ことから、無理にこじつけること。
捲土重来	けんどちょうらい	一度敗れた者が、再び巻き返すこと。	唐代の詩人杜牧《とぼく》（八〇三～八五三）が、かつて劉邦に負けた項羽が再（重ねて）び（重ねて）土埃を巻き上げて戦いに来ていれば、歴史は変わっていたかもしれない、と詠じた「烏江亭に題す」詩から。
賢明愚昧	けんめいぐまい	賢いことと愚かなこと。	
堅牢堅固	けんろうけんご	非常に固くて丈夫なこと。	「堅牢」も「堅固」もにかたくて丈夫なこと。
膏火自煎	こうかじぜん	才能が却って禍となってしまうこと。	「膏（油）」は「火」がつくと、「自ら」を「煎（燃やしてしまう）」ことにたとえた。

剛毅果断	ごうきかだん	意志が強くて決断力に優れていること。	「剛毅」は意志が強くくじけないこと、「果断」は決断力があること。
鉤縄規矩	こうじょうきく	物事の基準・法則。	「鉤」は直角に曲がった物差し、「縄」は線を引く墨縄、「規」はコンパス、「矩」は物差しのこと。
黄塵万丈	こうじんばんじょう	土煙の塵が高く舞い上がっているさま。	「黄土」の「塵」が、「万丈」の高さに上がるさま。
宏大無辺	こうだいむへん	広く果て(辺)無いこと。	
荒唐無稽	こうとうむけい	でたらめで根拠がないこと。	「荒唐(ほしいままに大きな事を言う)」ことと、「稽《かんが》えが無い」こと。
紅毛碧眼	こうもうへきがん	西洋人の称。	「紅色の毛」と「碧色の眼」を持った人種。
甲論乙駁	こうろんおつばく	議論がまとまらないこと。	「甲が論ずれば」、「乙が反駁(反撃に出る)」という意味。
呉下阿蒙	ごかあもう	無学なもの、進歩のないもののたとえ。	三国時代(二二〇～二八〇)、呉の魯粛《ろしゅく》が呂蒙《ろもう》に会った時、その成長に感服し、「今や呉に居た頃の蒙さん(阿は親しんで呼ぶいい方)ではない」と誉めた故事から。
狐仮虎威	こかこい	力の無い者が、力のある者の威力を借り、強がること。	「虎の威」を「仮(借)る狐」にたとえた。
股肱之臣	ここうのしん	欠くことのできない大切な部下のたとえ。	「股《もも》と肱《ひじ》」は人が行動する際には、なくてはならない部分であることから、不可欠のものの意味。

後生菩提	ごしょうぼだい	来世では極楽往生し、悟りをひらくこと。	「後の人生」には「菩提（悟り）」を得るということ。
古色蒼然	こしょくそうぜん	古めかしくて趣がある。	「蒼然」は古びた趣があること。
胡蝶之夢	こちょうのゆめ	自他の区別がつかぬ境地。人生がはかないことのたとえ。	中国戦国時代の思想家荘子《そうし》が夢で胡蝶となって楽しみ、自己と胡蝶との区別を忘れた故事から。
欣求浄土	ごんぐじょうど	極楽往生を心から願うこと。	「浄土（極楽）」を「欣求（よろこびもとめる）」すること。
採薪汲水	さいしんきゅうすい	都会を離れ、自然の中で簡素な生活をすること。	山中で「薪《たきぎ》を採り」、「水を汲《く》む」生活をすること。
坐作進退	ざさしんたい	立ち振る舞いや行儀のこと。	
三者鼎談	さんしゃていだん	三者が向かい合って話し合うこと。	「鼎《かなえ》」は三本足の鉄釜のこと。
三者鼎立	さんしゃていりつ	三者が鼎の脚のように競い合っていること。	
斬新奇抜	ざんしんきばつ	思いつきが新しく抜きんでていること。	
自家撞着	じかどうちゃく	言動に矛盾があること。	「自家（自分自身）」に「撞着（突き当たる＝矛盾）」があること。

只管打坐	しかんたざ	ひたすら座禅すること。	「只管（ひたすら）」「打坐（坐禅に打ち込む）」こと。
獅子身中	しししんちゅう	内からわざわいが起こること。恩を仇で返すこと。	「獅子」の「身中」から発した虫が肉を食い、獅子が死に至らしめられることにたとえた。
梓匠輪輿	ししょうりんよ	大工と車を作る職人。	「梓人」と「匠人」は建具師・大工の意味。「梓《あずさ》」は建築の材料として重宝された。「輪人」と「輿人」人は車輪と車台を作る職人の意味。
自然淘汰	しぜんとうた	環境に適したものだけが生き残るということ。	「自然」に「淘汰（水の中で洗い流す、よりわけられる）」されること。
七堂伽藍	しちどうがらん	正式な寺院が備えておくべき七つの建造物。	宗派によって異なるが、例えば南都六宗では、「七堂」は金堂、講堂、塔、鐘楼、経蔵、僧房、食堂。「伽藍」は僧侶の仏道修行の場。
疾風怒濤	しっぷうどとう	強く吹く風と逆巻く浪、時代の激しい変化の形容。	「疾《はや》い風」と激しく荒れ狂う海の「濤《なみ》」にたとえた。
紫電一閃	しでんいっせん	刀剣の一瞬のきらめき。非常に短い時間のこと。	「紫電（紫色の稲妻）」が、「一瞬閃《ひらめ》く」ことにたとえた。
四面楚歌	しめんそか	周囲を敵に囲まれ孤立しているさま。	楚の項羽（前二三二～前二〇二）が、包囲された劉邦の漢軍から、自分の祖国である楚の歌が聞こえてきたので、祖国が降伏したと思い嘆いた故事から。
杓子定規	しゃくしじょうぎ	どんなことも決まりに当てはめようとして融通がきかないこと。	「杓子（汁などをすくう食器）」と「定規」のように決まった一つの基準で律しようとすること。

周章狼狽	しゅうしょうろうばい	思わず慌てふためくこと。	「周章」、「狼狽」とも慌てる意味。「狼」は前足二本が長く後ろ足二本が短い。「狽」はその反対で、一緒に行動し、離れると倒れ慌てることから。
終南捷径	しゅうなんしょうけい	変則的な方法で速く出世すること。	昔、中国の「終南山」に隠棲すると、賢者として名が知られ、科挙《かきょ》（高等文官試験）を受験して任官する正規の方法より出世の早道（捷径）となったことから。
秋風索莫	しゅうふうさくばく	勢いが衰退してもの寂しいさま。	「秋の風」は「索莫（さみしいさま）」であること。
夙興夜寝	しゅくこうやしん	早朝から深夜まで働くこと。	「夙（早朝）に興《お》き」、「夜になって寝る」生活。
熟読玩味	じゅくどくがんみ	文章をよく味わいながら読むこと。	文章を「熟読」して「玩味（あじわう）」こと。
守株待兎	しゅしゅたいと	古い方法にこだわり融通がきかない意味。また、再度の偶然を期待すること。	偶然、切り株にぶつかって死んだ兎を手に入れた人が、再び期待して「切り株」を「見守」り「兎を待つ」が、再びは得られなかった、という愚かな行為を伝えた故事から。
首鼠両端	しゅそりょうたん	決めかねて迷うこと、優柔不断な態度。	「鼠」が穴から「首」だけ出し、疑わしげに両側を見るさまにたとえた。
酒嚢飯袋	しゅのうはんたい	飲み食いだけして役立たずな者。	腸を「酒の嚢《ふくろ》」とし、腹を「飯の袋」とするだけの無能な人の意味。
春蛙秋蟬	しゅんあしゅうぜん	無駄な言い合いや言論。	「春の蛙《かえる》」や「秋の蟬《せみ》」がうるさく鳴くような口論という意味。

純真無垢	じゅんしんむく	汚れなく清らかな心。自然で飾らないこと。	「純真」で「垢《あか》」が「無い」こと。
醇風美俗	じゅんぷうびぞく	人情が厚く穏やかで心温まる風俗・習慣。	「醇風（人情に厚い風俗）」と「美俗（よい風俗）」。
城狐社鼠	じょうこしゃそ	君主の側で不正を働く者。	「城」に巣くった「狐」と「神社」に住む「鼠」にたとえた。
情緒纏綿	じょうしょ（ちょ）てんめん	感情がまつわりついて離れないこと。	「情緒（さまざまな感情）」が「纏綿（絡みつく）」こと。
常套手段	じょうとうしゅだん	決まり切ったやり方・手段。	「常套（決まり切ったやり方）」の「手段」。「套」は人を覆い包む古い習慣の意味がある。
芝蘭玉樹	しらんぎょくじゅ	優れた人材。	「芝蘭」は霊芝《れいし》と蘭《らん》で、徳の高い人のたとえ。「玉樹」は美しい木のこと。
辛苦遭逢	しんくそうほう	大変辛く苦しいことに出くわすこと。	
唇歯輔車	しんしほしゃ	密接な繋がりで、一方がだめになると他方もだめになる関係。	「唇と歯」、「輔（台車のそえ板）と車（荷台）」のような密接な関係であること。
水天一碧	すいてんいっぺき	海面と空が、一つの平面として青々とつながっているさま。	「水（海）と天（空）」が「一つの碧《あお》い」平面となって広がるさま。
趨炎附熱	すうえんふねつ	権勢のある者になびいてつき従うこと。	「炎（勢いのある者）」に「趨《はし》り」、「熱（勢いのある者）」に「附く」こと。

杜撰脱漏	ずさんだつろう	著述したものに誤りが多く、粗末なできであること。	宋代の「杜黙《ともく》」という人物が「撰述」した詩には、抜け落ちたこと（「脱漏」）が多かった、という故事から。
西戎東夷	せいじゅうとうい	異民族を卑しめる言葉。	「西の戎《えびす》」は西方に住む異民族、「東の夷《えびす》」は東方の異民族の呼称。
西狩獲麟	せいしゅかくりん	絶筆、物事の終わり。	魯国の哀公が、乱世であるにもかかわらず、西方で麒麟（従来は聖人が世に現れたときに出るとされる）を獲たので、孔子（前五五一～前四七九）が『春秋』（歴史書）を書くのをやめた、という故事から。
清浄無垢	せいじょうむく	清らかで汚れが無いさま。	
凄凄切切	せいせいせつせつ	非常にもの寂しいさま。	「凄切」は身にしみて寂しいこと、「凄凄切切」は「凄切」が強調された表現。
清濁併呑	せいだくへいどん	度量が広いこと。	「清いもの」も「濁《にご》ったもの」も「併《あわ》せ呑《の》んで」承知するという意味。
生呑活剝	せいどんかっぱく	人の文章を盗作すること。	「生呑」は丸飲みすること、「活剝」は生きているうちに剝《は》がしとること。
碩学大儒	せきがくたいじゅ	偉大な学者。	「碩《おお》きい学者」、「大きい（立派な）儒学者」。
碩師名人	せきしめいじん	大学者や名声ある人物。	「碩《おお》いなる師」と「名人」。
赤手空拳	せきしゅくうけん	他の助けに頼らず、自力で物事を行うこと。	「赤手」は素手、「空拳」は武器を持たないこと。

積善余慶	せきぜん(の)よけい	善行を積めば、子孫の幸福に反映する。	「善」を「積んだ」家には、必ず「余慶(子孫への幸福)」がある、という『易経』の言葉から。
舌端月旦	ぜったんげったん	口先で人を批判すること。	「舌端」は口先のこと、「月旦」は月初めという意味。後漢時代、毎月の初めに許劭《きょしょう》が人物評価をしたという故事から。
前虎後狼	ぜんここうろう	次々危難に襲われること。	「前」から「虎」が襲いかかり、「後」から「狼」が迫る。
前途遼遠	ぜんとりょうえん	目的地まで遠いこと。	
全豹一斑	ぜんぴょういっぱん	一部だけを見て全体を批評すること。見識が狭いこと。	「一斑(豹の斑《まだら》模様の一点)」だけを見て、「全豹(豹の全体)」をあれこれ言うこと。
桑田碧海	そうでんへきかい	社会の変化が非常に激しく速いこと。	「碧《あお》い海」が干上がり「桑の田畑」に変わるほど激しい変化という意味。
草茅危言	そうぼうきげん	在野である民間から国政へ向けたきびしい批判。	「草茅」は官僚でない人のみすぼらしい家のたとえ。「危言」は正しい言葉、正論を吐くこと。
粟散辺地	ぞくさんへんち	小さな国。	「粟《あわ》」を「散らした」ような「辺鄙《へんぴ》」な「地」。
粗酒粗餐	そしゅそさん	粗末な酒と食べ物。お客をもてなす酒や料理を謙遜した語。	「粗末な酒」と「粗末な餐(たべもの)」。
啐啄同時	そったくどうじ	両者の気持ちが好機を得て、合致すること。好機を逃がさず悟りへ導くこと。	「啐」は雛鳥が卵の殻を破ろうと鳴く声、「啄」は親鳥が外から卵をつつき割ること、その二つが同時であることにたとえた。

堆金積玉	たいきんせきぎょく	大金持ちや資産家。	「金を堆《つ》み」、「玉を積む」ような大金持ち。
体貌閑雅	たいぼうかんが	容貌や姿が上品で雅であること。	「体貌（姿と顔つき）」が「閑雅（物静かで上品）」であること。
多岐亡羊	たきぼうよう	進む方針が多岐にわたり選択に迷うこと。	「亡《に》げた羊」を追う者が、「多岐（分かれ道が多く）」で迷った故事から。
断崖絶壁	だんがいぜっぺき	切羽詰まった情況。	「断崖」「絶壁」とも切り立った険しいがけ。
短褐穿結	たんかつせんけつ	貧しく粗末な着物。	「短い褐《ぬのこ》（荒布の着物）」と「穿結（破れを縫い合わせた着物）」。
箪食瓢飲	たんしひょういん	質素な食事、貧乏な暮らしに満足すること。	「箪（竹の器）に入れた食べ物」と「瓢（ヒョウタンなどの実を抜いて乾燥させた入れ物）に注いだ飲み物」。わずかな食料の意味。
竹頭木屑	ちくとうぼくせつ	つまらない物でも、後で使えると思って粗末にしないこと。	「竹の頭（切れ端）」と「木の屑《くず》」をつまらない物にたとえた。
朝盈夕虚	ちょうえいせききょ	人生がはかないこと。	「朝は盈《み》つる（栄える）」が「夕には虚《むな》し」くなるという意味。
張三李四	ちょうさんりし	どこにでもいるありふれた平凡な人。	「張家の三男坊」と「李家の四男坊」。中国には張・李の姓が多いことから。
朝秦暮楚	ちょうしんぼそ	いつも変化して一定しないこと。あちこちに移り住む意も含む。	「朝」には「秦国」へ行き、「夕」には「楚国」へ行くような行動。
長汀曲浦	ちょうていきょくほ	長く続いている海岸線。	「長く続く汀《みぎわ》」と「曲がりくねった浦（浜辺）」。

朝蠅暮蚊	ちょうようぼぶん	つまらない輩がはびこる。	「朝」は「蠅《はえ》」が、「暮れ」には「蚊《か》」が集まって、煩《うるさ》いさまにたとえた。
凋零磨滅	ちょうれいまめつ	（詩文などの芸術作品が）勢いを失いしぼみ落ちてしまうこと。	「凋」はしぼむ意、「零」は落ちぶれる意。「磨滅」はすり減る意。
猪突猛進	ちょとつもうしん	がむしゃらに目的に突進すること。	「猪突」は、猪《いのしし》のようにまっしぐらに突進すること。「猛進」は、激しい勢いで突き進むこと。
沈魚落雁	ちんぎょらくがん	絶世の美人の形容。	美しい人を前にすると、「魚は水面下に沈」み、「雁（カモ科の鳥）は空から落」ちてしまうと故事から。
通暁暢達	つうぎょうちょうたつ	ある事柄に精通しているためのびのびしていること。	「通暁」はある事柄をよく知っていること、「暢達」は、のびのびとしていること。
泥車瓦狗	でいしゃがこう	役に立たないもの。	「泥《どろ》で作った車」と「瓦（素焼き）でできた狗《いぬ》」にたとえた。
剃髪落飾	ていはつらくしょく	髪を剃り出家すること。	「髪を剃《そ》り」、「飾を落とす（貴人が出家すること）」。
甜言蜜語	てんげんみつご	相手を誘う甘い言葉。	「甜《あま》い言葉」と「蜜のような言語」。
天神地祇	てんしんちぎ	全ての天の神と地の神。	「祇」は地の神。
天造草昧	てんぞうそうまい	天の創造した世が混沌とした状態であること。	「天が造った」万物が、まだ「草昧（混沌）」の状態であること。
点滴穿石	てんてきせんせき	微力でも続けて努力すれば大事を達成できること。	「点々と落ちる水滴《すいてき》」でも、長い時間をかければ「石を穿《うが》つ（穴をあける）」ことから。

天網恢恢	てんもうかいかい	悪は必ず滅びるたとえ。	「天の網」は「恢恢（荒い）」であるが、悪事は見逃さないという意味。
天佑神助	てんゆうしんじょ	予期せず偶然に助けられること。	「天の佑《たす》け」と「神の助け」
東窺西望	とうきせいぼう	落ち着きがない態度。	「東を窺《うかが》い」つつ「西を望む」。
陶犬瓦鶏	とうけんがけい	形ばかりで役に立たないことのたとえ。	「陶器の犬」と「瓦（素焼き）の鶏」は、実際には吠えたり鳴いたりできず、役に立たないことから。
道聴塗説	どうちょうとせつ	巷で噂されているいい加減な受け売り話。	「道で聴いた話」を、「塗（道）で人に説（話す）」こと。
堂塔伽藍	どうとうがらん	寺院の建物の総称。	
稲麻竹葦	とうまちくい	たくさんの物が寄り集まって乱れているさま。	「稲、麻、竹、葦《あし》」が隙間無く生えているさまにたとえた。
桃李満門	とうりまんもん	優れた人材が集まること。	美味しい「桃や李《すもも》」が「門に満ちる」ことにたとえた。
兎角亀毛	とかくきもう	この世にあり得ないもの。	「兎の角《つの》」と「亀の毛」はありえないものであることから。
徒手空拳	としゅくうけん	自分の力以外に頼るもののないこと。	「徒手（何も持たない手）」と、「空しい拳（素手）」だけで物事を始めることにたとえた。
兎走烏飛	とそううひ	＝烏飛兎走	
図南鵬翼	となん（の）ほうよく	志を抱き大事を企てる。	「南へと図《はか》り（計画し）」、「鵬《おおとり》が翼を広げる」さまにたとえた。

土崩瓦解	どほうがかい	物事が根底から崩壊し手の施しようがないこと。	「土塀が崩れ瓦が分解」するように、ぼろぼろに砕け落ちること。
頓首再拝	とんしゅさいはい	鄭重にお辞儀をすること	「首（頭）を地に頓《ぬか》ずき」、「再拝する」こと。
軟紅塵中	なんこうじんちゅう	賑やかな繁華街のこと。	「軟紅（柔らかい花びら、華やかな都会の意味）」と「塵《ちり》の中（俗世間）」。
南都北嶺	なんとほくれい	奈良と比叡山。	京都を北都というのに対し奈良を「南都」、高野山を南山というのに対し比叡山を「北嶺」という。
熱願冷諦	ねつがんれいてい	求める時は熱心で見つめる時は冷静であること。	「熱く願い」、「冷めて諦《あきら》める（明らかに見る）」こと。
念仏三昧	ねんぶつざんまい	一心に念仏を唱えること。	「三昧」は梵語からの音訳で、心を統一して安定した状態になること。
杯酒解怨	はいしゅかいえん	酒を飲んで心の憂いを解きほぐすこと。	「杯の酒」は「怨みを解く」という意味。
伯牙絶弦	はくがぜつげん	自分を理解してくれる人を失った悲しみのこと。	春秋時代の琴の名手「伯牙」は、自分を理解してくれた友人が亡くなると、琴の弦を断ち切って二度と弾かなかったという故事から。
莫逆之友	ばくぎゃくのとも	とても気が合い、争うことの無い友。	互いの心に「逆らうことが莫《な》い友」。
麦秀黍離	ばくしゅうしょり	国家が滅亡したのを嘆き悲しむこと。	都だった所に「麦秀（むぎが伸び）」や「黍離（きびが垂れ）」生い茂るさまから。

白兎赤烏	はくとせきう	月日時間	「白い兎」は月、「赤い烏《からす》」は太陽（日）のこと。
博聞強識	はくぶんきょうしき	博く聞き知って、よく記憶すること。	「博聞」は見聞が博いこと、「強識」は記憶力がいいこと。
薄暮冥冥	はくぼめいめい	夕暮れになって暗くなっていくさま。	「薄暮」は日暮れに近づくこと、「冥冥」は暗くて物の見分けがつかないこと。
八紘一宇	はっこういちう	世界を一つの家族にしようという考え。	「八紘」は世界（八方の隅）、「一宇」は家族の意味。
抜山蓋世	ばつざんがいせい	勢いがあり勇ましいこと。	劉邦に負けた項羽が自らを「力は山を抜き」「気力は世を蓋《おお》う」勢いがあった、と形容したことから。
抜本塞源	ばっぽんそくげん	禍根を基から取り除いてしまうこと。	「抜本的」に「根源を塞《ふさ》ぐ」こと。
波濤万里	はとうばんり	海を隔てた遠い国。	「万里の波濤（大波）」を隔てた国。
破釜沈船	はふちんせん	決死の覚悟をもって戦争に行くこと。	出陣の際、「飯を炊く釜を破《こわ》し」、「船を沈め」、後戻りしない覚悟で出発すること。
半醒半睡	はんせいはんすい	半分醒めて半分眠っている、夢うつつの状態。	
美酒佳肴	びしゅかこう	豪華な食べ物。	「美《うま》い酒」に「佳い肴《さかな》」
披星載月	ひせいたいげつ	朝から晩まで一日中懸命に働くこと。	夜明けの「星を披《かぶ》り」、夜の「月を戴《いただ》いて」働くこと。
飛兎竜文	ひとりゅうぶん	極めて優れた子供のこと。	「飛兎」も「竜文」も昔の名馬の名前。

眉目秀麗	びもくしゅうれい	容貌が際だって美しく整っていること。	「眉目（容貌）」が「秀麗（すぐれて美しい）」さま。
眉目清秀	びもくせいしゅう	容貌が美しくすぐれて整っていること。	「眉目（容貌）」が「清秀（きよくひいでている）」さま。
百尺竿頭	ひゃくせきかんとう	到達できる最高の地点。	「百尺」もある長い「竿《さお》」の「先頭（先端）」。
飛鷹走狗	ひようそうく	狩猟をすること。	「鷹《たか》を飛ばし」「狗《いぬ》を走」らせて狩りをすること。
風餐露宿	ふうさんろしゅく	野宿すること。	「風に吹かれて餐（食事）をし」、「雨のもとで臥《ふ》して寝る」こと。
風流三昧	ふうりゅうざんまい	風流な遊びに夢中なこと。	
不倶戴天	ふぐたいてん	非常に憎しみが深いこと。	「倶《とも》に天を戴《いただ》かず」とは、一緒にこの世に生きることはできないほどに憎んでいるという意味。
不失正鵠	ふしつせいこく	要点を把握すること。	「正鵠（弓技の的《まと》の中の黒丸・図星）」を「失わない」ことにたとえた。
不惜身命	ふしゃくしんみょう	仏法のためには生命も惜しまないこと。	「身命を惜しまず」。
舞文弄法	ぶぶんろうほう	法律を都合によって好き勝手に解釈すること。	「条文を舞《ま》わし（身勝手な文章を作る）」、「法を弄《もてあそ》ぶ」こと。
文質彬彬	ぶんしつひんぴん	外面と内面が調和していること。君子の貌。	「文（外）と質（内）」が「彬彬なり（調和している）」こと。

焚書坑儒	ふんしょこうじゅ	思想・言論・学問に対し厳しい弾圧を行うこと。	紀元前二二一年、中国を統一した秦の始皇帝が、儒教の「書物を焚《や》き」、「儒者を坑《あなう》め」にした残虐な行為から。
蚊虻走牛	ぶんぼうそうぎゅう	小事が大事を引き起こすこと。弱小者が強大な者を制圧すること。	蚊《か》や虻《あぶ》などの小さな生き物でも、大きな牛を嫌がらせて走り回らせることができることにたとえた。
弊衣破帽	へいいはぼう	ボロボロの衣服を身につけること。	「弊《やぶ》れた衣服」と「破れた帽子」。
並駕斉駆	へいがせいく	能力が同じで差がないこと。	「駕(馬車)が並びそろって」、「一斉に疾駆」するさまにたとえた。
碧血丹心	へきけつたんしん	至上の真心。	周代(前一〇〇〇頃～前二五六)に不当に追放された萇弘《ちょうこう》が自決し、その時流れた血が青く美しい玉になったという故事から。
鞭青粛粛	べんせいしゅくしゅく	鞭を打つ音が静か(粛粛)であること。	
偏僻蔽固	へんぺきへいこ	偏屈、頑固で、道理に暗いさま。	「偏僻」はかたよっていること。「蔽固」は道理に暗くかたくなること。
鵬程万里	ほうていばんり	遥かに遠い道のり。	「鵬《おおとり》が飛ぶ万里の程(道のり)」にたとえた。
放蕩無頼	ほうとうぶらい	酒や女性に溺れ、身をもちくずすこと。	「放蕩」は、酒や女におぼれること、「無頼」は、定職を持たず無法な行いをすること。
捧腹絶倒	ほうふくぜっとう	お腹を抱えて大笑いをすること。	「腹を捧《かか》え」、「息絶え倒れんばかりに笑う」こと。

泡沫夢幻	ほうまつむげん	人生が泡や夢のようにはかないこと。	
亡羊補牢	ぼうようほろう	後の祭り。失敗した後、改めること。	「羊が逃亡した」後に、「牢（檻）を補修する」こと。
暮色蒼然	ぼしょくそうぜん	夕暮れ時の薄暗いさま。	
煩悩菩提	ぼんのうぼだい	迷いがあってはじめて悟りも開ける、ということ。	「菩提」は煩悩を断ち切って悟ること。
磨穿鉄硯	ませんてっけん	猛烈に勉学に励むこと。	「鉄の硯《すずり》で墨を磨《す》り」、「穿《うが》つ（穴があく）」ほど使いこんで勉強し、科挙に合格したという故事から。
名詮自性	みょうせんじしょう	名前は本来の性質を表していること。名前と実態が合っていること。	「名」には、「自《みずか》らの性質」が「詮《そな》わっている」ということ。
未来永劫	みらいえいごう	将来にわたって、いつまでも、という意味。	「永劫」は、限りなく長い年月。「劫」は、長い時間の単位。
矛盾撞着	むじゅんどうちゃく	理論の前後が食い違い、合わないこと。	中国戦国時代（前四〇三～前二二一）の楚の商人がどんな盾《たて》でも突き通す矛《ほこ》とどんな矛でも防ぐ盾を売ろうとして辻褄が合わなくなった故事から。
無知蒙昧	むちもうまい	無知で愚かなこと。	知識が無く道理に「蒙《くら》い」「昧《くら》い」。
冥頑不霊	めいがんふれい	道理に疎くて頭の回転が遅いこと。	「冥《くら》く頑《かたくな》」で、「霊（鋭敏）」でないこと。

名声赫赫	めいせいかくかく	いい評判が盛ん（赫赫）であること。	
鳴蟬潔飢	めいせんけっき	高潔な人は困窮していても節を曲げないこと。	「鳴く蟬《せみ》」は高貴な性格で汚れた食べ物は口にせず、「潔《いさぎよ》く飢える」ことから。
名誉挽回	めいよばんかい	名誉を挽回すること。	「名誉」を「挽《ひ》いて回《まわ》す（もとへもどす）」。
盲亀浮木	もうきふぼく	滅多に出会えないこと。	百年に一度海底から浮かび上がる盲目の亀が、偶然流れてきた木のたった一つの穴に入るほど珍しい出来事。坂本龍馬が姉への手紙で引用、時代の流れに翻弄される自身を亀にたとえた、とされる。
孟仲叔季	もうちゅうしゅくき	兄弟姉妹の年齢の順序。	「孟仲叔季」は順に、長子、次男、三男、四子の意味。
孟母三遷	もうぼさんせん	母親が子供の勉強の環境にあった所を選ぶこと。	孟子《もうし》（前三七二～前二八九）の母が墓場（孟子が葬式の似をした）から市街地（商売の真似をした）へ、更に学校の側（勉強の似をした）と、息子のため環境を考え、三度遷った故事から。
孟母断機	もうぼだんき	やりかけた仕事を途中で投げ出すのを戒めること。	学問をやめて戻ってきた孟子に対し、母が彼の中途半端な行為の見せしめとして、機織りの糸を断ち戒めたという故事から。
門前雀羅	もんぜんじゃくら	訪問客が無く、門が閑散としていること。	「雀《すずめ》」は人を恐れるが、閑散とした「門前」には集まってくるので、「羅（捕獲の網）」を張ればよくとれる、という状況にたとえた。
冶金踊躍	やきんようやく	自分の立場・境遇に満足していない様子。	「冶金（鉱石を溶かし）」して、金属が「踊躍して（はねとんで）」器の外へ飛び出そうとするさまにたとえた。

邑犬群吠	ゆうけんぐんばい	つまらないもの達が集まって騒ぎ立てること。	「邑《むら》の犬」が「群れて吠え立てる」さまにたとえた。
雄心勃勃	ゆうしんぼつぼつ	勇気がふつふつと（勃勃）湧いて来るさま。	
融通無礙	ゆうずうむげ	滞りなく通じること。	「融通（その場に応じる）」にして「礙《さまた》（碍）げるもの無し」という状況。
妖怪変化	ようかいへんげ	ばけもの。	
用管窺天	ようかんきてん	視野や見識などが乏しく狭いこと。	「細い管《くだ》を用いて」、その狭い穴の視界から「世間（天）を窺《うかが》おう」とするような行為にたとえた。
妖言惑衆	ようげんわくしゅう	妖しい言葉で民衆を惑わすこと。	
羊質虎皮	ようしつこひ	外見は立派だが中身は大したことはないということ。	「羊の性質」の人が「虎の皮」を被っていることにたとえた。
鷹視狼歩	ようしろうほ	勇ましく猛々しい人。	「鷹《たか》のような鋭い視線」で、「狼のような猛々しい歩き」をする人。
羊頭狗肉	ようとうくにく	見せかけだけで中身がともなわないこと。	「羊の頭」を看板にしていながら、「狗《いぬ》の肉」を売るような行為。
容貌魁偉	ようぼうかいい	容貌が立派なこと。	
落筆点蠅	らくひつてんよう	失敗を上手に取り繕うこと。画家の見事な筆さばき。	三国時代、呉の孫権が画家に絵を描かせた際、筆を落とし黒点を付けてしまったので、それを蠅の絵にしたところ評判を呼んだという故事から。

洛陽紙価	らくよう(の)しか	著書がよく売れること。	西晋時代の左思《さし》(〜三〇八頃)の書いた「三都賦」が評判になり洛陽で多くの人が書き写し、紙の値段が高騰したという故事から。
嵐影湖光	らんえいここう	美しい山河の自然の景色。	「嵐(山気)」と「山の影」、「湖」の水面の「光り(輝き)」。
六菖十菊	りくしょうじゅっきく	時期が過ぎてしまい使い物にならないこと。	五月五日端午の節句に一日遅れた「六日の菖蒲《しょうぶ》」と、九月九日重陽《ちょうよう》の節句に一日遅れた「十日の菊」にたとえた。
良禽択木	りょうきんたくぼく	善良な賢者は良い主君を選んで仕えるということ。	「良い禽《とり》」は「木を選択する」ことにたとえた。
竜章鳳姿	りゅうしょうほうし	美しく立派な容姿。	「竜のような美しい模様(章)」、「鳳《おおとり》のような気高い姿」にたとえた。
竜跳虎臥	りゅうちょうこが	筆勢が躍動感に溢れ素晴らしいこと。	「竜が跳び上がり」、「虎が臥《ふ》す」ような緩急の妙があること。
竜頭蛇尾	りゅうとうだび	最初は勢いがいいが、後から勢いが衰えること。	最初は「竜の頭」だったものが、終わりには「蛇の尾」になってしまうことにたとえた。
綾羅錦繍	りょうらきんしゅう	美しい織物、贅沢な着物。	「綾(あやぎぬ)、羅(うすぎぬ)、錦(にしき)、繍(ししゅう)」。
臨淵羨魚	りんえんせんぎょ	望んでいるだけでは願いは叶わないこと。	河の「淵」に「臨んで」、「魚」が欲しいと「羨ましげに」見ているだけの虚しい行為。
鱗次櫛比	りんじしっぴ	隙間もなくびっしりと並んでいるさま。	「魚の鱗《うろこ》」や「櫛《くし》の歯」のように、びっしりと並んでいる(次・比)さまにたとえた。
麟子鳳雛	りんしほうすう	将来が期待される子供。	「麒麟《きりん》の子供」と「鳳凰《ほうおう》の雛《ひな》」。

輪廻転生	りんねてんしょう	生きかわり死にかわりして迷いの世界を廻ること。	「輪廻（車輪が回る）」ように「転生する」こと。
冷土荒堆	れいどこうたい	お墓。	「冷たい土」と「荒れて崩れかけた盛り土（堆）」にたとえた。
魯魚章草	ろぎょしょうそう	形が似ている字を誤って書くこと。	「魯と魚」、「章と草」は、それぞれ似た文字で、誤りやすいことから。
六道輪廻	ろくどうりんね	六道で生き死にを繰り返すということ。	「六道」は、この世の行為の報いとして、死後住まなければならない地獄・餓鬼・畜生・修羅・人間・天上の六つの世界。
和光同塵	わこうどうじん	自分の才知を隠し俗世で庶民と付き合うこと。	自分の「光り和《やわら》げ」、俗世間の「塵《ちり》と同化する」こと。

四字熟語練習シート2

【使い方】●●のひらがなを漢字に直す。(テキストに書き込む場合は、下の一回目練習から使用する)。

	●●の読み	三回目練習	二回目練習	一回目練習
阿鼻●●	きょうかん			
阿附●●	げいごう			
郁郁●●	せいせい			
意気●●	けんこう			
衣錦●●	のえい			
夷険●●	いっせつ			
一目●●	りょうぜん			
一蓮●●	たくしょう			
一竿●●	ふうげつ			
一虚●●	いちえい			
一倡●●	さんたん			
一世●●	ぼくたく			

一張●●	いっし			
一碧●●	ばんけい			
因循●●	こうしょ			
内股●●	こうやく			
烏白●●	ばかく			
烏飛●●	とそう			
有耶●●	むや			
雲中●●	はっかく			
運否●●	てんぷ			
雲竜●●	せいあ			
永劫●●	かいき			
栄耀●●	えいが			
鳶飛●●	ぎょやく			
円木●●	けいちん			
屋梁●●	らくげつ			
温柔●●	とんこう			
蓋棺●●	じてい			

鎧袖●●	いっしょく			
街談●●	こうせつ			
廓然●●	たいこう			
画虎●●	るいく			
河山●●	たいれい			
加持●●	きとう			
臥薪●●	しょうたん			
嘉辰●●	れいげつ			
苛政●●	もうこ			
瓜田●●	りか			
迦陵●●	びんが			
臥竜●●	ほうすう			
閑雲●●	やかく			
玩物●●	そうし			
規矩●●	じゅんじょう			
気息●●	えんえん			
吉日●●	りょうしん			

鳩首●●	ぎょうぎ			
窮鼠●●	ごうびょう			
九鼎●●	たいりょ			
旧套●●	ぼくしゅ			
行住●●	ざが			
尭風●●	しゅんう			
曲学●●	あせい			
玉砕●●	がぜん			
曲学●●	あせい			
旭日●●	しょうてん			
虚心●●	たんかい			
魚網●●	こうり			
魚目●●	えんせき			
欣喜●●	じゃくやく			
錦上●●	てんか			
錦心●●	しゅうこう			
群鶏●●	いっかく			

君子●●	ひょうへん			
鶏群●●	いっかく			
荊妻●●	とんじ			
卿相●●	うんかく			
桂殿●●	らんきゅう			
鶏鳴●●	くとう			
牽強●●	ふかい			
捲土●●	ちょうらい			
賢明●●	ぐまい			
堅牢●●	けんご			
膏火●●	じぜん			
剛毅●●	かだん			
鉤縄●●	きく			
黄塵●●	ばんじょう			
宏大●●	むへん			
荒唐●●	むけい			
紅毛●●	へきがん			

甲論●●	おつばく
呉下●●	あもう
狐仮●●	こい
股肱●●	のしん
後生●●	ぼだい
古色●●	そうぜん
胡蝶●●	のゆめ
欣求●●	じょうど
採薪●●	きゅうすい
坐作●●	しんたい
三者●●	ていだん
三者●●	ていりつ
斬新●●	きばつ
自家●●	どうちゃく
只管●●	たざ
獅子●●	しんちゅう
梓匠●●	りんよ

自然●●	とうた			
七堂●●	がらん			
疾風●●	どとう			
紫電●●	いっせん			
四面●●	そか			
杓子●●	じょうぎ			
周章●●	ろうばい			
終南●●	しょうけい			
秋風●●	さくばく			
夙興●●	やしん			
熟読●●	がんみ			
守株●●	たいと			
首鼠●●	りょうたん			
酒嚢●●	はんたい			
春蛙●●	しゅうぜん			
純真●●	むく			
醇風●●	びぞく			

城狐●●	しゃそ			
情緒●●	てんめん			
常套●●	しゅだん			
芝蘭●●	ぎょくじゅ			
辛苦●●	そうほう			
唇歯●●	ほしゃ			
水天●●	いっぺき			
趨炎●●	ふねつ			
杜撰●●	だつろう			
西戎●●	とうい			
西狩●●	かくりん			
清浄●●	むく			
凄凄●●	せつせつ			
清濁●●	へいどん			
生呑●●	かっぱく			
碩学●●	たいじゅ			
碩師●●	めいじん			

赤手●●	くうけん
積善●●	よけい
舌端●●	げったん
前虎●●	こうろう
前途●●	りょうえん
全豹●●	いっぱん
桑田●●	へきかい
草茅●●	きげん
粟散●●	へんち
粗酒●●	そさん
啐啄●●	どうじ
堆金●●	せきぎょく
体貌●●	かんが
多岐●●	ぼうよう
断崖●●	ぜっぺき
短褐●●	せんけつ
簞食●●	ひょういん

竹頭●●	ぼくせつ			
朝盈●●	せききょ			
張三●●	りし			
朝秦●●	ぼそ			
長汀●●	きょくほ			
朝蠅●●	ぼぶん			
凋零●●	まめつ			
猪突●●	もうしん			
沈魚●●	らくがん			
通暁●●	ちょうたつ			
泥車●●	がこう			
剃髪●●	らくしょく			
甜言●●	みつご			
天神●●	ちぎ			
天造●●	そうまい			
点滴●●	せんせき			
天網●●	かいかい			

天佑●●	しんじょ			
東窺●●	せいぼう			
陶犬●●	がかい			
道聴●●	とせつ			
堂塔●●	がらん			
稲麻●●	ちくい			
桃李●●	まんもん			
兎角●●	きもう			
徒手●●	くうけん			
兎走●●	うひ			
図南●●	ほうよく			
土崩●●	がかい			
頓首●●	さいはい			
謏紅●●	じんちゅう			
熱願●●	れいてい			
南都●●	ほくれい			
念仏●●	ざんまい			

杯酒●●	かいえん			
伯牙●●	ぜつげん			
莫逆●●	のとも			
麦秀●●	しょり			
白兎●●	せきう			
博聞●●	きょうしき			
薄暮●●	めいめい			
八紘●●	いちう			
抜山●●	がいせい			
抜本●●	そくげん			
波濤●●	ばんり			
破釜●●	ちんせん			
半醒●●	はんすい			
美酒●●	かこう			
披星●●	たいげつ			
飛兎●●	りゅうぶん			
眉目●●	しゅうれい			

眉目●●	せいしゅう
百尺●●	かんとう
飛鷹●●	そうく
風餐●●	ろしゅく
風流●●	ざんまい
不倶●●	たいてん
不失●●	せいこく
不惜●●	しんみょう
舞文●●	ろうほう
文質●●	ひんぴん
焚書●●	こうじゅ
蚊虻●●	そうぎゅう
弊衣●●	はぼう
並駕●●	せいく
碧血●●	たんしん
鞭声●●	しゅくしゅく
偏僻●●	へいこ

鵬程●●	ばんり			
放蕩●●	ぶらい			
捧腹●●	ぜっとう			
泡沫●●	むげん			
亡羊●●	ほろう			
暮色●●	そうぜん			
煩悩●●	ぼだい			
磨穿●●	てっけん			
名詮●●	じしょう			
未来●●	えいごう			
矛盾●●	どうちゃく			
無知●●	もうまい			
冥頑●●	ふれい			
名声●●	かくかく			
鳴蟬●●	けっき			
名誉●●	ばんかい			
盲亀●●	ふぼく			

孟仲●●	しゅくき
孟母●●	さんせん
孟母●●	だんき
門前●●	じゃくら
冶金●●	ようやく
邑犬●●	ぐんばい
雄心●●	ぼつぼつ
融通●●	むげ
妖怪●●	へんげ
用管●●	きてん
妖言●●	わくしゅう
羊質●●	こひ
鷹視●●	ろうほ
羊頭●●	くにく
容貌●●	かいい
落筆●●	てんよう
洛陽●●	しか

嵐影●●	ここう
六菖●●	じゅっきく
良禽●●	たくぼく
竜章●●	ほうし
竜跳●●	こが
竜頭●●	だび
綾羅●●	きんしゅう
臨淵●●	せんぎょ
鱗次●●	しっぴ
麟子●●	ほうすう
輪廻●●	てんしょう
冷土●●	こうたい
魯魚●●	しょうそう
六道●●	りんね
和光●●	どうじん

四字熟語練習シート3

【使い方】●●のひらがなを漢字に直す。（テキストに書き込む場合は、下の一回目練習から使用する）。

	●●の読み	三回目練習	二回目練習	一回目練習
●●叫喚	あび			
●●迎合	あふ			
●●青青	いくいく			
●●軒昂	いき			
●●之栄	いきん			
●●一節	いけん			
●●瞭然	いちもく			
●●托生	いちれん			
●●風月	いっかん			
●●一盈	いっきょ			
●●三歎	いっしょう			
●●木鐸	いっせい			

●●一弛	いっちょう
●●万頃	いっぺき
●●苟且	いんじゅん
●●膏薬	うちまた
●●馬角	うはく
●●兎走	うひ
●●無耶	うや
●●白鶴	うんちゅう
●●天賦	うんぷ
●●井蛙	うんりゅう
●●回帰	えいごう
●●栄華	えいよう
●●魚躍	えんぴ
●●警枕	えんぼく
●●落月	おくりょう
●●敦厚	おんじゅう
●●事定	がいかん

●●一触	がいしゅう
●●巷説	がいだん
●●大公	かくぜん
●●類狗	がこ
●●帯礪	かざん
●●祈禱	かじ
●●嘗胆	がしん
●●令月	かしん
●●猛虎	かせい
●●李下	かでん
●●頻伽	かりょう
●●鳳雛	がりょう
●●野鶴	かんうん
●●喪志	がんぶつ
●●準縄	きく
●●奄奄	きそく
●●良辰	きちじつ

●●凝議	きゅうしゅ			
●●嚙猫	きゅうそ			
●●大呂	きゅうてい			
●●墨守	きゅうとう			
●●坐臥	ぎょうじゅう			
●●舜雨	ぎょうふう			
●●阿世	きょくがく			
●●瓦全	ぎょくさい			
●●昇天	きょくじつ			
●●坦懐	きょしん			
●●鴻離	ぎょもう			
●●燕石	ぎょもく			
●●雀躍	きんき			
●●添花	きんじょう			
●●繡口	きんしん			
●●一鶴	ぐんけい			
●●豹変	くんし			

けいぐん	●●一鶴
けいさい	●●豚児
けいしょう	●●雲客
けいでん	●●蘭宮
けいめい	●●狗盗
けんきょう	●●附会
けんど	●●重来
けんめい	●●愚昧
けんろう	●●堅固
こうか	●●自煎
ごうき	●●果断
こうじょう	●●規矩
こうじん	●●万丈
こうだい	●●無辺
こうとう	●●無稽
こうもう	●●碧眼
こうろん	●●乙駁

●●阿蒙	ごか		
●●虎威	こか		
●●之臣	ここう		
●●菩提	ごしょう		
●●蒼然	こしょく		
●●之夢	こちょう		
●●浄土	ごんぐ		
●●汲水	さいしん		
●●進退	ざさ		
●●鼎談	さんしゃ		
●●鼎立	さんしゃ		
●●奇抜	ざんしん		
●●撞着	じか		
●●打坐	しかん		
●●身中	しし		
●●輪輿	ししょう		
●●淘汰	しぜん		

●●伽藍	しちどう			
●●怒濤	しっぷう			
●●一閃	しでん			
●●楚歌	しめん			
●●定規	しゃくし			
●●狼狽	しゅうしょう			
●●捷径	しゅうなん			
●●索莫	しゅうふう			
●●夜寝	しゅくこう			
●●玩味	じゅくどく			
●●待兎	しゅしゅ			
●●両端	しゅそ			
●●飯袋	しゅのう			
●●秋蟬	しゅんあ			
●●無垢	じゅんしん			
●●美俗	じゅんぷう			
●●社鼠	じょうこ			

●●纏綿	じょうしょ（ちょ）			
●●手段	じょうとう			
●●玉樹	しらん			
●●遭逢	しんく			
●●輔車	しんし			
●●一碧	すいてん			
●●附熱	すうえん			
●●脱漏	ずさん			
●●東夷	せいじゅう			
●●獲麟	せいしゅ			
●●無垢	せいじょう			
●●切切	せいせい			
●●併呑	せいだく			
●●活剝	せいどん			
●●大儒	せきがく			
●●名人	せきし			
●●空拳	せきしゅ			

●●余慶	せきぜん
●●月旦	ぜったん
●●後狼	ぜんこ
●●遼遠	ぜんと
●●一斑	ぜんぴょう
●●碧海	そうでん
●●危言	そうぼう
●●辺地	ぞくさん
●●粗餐	そしゅ
●●同時	そったく
●●積玉	たいきん
●●閑雅	たいぼう
●●亡羊	たき
●●絶壁	だんがい
●●穿結	たんかつ
●●瓢飲	たんし
●●木屑	ちくとう

●●夕虚	ちょうえい
●●李四	ちょうさん
●●暮楚	ちょうしん
●●曲浦	ちょうてい
●●暮蚊	ちょうよう
●●磨滅	ちょうれい
●●猛進	ちょとつ
●●落雁	ちんぎょ
●●暢達	つうぎょう
●●瓦狗	でいしゃ
●●落飾	ていはつ
●●蜜語	てんげん
●●地祇	てんしん
●●草昧	てんぞう
●●穿石	てんてき
●●恢恢	てんもう
●●神助	てんゆう

●●西望	とうき			
●●瓦鶏	とうけん			
●●塗説	どうちょう			
●●伽藍	どうとう			
●●竹葦	とうま			
●●満門	とうり			
●●亀毛	とかく			
●●空拳	としゅ			
●●烏飛	とそう			
●●鵬翼	となん			
●●瓦解	どほう			
●●再拝	とんしゅ			
●●塵中	なんこう			
●●北嶺	なんと			
●●冷諦	ねつがん			
●●三昧	ねんぶつ			
●●解怨	はいしゅ			

●●絶弦	はくが			
●●之友	ばくぎゃく			
●●黍離	ばくしゅう			
●●赤烏	はくと			
●●強識	はくぶん			
●●冥冥	はくぼ			
●●一宇	はっこう			
●●蓋世	ばつざん			
●●塞源	ばっぽん			
●●万里	はとう			
●●沈船	はふ			
●●半睡	はんせい			
●●佳肴	びしゅ			
●●載月	ひせい			
●●竜文	ひと			
●●秀麗	びもく			
●●清秀	びもく			

●●竿頭	ひゃくせき		
●●走狗	ひよう		
●●露宿	ふうさん		
●●三昧	ふうりゅう		
●●戴天	ふぐ		
●●正鵠	ふしつ		
●●身命	ふしゃく		
●●弄法	ぶぶん		
●●彬彬	ぶんしつ		
●●坑儒	ふんしょ		
●●走牛	ぶんぼう		
●●破帽	へいい		
●●斉駆	へいが		
●●丹心	へきけつ		
●●粛粛	べんせい		
●●蔽固	へんぺき		
●●万里	ほうてい		

●●無頼	ほうとう			
●●絶倒	ほうふく			
●●夢幻	ほうまつ			
●●補牢	ぼうよう			
●●蒼然	ぼしょく			
●●菩提	ぼんのう			
●●鉄硯	ません			
●●自性	みょうせん			
●●永劫	みらい			
●●撞着	むじゅん			
●●蒙昧	むち			
●●不霊	めいがん			
●●赫赫	めいせい			
●●潔飢	めいせん			
●●挽回	めいよ			
●●浮木	もうき			
●●叔季	もうちゅう			

●●三遷	もうぼ			
●●断機	もうぼ			
●●雀羅	もんぜん			
●●踊躍	やきん			
●●群吠	ゆうけん			
●●勃勃	ゆうしん			
●●無礙	ゆうずう			
●●変化	ようかい			
●●窺天	ようかん			
●●惑衆	ようげん			
●●虎皮	ようしつ			
●●狼歩	ようし			
●●狗肉	ようとう			
●●魁偉	ようぼう			
●●点蝿	らくひつ			
●●紙価	らくよう			
●●湖光	らんえい			

●●十菊	りくしょう			
●●択木	りょうきん			
●●鳳姿	りゅうしょう			
●●虎臥	りゅうちょう			
●●蛇尾	りゅうとう			
●●錦繍	りょうら			
●●羨魚	りんえん			
●●櫛比	りんじ			
●●鳳雛	りんし			
●●転生	りんね			
●●荒堆	れいど			
●●章草	ろぎょ			
●●輪廻	ろくどう			
●●同塵	わこう			

Ⅶ 故事・諺篇

一、設問解説

1、「9故事・諺」の問題（第ix頁、「勉強指南」参照）は、漢字の読みが与えられ、それを漢字に直す問題です。多くは配当漢字を含みます。

[問題例] 次の故事・成語・諺のカタカナの部分を漢字で記せ。

（テップ）の急を告げる。（答　轍鮒）

二、勉強方法

1、本書の「（カタカナ）を漢字に直そう」部分を見て、「解答」を確認していきましょう。

2、1が終わったら、付属の「しおり」で「解答」部分を隠し、カタカナを漢字に直してみましょう。

3、「意味」はこれまで出題されていませんが、適宜読んで、1の記憶の定着に役立てましょう。

4、1~3を、三の学習計画表に従い、検定試験までに3回以上行うことを目標にしましょう。

三、故事・諺篇学習計画表（「勉強方法」1~3の1回目の学習の目安：2日）

ページ数	1回目	2回目	3回目	4回目	5回目
	月　日	月　日	月　日	月　日	月　日
	月　日				

（カタカナ）を漢字に直そう	解答	意味
（アイサツ）は時の氏神	挨拶	喧嘩相手との間に取りなす人が出てきたら従った方がいいこと。
青麦に（コウ）れ稲	小熟	麦はまだ少し青い時、稲は充分熟した時に刈り入れるのがよいということ。
（アキダル）は音が高い	空樽	中身のない人間ほどよくしゃべることのたとえ。
秋の日は（ツルベ）落とし	釣瓶	井戸に釣瓶が落ちるように、秋の日は急に暮れること。
（アコギ）が浦に引く網	阿漕	隠し事も重なると知られてしまうこと。阿漕ヶ浦の漁師が何度も密漁をして見つかった故事から。
浅瀬に（アダナミ）	仇波	思慮の浅い人ほどあれこれうるさく騒ぐこと。
悪貨は良貨を（クチク）する	駆逐	悪人が蔓延る世界では善人は不遇であるということ。
（アブハチ）取らず	虻蜂	欲張り過ぎて（虻と蜂を捕らえようとして）結局、何も手に入らないこと。
阿波に吹く風は（サヌキ）にも吹く	讃岐	ある土地の風俗は他の土地にも伝わっていくというたとえ。
後先見ずの（イノシシ）武者	猪	力は強いが、思慮分別に欠けること。
危うきこと（ルイラン）の如し	累卵	積み重ねた卵が危ないように、危険がすぐそこまで迫っていること。

荒馬の（クツワ）は前からとれ	轡（銜・勒）	困難に対処する時は小細工ぜす、正攻法で正面から当たるのがよいということ。
衣食足りて（エイジョク）を知る	栄辱	衣食の心配がなくなってはじめて、人は自然に名誉・不名誉を弁えるということ。
一寸先は（ヤミ）	闇	これから先どうなるかわからないこと。
命長ければ（ホウライ）を見る	蓬萊	長生きすると幸運に出会うこともあるということ。
（イバラ）の中にも三年の辛抱	茨（荊・楚）	辛くとも我慢していれば報われるということ。
一斑を見て（ゼンピョウ）を卜す	全豹	一部だけで全体を判断すること。
一富士、二（タカ）、三（ナスビ）	鷹・茄子	初夢を見るのに縁起がいいとされる順序。
（イワシ）の頭も信心から	鰯	つまらぬ物も信ずれば有り難く思えること。
（インシュウ）を（ボクシュ）する	因襲・墨守	古くからの習慣を守り続けることから、融通がきかないことを意味する。墨子が固く城を守った故事から。
（ウケ）に入る	有卦	運が向いて良い事が続くこと。陰陽道の占いで有卦に入れば幸運が続くことから。
（ウド）の大木	独活	図体ばかり大きく役に立たない者のたとえ。
馬も飼わずに（クラ）を買う	鞍	物事の順序が逆になっていること。
梅に（ウグイス）、柳に（ツバメ）	鶯・燕	取り合わせがよく絵になるもののたとえ。
（ウユウ）に帰す	烏有	何もかもなくなってしまうこと。

瓜の（ツル）に（ナスビ）はならぬ	蔓・茄子	平凡な親からは非凡な子は生まれないたとえ。
末成りの（ヒョウタン）	瓢箪	青白く元気が無い、虚弱な人のたとえ。
（ウルシ）は剝げても生地は剝げぬ	漆	鍍金はすぐ剥げるが、生来の素質は容易に変えがたい、ということ。
（ウロ）の争い	烏鷺	黒（烏《からす》）と白（鷺《さぎ》）の石を用いる囲碁の勝負。
（エイヨウ）に（モチ）の皮をむく	栄耀・餅	度を越した贅沢をするたとえ。
（エテ）に帆をあげ	得手	絶好の機会に得意分野で活躍すること。
（エンオウ）の契り	鴛鴦	仲睦まじい夫婦のたとえ。
（オウム）よく言えども飛鳥を離れず	鸚鵡	オウムは言葉を上手く話しても所詮は鳥であるように、言葉巧みでも口先だけで礼を欠いては鳥獣と同じだということ。
（オヒレ）を付ける	尾鰭	話にないことを付け足して、内容を大げさにすること。
溺れるものは（ワラ）をも掴む	藁	危急の際は頼りにならないものにも助けを求めるということ。
親の欲目と他人の（ヒガメ）	僻目	我が子は実際以上に見るが、他人は実際より悪く見ること。
及ばぬ（コイ）の滝のぼり	鯉	願っても敵わぬ恋や物事のこと。
（カイケイ）の恥	会稽	ひどい屈辱のこと。中国の春秋時代、越王勾践が呉王夫差に敗れた故事より。

海中より（ハイチュウ）に溺死する者多し	盃中	海で溺れ死ぬより、酒に溺れて失敗する方が多いということ。
櫂は三年、（ロ）は三月	櫓	櫓は三ヶ月で使えるが櫂は三年かかることから、何事も一人前になるのは容易でないということ。
傘と（チョウチン）は戻らぬつもりで貸せ	提灯	忘れ易い物を貸す時は、戻ってこないことを覚悟せよということ。
門松は（メイド）の旅の一里塚	冥途（土）	門松はめでたいが立てるたびに年をとるので、あの世への道しるべのようだ。
（カセイ）は虎よりも猛し	苛政	酷い政治は、人を喰うような虎より恐ろしい。
勝って（カブト）の緒を締めよ	兜	勝っても油断してはならないという戒め。
（カナエ）の重軽を問う	鼎	ある人の実力を疑い、地位を覆そうとすること。
（カニ）は甲羅に似せて穴を掘る	蟹	人は、身分相応の言動をし、身分相応の望みを持つべきだということ。
金持ち（ケンカ）せず	喧嘩	金持ちはゆとりがあり、利害に敏感で、損になる喧嘩はしないということ。
（カフク）は（アザナ）える縄の如し	禍福・糾	幸と不幸は縄をより合わせたように表裏を成し、順繰りにやって来るということ。
（カメ）の甲より年の劫	亀	年長者の経険は尊ぶべきだということ。
鴨が（ネギ）を背負って来る	葱	好都合なことが重なり、ますます都合がよくなることのたとえ。

枯れ木も山の（ニギ）わい	賑	つまらないもの（枯れ木）でも、無いよりはまし、ということ。
（ガン）が飛べば石亀も（ジダンダ）	雁・地団駄	身のほどを考えずに無闇に人の真似をしようとする愚かさのたとえ。雁が飛ぶのを見た石亀が真似したができず、悔しがる意味から。
（カンゲン）耳に逆らう	諫言	忠告や諫言は聞き入れられにくいということ。
（カンジョウ）合って銭足らず	勘定	理論（帳簿上の収支の計算）と実際（手元の現金）が一致しないこと。
（カンタン）相照らす	肝胆	お互いに理解しあって深くつきあうこと。心の底を照らし合う意味から。
棺を（オオ）いて事定まる	蓋	人の価値は、死後になって初めて定まるということ。
（キュウ）を負う	笈	郷里を出て遊学すること。笈は背負う本棚のこと。
（キュウチョウ）懐に入れば猟師も殺さず	窮鳥	窮地の者が命懸けで助けを求めたら助けるのが人情だということ。
（キンパク）が（ハ）げる	金箔・剥	表面の鍍金が取れて中身が見えること。
（グコウ）山を移す	愚公	真面目に続ければ不可能と思われることも達成できるということ。愚公が通行に邪魔な山を移そうとし、天帝が感じ入って助けたという故事から。
（クシ）の歯を挽くが（ゴト）し	櫛・如	櫛の歯が並んでいるように、人の往来や物事が切れ目なく続くさま。
君子（ヒョウヘン）す	豹変	君子は時の推移に従い豹の毛が抜け変わるように面目を一新すること。転じて、節操なく考えや態度を変えること。

群鶏の（イッカク）	一鶴	多くの凡人の中（群鶏）に優れた人（鶴）が交じっていること。
（ケイセツ）の功を積む	蛍雪	苦労して勉学に、努め成果をあげること。
（ゲキリン）に触れる	逆鱗	目上の人間の怒りを買うこと。
（ケシ）粒の中に家を建てる	芥子（罌粟）	あまり小さすぎると目的が達成されないということ。
（コウジン）を拝す	後塵	他人に先を越されること。馬車が通り過ぎた後の土埃を浴びて見送る意味から。
（コウヤ）の白袴	紺屋	他人のことにかまけ自分を構わないたとえ。
（ココウ）を脱する	虎口	危険から逃れること。
米を数えて（カシ）ぐ	炊	つまらない事に手間を掛けこせこせと気を遣うこと。物惜しみすることのたとえ。
（サイシン）の憂いあり	采薪	自分の病気を遜っていう語。病で薪を取りに行く労働に耐えられないことから。
（サギ）を烏と言いくるめる	鷺	明らかに正しいことを誤りと、誤っていることを正しいと言い張ること。
（サヤ）走りより口走り	鞘	刀の鞘走りより口が滑る方が危険である、ということ。失言への戒め。
去る者は日々に（ウト）し	疎	親しかった人も離れてしまえばしだいに疎遠になること。
座敷の（チリトリ）（ウチワ）ですます	塵取・団扇	表沙汰にせず、内々で事を済ませること。

自家（ヤクロウチュウ）の物	薬籠中	自分の思いどうりに役立てられる物。
地獄の（サタ）も金次第	沙汰	何でも金で解決できるということ。
（シシ）身中の虫	獅子	味方でありながら内部から害するもの。
失策は人にあり（カンジョ）は神にあり	寛恕	人は失敗するものだが、神は広い心で過ちを許すということ。
（シヤカ）に説法	釈迦	専門家にその道を教える愚かさをいう。
（シヤクシ）で腹を切る	杓子	不可能なこと。形式だけのことをする人。
柔能く（ゴウ）を制す	剛	しなやかで柔らかいものが、力だけで押し来るものに勝つこと。
（シュンショウ）一刻値千金	春宵	春の宵は趣が深く、何物にも代え難い価値があるということ。
（ショキュウ）の交わり	杵臼	貴賎の区別のない交わり。
（ショウチュウ）の一鳥は（ソウチュウ）の二鳥に値す	掌中・叢中	数は少なくても確実な方がいいということ。
（ショウ）を以て石を量る	升	小人の心で大人の心を量ることはできないたとえ。
沈香も（タ）かず屁もひらず	焚	役に立たないが害にもならない。平々凡々であること。
真の闇より（ムヤミ）が恐い	無闇	真っ暗な闇も恐いが、考え無しの行動はもっと恐いということ。

信は（ボダイ）の源	菩提	仏に帰依して信仰することが悟りの道の第一歩であること。
（スズメ）百まで躍り忘れず	雀	幼い時についた習慣は、年をとっても改まりにくいということ。
積善の家には（ヨケイ）あり	余慶	善行を積み重ねて来た家には、いいことが子孫まで起こるということ。
瀬を踏んで（フチ）を知る	淵	前もって実地調査をして、危険を察知すること。
前車の（テツ）を踏む	轍	前の人の失敗を、後の人が繰り返すこと。
（センダン）は双葉より芳し	栴檀	大成する子供は、幼少から人優れた資質を現すということ。
千里の堤も（アリ）の穴から	蟻	小さな失敗が大きな失敗を引き起こすこと。
（ソウカイ）変じて桑田となる	滄海	世の中の移り変わりが激しいことのたとえ。
（ソウコウ）の妻は堂より下さず	糟糠	苦労を共にした妻は、出世しても離縁できないということ。
（ソデ）振り合うも多生の縁	袖	どんな小さなことでも、全て深い因縁で結ばれているということ。
（ソンヨ）の言	巽与	遠慮して人々と調子をあわせる言葉。
大海を手で（フサ）ぐ	塞	とうてい不可能なことのたとえ。
大魚は小池に（ス）まず	棲	大人物はつまらぬ地位や仕事にとどまらないということ。
大山鳴動して（ネズミ）一匹	鼠	大騒ぎしたわりに、実際の結果はたいしたことないたとえ。

（タカショウ）の子は（ハト）を馴らす	鷹匠・鳩	子供が親の仕事を見習っていくことのたとえ。
（ダット）の如し	脱兎	非常に素早いことのたとえ。
（タツミ）の井戸に（イヌイ）の倉	辰巳・戌亥	吉の家相
（ダテ）の薄着	伊達	粋好みの見栄っ張りが、寒いのに薄着で我慢していること。
（タドン）に目鼻	炭団	色黒で目鼻立ちがはっきりしない不美人。
棚から（ボタモチ）	牡丹餅	思いがけない幸運が転がり込んでくることのたとえ。
中原に（シカ）を（オ）う	鹿・逐	帝位・地位を得る競争。中原は黄河流域の平原地帯、争奪戦を鹿狩りにたとえた。
中流に船を失えば（イッピョウ）も千金	一瓢	場合によっては、つまらないものでも非常な価値があるということ。難破した際、瓢が浮き袋になることから。
（チョウアイ）昂じて尼になす	寵愛	可愛がるのも度を越せば本人のためには良くない意味。
（チョッカン）は一番槍より難し	直諫	目上の人に注意するのは難しいということ。
付け焼き刃は（ナマ）り易い	鈍	にわか仕込みの芸や知識はすぐにぼろが出るということ。
使っている（クワ）は光る	鍬	努力をしている人は、いきいきと立派に見えるということ。
唾で矢を（ハ）ぐ	矧	いい加減な仕事をすることのたとえ。
（テップ）の急を告げる	轍鮒	危険が差し迫った状態のたとえ。轍の僅かな水で辛うじて生きる鮒の意から。

出物（ハ）れもの所嫌わず	腫	おなら・おできは、時と場合に関係なく出てしまうこと。
（テンモウカイカイ）疎にして漏らさず	天網恢恢	天の網は荒いが悪人は逃さない。悪事は必ず天罰を受ける。
天を仰いで（ツバキ）する	唾	他人に害を与えようとして却って自分が酷い目に遭うことのたとえ。
爪で拾って（ミ）で（コボ）す	箕・零	爪で拾うように苦労してためたものを、箕で一気にゴミをふるい除くように、一度に使い果たしてしまうこと。
（トウフ）も（ニ）ればしまる	豆腐・煮	しまりのない人間も苦労すればしっかり者になってくることのたとえ。
（トタン）の苦しみ	塗炭	泥や火の中にいるような非常な苦しみ。
（トビ）が（タカ）を生む	鳶・鷹	平凡な両親から非凡な才能を持つ子供が生まれること。
（ドンシュウ）の魚は枝流に泳がず	呑舟	大魚が小さな川に棲まないように、大人物は小事には拘らない。
（ウナギ）に梅干し	鰻	食い合わせの悪い例。
捕らぬ（タヌキ）の皮算用	狸	確実でないことを当てにしてあれこれ計画すること。
無い（ソデ）は振れぬ	袖	実際に無いものは出したくても出せないこと。
長口上は（アクビ）の種	欠伸	長すぎる挨拶は人を退屈させるということ。
無くて（ナナクセ）	七癖	誰でも多少の癖はあるということ。

（ナベブタ）とすっぽん	鍋蓋	形は似ていても（鍋蓋も鼈も丸い）、実際には違いがあって比較できないこと。
（ナマコ）の油揚げを食う	海鼠	おしゃべりなこと。もともとヌルヌルしたものの油揚げを食べると、一段と口が滑るだろう、ということから。
匂い（マツタケ）、味湿地（しめじ）	松茸	茸の中でも香りは松茸、味は湿地がいい、ということ。
（ニシキ・シュウ）を衣て夜行くが如し	繡	錦の着物を着ても夜では目立たないように、出世しても故郷に帰らなければ誰にも分かってもらえないということ。
（ニジュ）に冒される	二竪（豎）	病魔に冒されること。中国の春秋時代、晋公が夢で二人の子供になった病魔に冒されたという故事から。
女房と（ナベカマ）は古いほど良い	鍋釜	使い慣れた鍋釜がいいように、長年連れ添った女房は有り難いということ。
（ヌカ）に（クギ）	糠・釘	手応えが無く無意味なこと。
ぬれぬ先こそ露をも（イト）え	厭	いったん過ちを犯すと、それから恐れなくなるということ。
猫に（カツオブシ）	鰹節	危険な状況にあることのたとえ。
寝た牛に（アクタ）掛くる	芥	何の関わりもないものに罪をかぶせることのたとえ。
能ある（タカ）は爪を隠す	鷹	実力や才能のあるものほど謙虚で、普段は才能をひけらかさないということ。
（ノウチュウ）の（キリ）	嚢中・錐	錐を袋にいれると先が突き出るように、才能のある者は多くの人の中にいてもすぐに才能を現すということ。

（ノレン）に腕押し	暖簾	何をしても相手に反応が見られず、張り合いがないことのたとえ。
（バクギャク）の友	莫逆	逆らうことが莫く（無き）意気投合した友。
（ハクヒョウ）を（フ）むが如し	薄氷・履	とても危険な情況のたとえ。
（ハシ）にも（ボウ）にもかからぬ	箸・棒	ひど過ぎて、どうにもならないこと。
（ハマグリ）は虫の毒	蛤	貝類は消化が悪いので子供には食べさせない方がよいということ。
万緑（ソウチュウ）紅一点	叢中	たくさんの者の中で一つだけ目立つこと。男性の中で一人だけ女性がいること。
人の（ウワサ）も七十五日	噂	良い噂も悪い噂もそう長くは続かないということ。
人を犯す者は（ランボウ）の患いあり	乱亡	人を迫害すると、その報いは自分にも及ぶということ。
（ヒップ）も志を奪うべからず	匹夫	つまらない者でも志のある者は侮れないということ。
（ヒサシ）を貸して母屋を取られる	庇	一部分を貸したのに全部を奪われてしまうたとえ。恩を仇で返されること。
（ヒョウタン）から（コマ）が出る	瓢箪・駒	冗談半分のこと、あり得ないことが本当になるということ。
百尺（カントウ）一歩を進む	竿頭	目的を達成しても更なる向上を目指すこと。
（ヒン）すりゃ鈍する	貧	貧しくなると、生活苦でさもしい心を持つようになるということ。

（ヒル）に塩	蛭	苦手な人の前では、塩をかけられた蛭のように小さくなること。
富貴には他人集まり（ヒンセン）には親戚も離る	貧賤	金持ちなら他人でも集まり、貧乏なら親戚でも離れていくということ。
（フグタイテン）の敵	不倶戴天	憎しみが強く、共存できない間柄のこと。
武士は食わねど高（ヨウジ）	楊枝	貧乏でも誇り高く生きること。
舟に（キザ）みて剣を求む	刻	時勢の変化に気づかず昔のしきたりを守る愚かさのたとえ。中国の春秋時代、水中で剣を落とし、後で探そうと船に目印をつけた人が、船が進んでいるのにそれを頼りに川に入り探したという故事から。
舟に（コ）りて（コシ）を忌む	懲・輿	失敗に懲りて神経質になり必要以上に用心すること。舟に懲りた者が、それ以後、乗り物全てを嫌うようになった故事から。
（ブンボウ）は牛羊を走らす	蚊虻	弱小なものでも強大なものを困らせることがあるたとえ。
下手な（カジ）屋も一度は名剣	鍛冶	どんな人でも数多くこなすうちには、よい結果が得られるということ。
（ホウオウグンケイ）と食を争わず	鳳凰群鶏	気高いものは、世俗の人と同じ行動をしないということ。
（ボウズ）憎けりゃ（ケサ）まで憎い	坊主・袈裟	相手を憎むあまり関係してるもの全て憎くなること。
（ホウユウ）は六親にかなう	朋友	親友は六親にも匹敵するほど大切なものであるという意味。

（ボタン）に唐（ジシ）、竹に虎	牡丹・獅子	日和見的な態度のたとえ。
骨折り損の（クタビ）れ（モウ）け	草臥・儲	苦労が多くて何の利益にもならなかったこと。
（ホラ）ヶ峠を決め込む	洞	形勢有利な方に付こうとする態度。洞ヶ峠は京都と大阪の境にある。本能寺の変の後、山崎の戦の時、明智光秀が筒井順慶の去就を問うた所。光秀に与《くみ》していた筒井順慶は、形勢の変化を察し豊臣秀吉に通じることにした。
（ホラ）を吹く	法螺	大げさなことやありもしないことを言うこと。
（ボンノウ）の犬は追えども去らず	煩悩	犬が人に纏わりつくように、煩悩も追い払おうとしてもできないということ。
（マ）かぬ種は生えぬ	蒔（播）	原因のない所に結果はないということ。
曲がった（カマ）には曲がった（コシキ）	釜・甑	どんなものにもそれに合った相手がいることのたとえ。
負け（ズモウ）の痩せ（シコ）	相撲・四股	負け惜しみに強がっても意味がないこと。
眉に（ツバ）をつける	唾	騙されないよう用心すること。
（ミ）売り（カサ）にて（ヒ）る	箕・笠・簸	箕を売る人が自分ではそれを使わずに笠で代用すること。紺屋の白袴。
（ミエ）を張るより（ホオ）を張れ	見栄・頬	外見、世間体より自分の利益を優先させた方がよいということ。

（ミジン）積もって山となる	微塵	僅かなものでも、時間をかけて積もれば、大きなものになること。
（ミダ）の光りも金次第	弥陀	仏の御利益も金次第ということ。
耳を（オオ）いて鐘を盗む	掩	うまく隠したつもりでも、悪事が世間に知れ渡っていること。また、良心に背くことをして、それを考えないようにすること。
昔とった（キネヅカ）	杵柄	昔修得して鍛えた腕前。
麦と（シュウトメ）は踏むがよい	姑	たまには抵抗する方が得策であるということ。
目から（ウロコ）が落ちる	鱗	何かの切っ掛けで、急に物事がよく理解できるようになるということ。
元の（モクアミ）	木阿弥	せっかくの努力が無駄になること。
（モンゼンジャクラ）を張る	門前雀羅	訪れる客もなく、門の前が閑散としていることをたとえる。
やはり野におけ（レンゲソウ）	蓮華草	何物もふさわしい環境の中でこそ、真価を発揮できるということのたとえ。
（ヤブ）をつついて蛇を出す	藪	余計なことをして却って思わぬ災いを受けることのたとえ。
闇夜に烏、雪に（サギ）	鷺	周囲のものと区別がつかないことのたとえ。
雪は豊年の（シルシ）	瑞	大雪の年は豊作になるということ。

（ユズ）の木に裸で登る	柚子	大変困難なことのたとえ。
（ヨシ）の髄から天井をのぞく	葦	狭い見識で大きな問題を見ようとすることのたとえ。
選れば選り（クズ）	屑	慎重に選びすぎて結局最悪のものをつかんでしまうこと。
世渡りの殺生は（シャカ）も許す	釈迦	職業上のことなら、多少の不道徳も、やむを得ないということ。
（リクツ）と（コウヤク）は何処へでもつく	理屈・膏薬	膏薬がどこでもくっつくように、何事にも理屈をつけることはできるということ。
（リッスイ）の余地もない	立錐	人や物がぎっしり詰まり僅かな隙間（錐の先を立てるほどの余地）さえないさま。
李白（イット）詩百篇	一斗	李白は、酒一斗飲む間に詩百篇を作ったという逸話から。
龍の（ヒゲ）を蟻がねらう	髭	自分の非力をかえりみず、大それた事を望む、また弱者が強者に立ち向かうこと。
（リュウビ）を逆立てる	柳眉	美人が眉をつり上げて怒るさま。
（リョウキン）は樹を択ぶ	良禽	賢臣は主君を選んで仕えるということ。
（リョウジョウ）の君子	梁上	柱に渡した横木（梁）にひそむ者から盗賊、泥棒のこと。転じて鼠の別名。
良馬は（ベンセイ）を見て行く	鞭声	名馬が鞭の音で走り出すように、優れた人は指示がなくても正しいことを行う。

（ルリ）も（ハリ）も照らせば光る	瑠璃・玻璃	優れた人（瑠璃や玻璃の様な玉）はどこにいても目立つということ。
（ロウソク）は身を減らして人を照らす	蠟燭	自分の身を犠牲にして福祉に献身するということ。
（ワイロ）には誓紙を忘る	賄賂	どんなに固い約束をしても、目の前の利欲には勝てないということ。
わが物食えば（カマド）将軍	竈	自分で働いて食べていけるのなら、誰憚ることはないということ。
（ワザワイ）転じて福となす	禍	身にふりかかってきた災いを利用して幸福を得ること。
（ワラ）しべを以て泰山を上げる	藁	無謀な企てをすることのたとえ。

Ⅰ 準一級配当漢字・熟語篇

ページ数	1回目	2回目	3回目	4回目	5回目
	月 日	月 日	月 日	月 日	月 日
	月 日				
	月 日	月 日			
	月 日				
	月 日	月 日	月 日		
	月 日				
	月 日	月 日			
	月 日			月 日	
	月 日	月 日	月 日		
	月 日				
	月 日	月 日			月 日
	月 日				
	月 日	月 日	月 日		
	月 日				
	月 日	月 日		月 日	
	月 日				
	月 日	月 日	月 日		
	月 日				
	月 日	月 日			
	月 日				

Ⅱ 常用漢字表外読み篇

ページ数			
1回目	月　日	月　日	月　日
2回目	月　日	月　日	
3回目	月　日		
4回目	月　日		
5回目	月　日		

Ⅲ 同音の漢字による書き換え篇

ページ数		
1回目	月　日	月　日
2回目	月　日	
3回目	月　日	
4回目	月　日	
5回目	月　日	

Ⅳ 国字篇

ページ数	月　日
1回目	月　日
2回目	月　日
3回目	月　日
4回目	月　日

Ⅴ 対義語・類義語篇

ページ数				
1回目	月　日	月　日	月　日	月　日
2回目	月　日	月　日		
3回目	月　日	月　日		
4回目	月　日	月　日		
5回目	月　日	月　日		

Ⅵ　四字熟語篇

ページ数			
1回目	月　日	月　日	月　日
2回目	月　日	月　日	
3回目	月　日		
4回目	月　日		
5回目	月　日		

Ⅶ　故事・諺篇

ページ数		
1回目	月　日	月　日
2回目	月　日	
3回目	月　日	
4回目	月　日	
5回目	月　日	

「Ⅰ準一級配当漢字・熟語篇」部首索引（数字はページ数）

模擬テスト

※配点は二〇〇点満点。目標は80％（一六〇点）以上の正解。

(一)次の傍線部分の読みをひらがなで記せ。1〜15は音読み、16〜30は訓読みである。(30)

1 昔、堆朱染めが流行った。
2 荏苒として日を過ごした。
3 全ては烏有に帰した。
4 爾後、要求はなくなった。
5 歩哨が見張っている。
6 仔細に検討する。
7 侃侃諤諤の議論が続く。
8 酒を飲み呂律が回らない。
9 甚だしい謬見だ。
10 姑息な手段を使う。
11 頸椎を損傷した。
12 杜甫は茅屋に住んだ。
13 入り口で誰何される。
14 偏頗な考えを改めた。
15 彼らは紐帯を強化した。
16 信頼を繫ぐに足る人物。
17 歪な形の焼き物だ。
18 馬の轡を執って歩く。
19 一字一句も忽せにしない。
20 灼な薬効に驚いた。
21 後悔に苛まれる。
22 晴天に書物を晒す。
23 彼は父から口を掩われた。
24 旬の料理で客を饗す。
25 箆を使って塗る。
26 辻説法を聞きに行く。
27 流れ星が尾を曳いて消えた。
28 葦間に仮寝の夢を結ぶ。
29 蒜を薬味にする。
30 力千鈞の鼎を挙げる勇者。

(二)次の傍線部分は常用漢字である。その表外の読みをひらがなで記せ。(10)

1 観衆の注意を逸らす
2 文化の日に因んだ行事を見る。
3 リーダーの決断はいつも鋭い。
4 赤ちゃんの円な瞳が可愛い。
5 態と転んで心配させる。
6 畳の縁を踏むなと叱られた。
7 彼は任務をやり果せた。
8 学校に卒業生が会った。
9 革めるべきは政治の悪循環だ。
10 我が家が一番寛げる。

(三)次の熟語の読みと、その語義にふさわしい訓読みをひらがなで記せ。(10)

例 灌漑…灌ぐ

かんがい	そそ

ア 1捧腹…2捧える
イ 3肇国…4肇める
ウ 5阿世…6阿る
エ 7禿筆…8禿びる
オ 9亨通…10亨る

(四)次の・印の漢字を書き換えが認められている常用漢字(一字)に改めよ。(10・2×5)

例 諒解→了

1 蒐荷

2 尖端

3 碇泊

4 企劃

5 一挺

(五)次の各文に間違って使われている同じ音訓の漢字が一字ある。上に誤字を、下に正しい漢字を記せ。(10・2×5)

1 都市整備事業に暫新なアイディアが提案された。

2 私は果物の中では、葡萄と柑桔類が大好きだ。

3 後ろ楯をちらつかせるのが、彼の常当手段だ。

4 彼は墜落事故について、恐怖もさめやらぬ口奮で話し始めた。

5 今月上梓する歴史小説の梗慨を詳細に説明した。

(六)次の四字熟語について、問1と問2に答えよ。(30)

問1 次の四字熟語の(1～10)に入る適切な語を下の□から選び漢字二字で記せ。(20・2×10)

ア (1)準縄

イ (2)豚児

ウ (3)同時

エ (4)西望

オ (5)浮木

カ 瓜田(6)

キ 甲論(7)

ク 生呑(8)

ケ 名声(9)

コ 和光(10)

りか・とうき・もうき
かくかく・どうじん・きく
そったく・けいさい
かっぱく・おつばく

問2 次の11～15の解説・意味にあてはまるものを問1のア～コの四字熟語から一つ選び、記号(ア～コ)で記せ。(10・2×5)

11 身内を謙遜した語。

12 滅多に出会えないこと。

13 才知を隠して目立たないようにしていること。

14 人の文章を盗作すること。

15 好機を逃がさず指導すること。

(七)次の傍線部分のカタカナを漢字で記せ。(30・2×5)

1 年越しにはソバを食べる。

2 やっと目的地にタドり着いた。

3 本はカサばるし重い。

4 二人はオシドリ夫婦だ。

5 刺激の少ないセッケンを使う。

6 「消印《けしいん》」はユトウ読みだ。

7 アルバイトでココウを凌ぐ

8 泣く子をナダめる。

9 風にアオられて燃え広がった。

10 敵兵はアッケなく降参した。

11 彼は情にモロい人だ。

12 動物園でワニを見た。

13 ルリ色の地球は美しい。

14 強敵をナぎ倒していった。

15 成功のヒケツを学んだ。

(八) 後の□の中の語を選んで漢字に直し、1～10の対義語・類義語を記せ。(20・2×10)

対義語

1 抽出
2 正史
3 進取
4 貫徹
5 惰弱

類義語

6 選出
7 腹心
8 欲望
9 強固
10 突然

ぼんのう・しっかい
ばってき・がぜん
ごうき・はいし
けんろう・ここう
ていとん・ざせつ

(九) 次の故事・成語・諺のカタカナ部分を漢字で記せ。(20・2×10)

1 サヤ走りより口走り
2 蝿が飛べばアブも飛ぶ。
3 センダンは双葉より芳し。
4 キュウソ猫を噛む。
5 ホラと喇叭は大きく吹け。
6 燕雀安んぞコウコクの志をらんや。
7 門松はメイドの旅の一里塚。
8 コウゼンの気を養う。
9 骨折り損のクタビれ儲け。
10 やはり野に置けレンゲ草。

(十) 文章中の①～⑩のカタカナを漢字に直し(ア)～(コ)の漢字の読みをひらがなで記せ。(30・2×10、1×10)

隴西《ろうさい》の李徴《りちょう》は博学(①サイエイ)、天宝の末年、若くして名を虎榜《こぼう》に連ね、ついで江南尉《こうなんい》に補せられたが、性、狷介《けんかい》、自《みずか》ら恃《たの》むところ(ア)頗る厚く、(②センリ)に甘んずるを潔《いさぎよ》しとしなかった。いくばくもなく官を退いた後は、故山《こざん》、虢略《かくりゃく》に(③キガ)し、人と交《まじわり》を絶って、ひたすら詩作に(イ)耽った。下吏となって長く(④ヒザ)を俗悪な大官の前に屈するよりは、詩家としての名を死後百年に(ウ)遺そうとしたのである。しかし、文名は容易に揚らず、生活は日を(エ)逐うて苦しくなる。李徴は(オ)漸く焦躁に駆られて来た。この頃《ころ》からその(⑤ヨウボウ)も峭刻《しょうこく》となり、肉落ち骨秀《ひい》で、眼光のみ(カ)徒らに炯々《けいけい》として、曾《かつ》て進士に登第《とうだい》した頃の(⑥ホウキョウ)の美少年の俤《おもかげ》は、何処《どこ》に求めようもない。数年の後、貧窮に堪えず、妻子の衣食のために遂に節を屈して、再び東へ赴き、一地方官吏の職を奉ずることになった。一方、これは、己の詩業に半ば絶望したためでもある。曾ての同輩は既に（⑦ハル）か高位に進み、彼が昔、鈍物として（⑧シガ）にもかけなかったその連中の下命を拝さねばならぬことが、往年の儁才《しゅんさい》李徴の自尊心を如何《いか》に傷《きずつ》けたかは、想像に難《かた》くない。彼は怏々《おうおう》として楽しまず、狂悖《きょうはい》の性は愈々《いよいよ》抑え難くなった。一年の後、公用で旅に出、汝水《じょすい》のほとりに宿った時、遂に発狂した。或《ある》夜半、急に顔色を変えて寝床から起上がると、何か訳の分らぬことを叫びつつそのまま下にとび下りて、（⑨ヤミ）の中へ駈出《かけだ》した。彼は二度と戻って来なかった。附近の山野を捜索しても、何の手掛りもない。その後李徴がどうなったかを知る者は、誰もなかった。翌年、監察御史《かんさつぎょし》、陳郡《ちんぐん》の袁傪《えんさん》という者、勅命を奉じて嶺南《れいなん》に使《つかい》し、（キ）途に商於《しょうお》の地に宿った。次の朝未《ま》だ暗い中に出発しようとしたところ、駅吏が言うことに、これから先の道に人喰虎《ひとくいどら》が出る故、旅人は白昼でなければ、通れない。今はまだ朝が早いから、今少し待たれたが（ク）宜しいでしょうと。袁傪は、しかし、（ケ）供廻りの多勢なのを恃《たの》み、駅吏の言葉を斥けて、出発した。残月の光をたよりに林中の草地を通って行った時、果して一匹の猛虎が（コ）叢の中から躍り出た。虎は、あわや袁傪に躍りかかるかと見えたが、（⑩タチマ）ち身を翻して、元の叢に隠れた。

（中島敦「山月記」より。一部改変。）

解答

(一) 各1点

1 ついしゅ
2 じんぜん
3 うゆう
4 じご
5 ほしょう
6 しさい
7 かんかん
8 ろれつ
9 びゅうけん
10 こそく
11 けいつい
12 ぼうおく
13 すいか
14 へんぱ
15 ちゅうたい
16 つな
17 いびつ
18 くつわ
19 ゆるが
20 あらたか
21 さいな
22 さら
23 おお
24 もてな
25 へら
26 つじ
27 ひ
28 あし
29 にんにく
30 かなえ

(二) 各1点

1 そ
2 ちな
3 はや
4 つぶら
5 わざ
6 へり
7 おお
8 あつま
9 あらた
10 くつろ

(三) 各1点

ア 1 ほうふく 2 かか
イ 3 ちょうこく 4 はじ
ウ 5 あせい 6 おもね
オ 7 とくひつ 8 ち
エ 9 こうつう 10 とお

(四) 各2点

1 集
2 先
3 停
4 画
5 丁

(五) 各2点

1 暫 斬
2 桔 橘
3 当 套
4 奮 吻
5 慨 概

(六)

(問一) 各2点

1 規矩
2 荊(荆)妻
3 啐啄
4 東窺
5 盲亀
6 李下
7 乙駁
8 活剝(剥)
9 赫赫
10 同塵

(問二) 各2点

11 イ
12 オ
13 コ
14 ク
15 ウ

(七) 各2点

1 蕎麦
2 辿(辿)
3 嵩
4 鴛鴦
5 石鹸
6 湯桶
7 糊口
8 宥
9 煽(煽)
10 呆気
11 脆
12 鰐
13 瑠璃
14 薙
15 秘訣

(八) 各2点

1 悉皆
2 稗史
3 停頓
4 挫折
5 剛(豪)毅
6 抜擢
7 股肱
8 煩悩
9 堅牢
10 俄然

(九) 各2点

1 鞘
2 虻(蝱)
3 栴檀
4 窮鼠
5 法螺
6 鴻鵠(鵠)
7 冥土(途)
8 浩然
9 草臥
10 蓮華

(十) 各2点

① 才穎(頴)
② 賤吏
③ 帰臥
④ 膝
⑤ 容貌
⑥ 豊頬(頰)
⑦ 遥
⑧ 歯牙
⑨ 闇
⑩ 忽

各1点

ア すこぶ
イ ふけ
ウ のこ
エ お
オ ようや
カ いたず
キ みち
ク よろ
ケ ともまわ
コ くさむら

学びの世界を広げよう！（漢詩・漢文篇）

※配当漢字や常用漢字の表外読みは青色。書き下し文で平仮名となった漢字は（　）付。

1 戦乱時の美しきスパイと言われた女性「西施《せいし》」（唐代詩人 李白の詩より）

【解説】西施は、紀元前五世紀春秋《しゅんじゅう》時代の越《えつ》の国の女性。当時、隣り合う呉と越の国は戦争を繰り返していた。呉の王夫差《ふさ》は父の仇に報じようと常に薪《たきぎ》に寝て身を苦しめ会稽山《かいけいざん》で越王の勾践《こうせん》を降伏させた。勾践は、会稽の恥をすすごうと苦い胆を嘗めて報復を忘れまいとし、表面は服従しながら呉を弱体化させるため夫差を籠絡《ろうらく》する女性を送り込むことにした。越中を探し回りやっと薪とりの娘の西施を見つけ出した。西施は、数年かけて礼儀作法や歌舞音曲の教育を受け洗練された絶世の美女となり、勾践の有望な参謀であった范蠡《はんれい》によって呉に送り届けられ、夫差は彼女の色に溺れて国を傾けるに至たった。西施の最後については諸説ある。一説には救出された後、越側に殺されたといい、他の説では、呉に送り込まれた時、既に范蠡と恋仲で任務遂行後、二人一緒に脱出したという。野に下った范蠡は陶朱《とうしゅ》と名を変え、巨万の富を得た。また、西施については、心臓の病のため苦しげに眉を顰《ひそ》めた美しさを真似ようとした女性が居り、それを見た人は気味悪がって門を閉ざしたというエピソードもある。

西施

西施越溪女、出自苧蘿山。
秀色掩今古、荷花羞玉顏。
浣紗弄碧水、自與清波閑。
皓齒信難開、沉吟碧雲間。
勾踐徵絶豔、揚蛾入呉關。
提攜館娃宮、杳渺詎可攀。
一破夫差國、千秋竟不還。

西施《せいし》は越渓《えっけい》の女、出《い》づること苧蘿《ちょら》の山よ（自）りす
秀色《しゅうしょく》今古《こんこ》を掩《おお》い、荷花《かか》玉顔《ぎょくがん》を羞《は》づ
紗《うすぎぬ》を浣《あら》いて碧水《へきすい》を弄《ろう》し、自《おのずか》ら清波《せいは》と閑《しず》かなり
皓歯《こうし》信《まこと》に開き難《がた》く、沈吟《ちんぎん》す碧雲《へきうん》の間
勾践《こうせん》絶艶《ぜつえん》を徴《め》し、蛾《が》を揚《あ》げて呉関《ごかん》に入《い》らしむ
提攜《ていけい》す館娃宮《かんあいきゅう》、杳渺《ようびょう》詎《なん》ぞ攀《よ》ずべき
一たび夫差《ふさ》の国《くに》を破《やぶ》り、千秋竟《つい》に還《かえ》らず

【通釈】西施は越の谷間の女性で、苧蘿山で生まれた。その美しさは古今の誰よりもすぐれ、蓮の花でさえ玉のような容貌に対すれば恥じ入ってしまうことだろう。西施は薄物の衣を澄み切った青い水で洗濯し、その身も清らかな波の辺りで静かに生活していた。貧困のため、真っ白い歯を見せて微笑むこともなく、青みがかった雲を望んで憂い嘆いていた。そんな時、越王の勾践は絶世の美女を捜していて、西施が徴し出され、彼女は蛾の触覚のような美しい眉を美しく描く化粧をして呉に送られた。呉王の夫差は大いに気に入り手を互いにとりあい、館娃宮（呉の人は美人を「娃《あい》」と言った。「娃」の訓読は「うつく・しい」）を設営して住まわせ、遥かに遠く離れた存在は誰も真似のできるものではなかった。かくて、その色香で夫差の心を惑わし、後に越王の復讐が成功して呉が滅びてからは、どうなったことか。長い月日が経っても苧蘿山に戻って来ることはなかった。

【関連語】「呉越同舟《ごえつどうしゅう》（2級）」、「臥薪嘗胆《がしんしょうたん》（準1級）」、「西施捧心《せいしほうしん》（1級）」、「会稽《かいけい》の恥」、「顰《ひそ》みに効《なら》（倣）う（1級）」

2 悲劇の英雄「項羽《こうう》」①（前漢時代の歴史家 司馬遷《しばせん》の『史記《しき》』より）

【解説】紀元前二〇二年、漢の高祖劉邦《こうそりゅうほう》が楚の項羽を垓下《がいか》に包囲して追い詰めた。夜更けに劉邦軍から楚国の歌が聞こえて来たので項羽は驚き嘆いて別れの宴で詩を作った。

項王の軍 垓下《がいか》に壁《へき》す。兵少なく食尽《つ》く。漢軍及び諸侯の兵、之《これ》を囲むこと数重なり。夜、漢軍の四面 皆楚歌するを聞き、項王乃《すなわ》ち大いに驚きて曰わく「漢 皆已《すで》に楚を得たるか（乎）。是何ぞ楚人の（之）多きや（也）！」と。項王 則《すなわ》ち夜起きて、帳中に飲む。美人有り、名は虞《ぐ》。常に幸せられて従う。駿馬《しゅんめ》あり、名は騅《すい》。常に之《これ》に騎《の》る。是《ここ》に於《お》いて項王乃《すなわ》ち悲歌忼慨し、自《みずか》ら詩を為《つく》りて曰わく：「力は山を抜き 気は世を蓋《おお》う。時に利あらず騅逝《ゆ》かず。騅の逝かざる奈何《いかん》すべき、虞や虞や若《なんじ(ら)》を奈何《いかん》せん！」と。歌うこと数闋《すうけつ》、美人 之《これ》に和す。項王泣《なみだ》数行下る。左右皆泣き、能《よ》く仰ぎ視るもの莫《な》し。

【通釈】劉邦の漢軍に追われ、項王（羽）の軍隊は垓下（中国安徽《あんき》省）に城壁を築いて立てこもったが、兵も少なく食料も尽きた。漢軍とそれに味方する諸侯の兵は立てこもる項羽の軍を何重にも取り囲んだ。ある夜、漢軍のあちこちから楚の国の歌が聞こえて来たので、項王は非常に驚き「漢は既にすっかり楚を占領してしまったのか。なんと楚の国の人の多いことか」と言った。項王は、夜であったが起き出して陣中の帳の中で別れの酒宴を開いた。美人が一人いて、名を虞と言った。常に寵愛されて付き従っていた。馬が一頭いて、名を騅といった。項羽は常にこの馬に乗っていた。やがて、項王は悲しげに歌い憤り嘆き、自分で詩を作って「私の力は山を引き抜き、意気は世をおおい圧倒してしまうほどの勢いがあった。しかし、時勢は私にとって不利となり、騅も進もうとしない。騅も進まなくなってしまった今、いったいどうしたらよいのだろう。虞よ、虞よ。そなたをどうしたものであろうか」と言った。項羽は数回繰り返して歌うと、虞美人がそれに唱和した。この時、項羽の目から幾筋かの涙が流れ落ちた。左右の臣下も皆泣き誰一人として顔を上げて正視できる者はいなかった。

【関連語】「抜山蓋気《ばつざんがいき》（準1級）」、「四面楚歌《しめんそか》（準1級）」、「悲歌慷《ひかこう》（忼）慨《がい》（1級）」

悲劇の英雄「項羽《こうう》」②（唐代詩人　杜牧《とぼく》の詩より）

【解説】秦の始皇帝の死後、覇権を争った項羽と劉邦。垓下《がいか》で破れた項羽は、八百余騎の臣下を連れ脱出、烏江《うこう》の岸に辿《たど》り着いた。この江を渡れば、根拠地「江東」へ落ち延びることができた。渡る舟も一艘だけあった。しかし、項羽は、この窮地から逃れられたとしても命を落とした子弟の父兄に合わせる顔がないと言って自刎《じふん》して果て、その後、劉邦による漢が中国を支配していった（以上『史記』の記述より）。歴史に「もし」は無いという。しかし、歴史を詩歌に詠み込むことに長けた詩人の杜牧《とぼく》（八〇三～八五三）は、「もし、この時、項羽が落ち延びて再起をはかったならば、どうなったかわからない」と、事実とは異なる仮定を試みた。

「烏江亭《うこうてい》に題《だい》す」
勝敗兵家事不期
包羞忍恥是男兒
江東子弟多才俊
巻土重來未可知

勝敗《しょうはい》は兵家《へいか》も 事《こと》 期《き》せず
羞《はじ》を包《つつ》み恥《はじ》を忍ぶこそ是《こ》れ男児《だんじ》
江東《こうこう》の子弟《してい》 才俊《さいしゅん》多し
巻土重来《けんどちょうらい》せば未《いま》だ知るべからず

【通釈】 勝つか負けるかは、兵家の常、見当がつくものではない。（負けても）恥を忍んで踏ん張ることこそ、男の本領というものだ。江東には優れた若者も多かった。もし、（項羽が江東に戻り）土を巻き上げる勢いで出直していれば、その後の歴史はどうなっていたか分からなかったものを。

【関連語】「捲土重来《けんどちょうらい》（準1級）」

3 三国時代の名参謀「諸葛亮《しょかつりょう》」（「出師《すいし》の表」『文選《もんぜん》』より）

【解説】 諸葛亮（一八一～二三四）、字は孔明《こうめい》。隠棲《いんせい》し世に臥龍《がりょう》と称されていた。時に、漢の景帝《けいてい》の子中山靖王劉勝《ちゅうざんせいおうりゅうしょう》の末裔《まつえい》で、大志を抱いた劉備《りゅうひ》は、関羽《かんう》・張飛《ちょうひ》と結び、孔明を参謀にせんと三度も庵を訪れ礼を尽くして招いた。感激した孔明は、劉備に仕える決心をし、魚と水のように離れがたい仲となって支えた。孔明は兵法に長け、呉と同盟して魏《ぎ》の曹操《そうそう》を赤壁《せきへき》に破り蜀《しょく》を建てて丞相《じょうしょう》となり天下三分の計を実現し、司馬懿《しばい》（仲達《ちゅうたつ》）と五丈原《ごじょうげん》で対戦中に病死した。「出師の表」は、劉備亡き後、中原を回復するために軍隊を出す際、後主劉禅《りゅうぜん》に奉った上表文。

先帝《せんてい》業を創《はじ》めて未《いま》だ半《なか》ばならずして、中道に崩殂《ほうそ》す。今天下三分して、益州罷弊《えきしゅうひへい》す。此《こ》れ誠に危急存亡《ききゅうそんぼう》の（之）秋《とき》なり（也）。然《しか》れども侍衛の（之）臣、内に懈《おこた》らず、忠志の（之）士、身は外に亡《わす》るる者は、蓋《けだ》し先帝の遇を追いて、之を天下に報いんと欲すればなり（也）。誠に宜《よろ》しく聖聴を開張して、以て先帝の遺徳を光《おお》いにし、志士の（之）気を恢《おお》いにすべし。〈中略〉賢臣に親しみ、小人を遠ざくるは、此《こ》れ先漢の興隆せし所以《ゆえん》なり（也）。小人に親しみ、賢士を遠ざくるは、此《こ》れ後漢の傾頽《けいたい》せし所以なり（也）。先帝在《いま》しし時、毎《つね》に臣と此《こ》の事を論じ、未《いま》だ嘗《かつ》て桓《かん》・霊に嘆息せずんばあらざるなり。侍中《じちゅう》・尚書《しょうしょ》・長史《ちょうし》・参軍《さんぐん》、此《こ》れ悉《ことごと》く貞亮死節の（之）臣なり（也）。願わくは陛下之《これ》に親しみ之《これ》を信ぜよ。則ち漢室の（之）隆《さか》んならんこと、日を計りて待つ可《べ》きなり（也）。

【通釈】先帝（劉備）は、漢室再興の大業をはじめられてから道半ばで崩御されました。そして今、天下は魏・呉・蜀の三国に分かれ、我が益州は疲れ果てています。これこそ、誠に我が国にとって危急存亡の時です。しかしながら、陛下のお側にお仕えする臣下は、宮中では任務を怠らず、忠義の志を抱く士は朝廷の外で我が身を忘れて働いておりますのは、思いますに、先帝から賜った恩に報いようとしているからです。されば、陛下におかれましては、聡明なお耳を開かれて人の言をよく聴き、よき政治をなされて先帝の遺徳を大いに輝かせ、志ある人物の意気を大いに高めることが宜しいかと思います。〈中略〉賢臣に親しみ小人物を遠ざけたことこそ、前漢が興隆した原因であり、小人物に親しみ賢士を遠ざけたことこそ、後漢が衰退した原因である。先帝（劉備）がご在世中、常に私とこのことについて論じ合い、（後漢の衰退を招いた）桓帝霊帝の政について嘆息なされなかったことはなかった。侍中《じちゅう》（天子の左右に侍す官）・尚書《しょうしょ》（詔勅の文書などを司る官）・長史《ちょうし》（丞相など属官）・参軍《さんぐん》（軍務に参与する官）は、皆、正しく明るくくもりがない心を持ち、節義に命を懸ける者たちでございます。どうか、陛下には彼らに親しみ信頼して下さいますよう。そうすれば、漢室の興隆は日を数えて待つことができるでしょう。

【関連語】「臥竜鳳雛《がりょうほうすう》（準1）」、「三顧之礼《さんこのれい》（準1）」、「草廬三顧《そうろさんこ》（1級）」、「水魚之交《すいぎょのまじわり》（準1）」、「髀肉之嘆《ひにくのたん》（1級）」、「泣いて馬謖《ばしょく》を斬《き》る」「死せる孔明《こうめい》生ける仲達《ちゅうたつ》を走《はし》らす」

あとがき

思い起こせば、数年前、大学で行われていた国語科教職生の勉強会で、「教員採用試験問題集の漢文問題に出てくる漢字の訓読みや語彙が難しい」、「対応できる実力を付けるためにはどうすればよいか」、との質問を学生から受けたことから全てが始まりました。筆者は、この質問を受けた直後から各種の採用試験問題を集めて分析、少なくとも日本漢字能力検定試験「準1級」程度の勉強をしておくことが中国古典理解の底上げとなる、という結論を得ました。そしてこのことを学生に伝えた数ヶ月後、二人の学生が「準1級を受検したけれど、全くできず、落ちてしまった」と言ってきました。「勉強するように」と言った責任上放ってはおけず、今度は「準1級」に関して更に調べたところ、問題集は多数出ているものの、丸暗記ではなく、配当漢字やそれらを含む語彙について漢字の知識から語彙の背景である中国古典までを体系化して勉強できる参考書はなく、そうした勉強方法も確立していないことがわかりました。

そこで、平成14年から筆者の専門領域である、中国文学講義の一環として、参考書と練習問題が一体化したオリジナル教材を開発しながら勉強会(「啐啄同時」の会)を主催、その際、オリジナル教材は、学生への実践的指導のために試みた自身の経験(平成14年度漢検「1級」取得、日本商工会議所会頭賞受賞)を基に、「中国古典を含む漢字・二字・四字熟語の知識を体系的にじっくり学んでいく」という方針で編纂、また勉強会では、「円木警枕」「君子豹変」「鳩首凝議」「捲土重来」などの配当四字熟語が最近の政治や経済の重要な局面を象徴する言葉として新聞・テレビで使用されていることから、「現代の政治・国際情勢・社会問題にも知識のアンテナを張っておく」ことも重視しました。

こうした、いわば「急がば回れ」の学習方法を採用したわけですが、計らずも、それが却ってスピード合格に結びつき、現在に至るまでに次のような結果が出ました。

平成14年	10月	1名	合格(大学4年生)	学習期間3ヶ月・初挑戦
平成15年	1月	1名	合格(大学4年生)	学習期間4ヶ月・2度目の挑戦
平成16年	2月	3名	合格(大学3、4年生)	学習期間2ヶ月半・初挑戦2名
				学習期間3ヶ月・3度目の挑戦1名
平成17年	10月	3名合格(大学1、3、4年生)		学習期間1ヶ月半・3ヶ月初挑戦
	2月	1名合格(大学4年生)		学習期間1年・3度目の挑戦

これらの合格者の中からは、漢検協会と日本漢字教育振興会の協力を得て日本語の歴史・現状・将来や漢字と漢字文化などを調査・研究する『日本語教育研究所』の「客員研究員」に選任され(6名)、講師講習会を経て2級検定までを指導する「日本語・漢字」講座の講師として登録されるという段階にまで進む学生(2名)や、卒業後も「百尺竿頭更に一歩を進む」の精神で、或いは企業に勤め、或いは高等学校の教壇に立ちながら勉強を続けている学生が多く出ています。また、教員採用試験(1次試験)の専門教養(国語)に合格した学生からも、試験に漢検「準1級」レベルの問題が出題されて、勉強したことが役に立った、という報告がありました。こうした一連の活動の中で、学生の一人がHP(http://www.geocities.jp/sottaku59/)を立ち上げ、インターネットを活用して在学生・卒業生が繋がりを持ちながら同じ目的に向かって切磋琢磨していく状況も続いています。

現在、日本漢字能力検定試験は年間二〇〇万人以上が受検する活況を呈していますが、本書を手にされた方の一人でも多くが、難関と言われる「準1級」に挑戦しながら、生涯を通して楽しめる漢字・漢詩・漢文という学びの世界や現代社会を読み解くキーワードと出会われることを願っています。

なお、オリジナル教材とそれを使った勉強会は、平成15年に第五回 財団法人「日本漢字能力検定協会」研究助成「漢字能力改善・向上に関する研究」の対象として入選し、その報告論文「大学教育における「漢字能力検定準1級」学習指導と中国語・中国文学の相互活用－実践教育による教材開発と結果分析－」が同協会『漢字教育研究』第5号(平成16年7月発行)に掲載されました。また、ここで紹介した学習方法を紹介する講義に関して、複数の高等学校より出張講義のご依頼を受け、高校生の皆さんからも「急がば回れ方式を習ったので、これからは楽しく漢字の勉強ができそうです」、「中国の古い諺なども教えてもらい、とても興味を持ちました」、「国語が好きになりました」といった感想文を送って頂いたことは、これまでの大きな支えとなりました。有り難うございました。

そして、「同甘共苦」と感動の日々を分かち合い、合格後はアンケートに協力してくれた筑紫女学園大学日本語・日本文学科の学生諸氏に感謝します。

最後に、当初の勉強会では一枚一枚プリントして配っていた教材を加筆・修正し、この度、中国関係書籍・漢文教材のみならず、日本語・中国語・韓国語など、幅広い分野の出版を手がけておられる白帝社から書籍として出版できるようになったことは望外の喜びです。本書の編纂方針に理解を示し、さまざまな工夫を加えて下さった伊佐順子様に心より御礼申し上げます。

平成十七年八月・桐島薫子

著者略歴

桐島薫子(きりしま かおるこ)

筑紫女学園大学日本語日本文学科助教授 博士(文学)・中国文学専攻

平成14年文部科学省認定「日本漢字能力検定試験」の「1級」取得に際し、「日本商工会議所会頭賞」を受賞。

著書

『晩唐詩人考一李商隠・温庭筠・杜牧の比較と考察一』単著 平成10年 中国書店
(文部科学省研究費出版助成学術図書)

主な学術論文

「李商隠の悼亡詩の多面性」平成6年『九州中国学会報』第32集所収
「孟光故事の変容―白居易の妻と北条政子―」平成13年『日本中国学会報』第53集所収
「大学教育に於ける漢字能力検定準1級指導と中国語・中国文学の相互活用―実践教育による教材開発と結果分析―」平成16年 財団法人日本漢字能力検定協会『漢字教育研究』第5号所収(第5回研究助成A研究部門「漢字能力改善・向上に関する研究」報告論文)

文部科学省認定 日本漢字能力検定試験「準一級」対応参考書

練習問題・模擬テスト付

連想する・読める・覚える
漢字・二字・四字熟語学習シート

2005年 11月 1日 初版発行

著　者｜桐島薫子
発行者｜佐藤康夫
発行所｜白 帝 社
〒171-0014 東京都豊島区池袋 2-65-1
Tel. 03-3986-3271　Fax. 03-3986-3272
E-mail:info@hakuteisha.co.jp
http://www.hakuteisha.co.jp
組　版｜国際外国語評価院
印　刷｜平 文 社
製　本｜若林製本

ISBN 4-89174-757-9

漢字・二字・四字熟語学習シート

連想する・読める・覚える

しおり

（点線から切り取ってお使い下さい）